ITサービスマネジメント
事例に学ぶ 実践の秘訣

特定非営利活動法人 itSMF Japan 著

```
IT
Service
Management
Implementation
Guide
```

本書内容に関するお問い合わせについて

このたびは翔泳社の書籍をお買い上げいただき、誠にありがとうございます。弊社では、読者の皆様からのお問い合わせに適切に対応させていただくため、以下のガイドラインへのご協力をお願い致しております。下記項目をお読みいただき、手順に従ってお問い合わせください。

●ご質問される前に

弊社Webサイトの「正誤表」をご参照ください。これまでに判明した正誤や追加情報を掲載しています。

　　　　正誤表　http://www.shoeisha.co.jp/book/errata/

●ご質問方法

弊社Webサイトの「刊行物Q&A」をご利用ください。

　　　　刊行物Q&A　http://www.shoeisha.co.jp/book/qa/

インターネットをご利用でない場合は、FAXまたは郵便にて、下記"翔泳社 愛読者サービスセンター"までお問い合わせください。
電話でのご質問は、お受けしておりません。

●回答について

回答は、ご質問いただいた手段によってご返事申し上げます。ご質問の内容によっては、回答に数日ないしはそれ以上の期間を要する場合があります。

●ご質問に際してのご注意

本書の対象を越えるもの、記述個所を特定されないもの、また読者固有の環境に起因するご質問等にはお答えできませんので、予めご了承ください。

●郵便物送付先およびFAX番号

　　送付先住所　　〒160-0006　東京都新宿区舟町5
　　FAX番号　　　03-5362-3818
　　宛先　　　　　（株）翔泳社 愛読者サービスセンター

※本書に記載されたURL等は予告なく変更される場合があります。
※本書の出版にあたっては正確な記述につとめましたが、著者や出版社などのいずれも、本書の内容に対してなんらかの保証をするものではなく、内容やサンプルに基づくいかなる運用結果に関してもいっさいの責任を負いません。

※本書に記載されている会社名、製品名はそれぞれ各社の商標および登録商標です。
※本書では ™、®、©は割愛させていただいております。
ITIL® is a Registered Trade Mark of the Cabinet Office.
TIPA® is an initiative of the Centre de Recherche Public Henri Tudor.
OPBOK provides a set of best practices for the design, implementation and management of outsourcing contracts, including a code of ethics and business practices for outsourcing professionals. OPBOK is only available to the International Association of Outsourcing Professionals (IAOPR) members.

まえがき

　itSMF Japanは、2003年9月にITILを初めとしたITサービスマネジメントの普及に向けて、特定非営利活動法人として設立されました。以来、ITILを初めとしたITサービスマネジメントの各書籍の翻訳・出版や、セミナ・コンファレンスの開催、分科会活動、会報誌あるいはオフィシャルサイトでの種々の情報提供、などを行ってまいりました。今年で設立より満10年を迎え、itSMF Japanとして今般新たに書籍を発行することになりました。

　ITILは1980年代後半に英国政府により策定された、ITサービスマネジメントのベストプラクティスからなるフレームワークが時代により発展してきたものです。最新版としては、本年2月に「ITIL 2011 edition」の全5冊の日本語化を完了し出版いたしました。ITILは現在ではITサービスマネジメントのデファクトスタンダートとして認知され、グローバルに浸透しています。すでに日本でも多くの企業でこの考え方が導入されてきています。さらに、近年、日本企業のグローバル化に即応した、グローバルでのITサービスの提供が求められる一方、クラウドコンピューティングサービスの普及により、情報システムの導入形態として「所有」から「利用」へのシフトも進んでおり、これらのサービスを含めたITサービスマネジメントの重要性がさらに増していると言えます。

　本書では、今、ITILのようなフレームワークをどう適用すべきか、ということをまず解説し、こうしたITサービスマネジメントの導入事例として、異なる3つの業種（金融、テレコム、製造）のITサービスを提供しているユーザ企業の立場の方から執筆いただきました。これらの実例から多くのITサービスマネジメント導入のヒントが見つけられるものと思います。

　また、DevOpsというキーワードを昨今よく目にします。これは、開発したソフトウェアやサービスをいかに迅速かつスムーズに提供、および運用するかがポイントであり、ITILと方向性を一にするものです。こうした最近の動きについてもITサービスマネジメントの観点で解説しています。

　本書が、現在ITサービスマネジメントを導入されている企業の方々はもちろん、これから導入をお考えになる企業の方々への一助となれば幸いです。

　本書籍の作成にあたり、事例を提供いただいた各企業の方々、解説を執筆いただいたITサービスマネジメントの専門家の方々、そして出版社の方々に厚く御礼申し上げます。

2013年9月
itSMF Japan理事長
富田 修二

第1部　フレームワークとの付き合い方__001

第1章　フレームワークとは何か__002
- 1.1　フレームワークとフレームワーク・フォレスト__002
- 1.2　ITSM関連のフレームワーク__004
- 1.3　フレームワークの起源と構成要素__008

第2章　なぜフレームワークと付き合わなければならないか__016
- 2.1　我々のビジネスを取り巻く環境とフレームワーク__016
- 2.2　ITILというフレームワーク__017
- 2.3　フレームワークとの付き合い方のパターン__023
- 2.4　ストラテジック・フレームワーキング__028

第3章　ITサービスの提供と運用におけるフレームワーク__030
- 3.1　ITILを支えるプラクティス__030
- 3.2　トランスフォーメーション達成に向けたフレームワーキング__032
- 3.3　フレームワークの現在の動向__042

第2部　導入に成功した各社の取り組み__045

第4章　継続性を考慮したITサービスマネジメントの構築①　〜サービスの時代__046
東京海上日動システムズ株式会社
- 4.1　サービスとは何か__046
- 4.2　「運用」を「ITサービス」と捉える__051

第5章　継続性を考慮したITサービスマネジメントの構築②
　　　　～ITサービスを定義し設計する__058
　　　　東京海上日動システムズ株式会社

- 5.1　フレームワークとの向き合い方__058
- 5.2　起点はサービスの見える化とSLA__059
- 5.3　サービス設計・構築・テストには開発と運用の連携が不可欠__066
- 5.4　非機能要件の定義がサービス設計の鍵__074

第6章　継続性を考慮したITサービスマネジメントの構築③
　　　　～今、改めて考えるITサービス継続性__089
　　　　東京海上日動システムズ株式会社

- 6.1　東京海上日動システムズのITサービス継続性管理__089
- 6.2　東日本大震災時のプロセスコントロール__098
- 6.3　運用現場のサービス品質を上げるプロセス__103
- 6.4　重要性が高まるアウトソーサとの関係を管理する__112

第7章[*]　サービスマネジメントを実現するための5つのステップ
　　　　～ドラッカー流サービスマネジメント導入アプローチ__116
　　　　KVH株式会社

- 7.1　ITILサービスマネジメント導入の経緯__116
- 7.2　ステップ1：経営者のコミットメントを得る__117
- 7.3　ステップ2：マネジメントで必要なマイルストンをプロジェクトに盛り込む__119
- 7.4　ステップ3：プロセス構築の第一歩として全体的な情報の流れを整理する__132
- 7.5　ステップ4：体系的な人材開発プログラムでリーダーシップを発揮できる人を育てる__136
- 7.6　ステップ5：コーポレート・ガバナンスへ組み込む__138
- 7.7　ITILサービスマネジメント導入における重要成功要因__140
- 7.8　ITILサービスマネジメント導入効果と苦労したこと__142
- 7.9　まとめ__147

第8章　ITサービスマネジメントシステムの構築／
　　　　活用による運用サービス品質改善__148
　　　　パナソニック インフォメーションシステムズ株式会社

- 8.1　当社の概要__148

[*]このKVHの事例は、第5回itSMF Japan Newsletter Contribution Awardで最優秀賞を獲得し、さらに世界54ヶ国のitSMFが選抜した候補による2012 itSMF International Whitepaper Submission competitionにおいて第1位を獲得したものを、書籍化にあたり再編集したものです。

8.2　ITSMS構築プロジェクトの発足__151
8.3　当社ITSMSの構成__155
8.4　現場への定着活動__165
8.5　ITSMS導入による効果__168
8.6　継続的改善活動__170
8.7　おわりに__174

第3部　これからのITサービスマネジメント__175

第9章　DevOps 〜開発と運用のランデブー__176

9.1　DevOpsとは__176
9.2　開発方式による変更の特徴__177
9.3　「DevOps」に対する「従来のIT運用」の課題と短期的な対応要件の整理__179
9.4　DevOps対応への具体的なアプローチ__182
9.5　従来のIT運用とDevOps ― 今後の展望__192

第10章　サービス・ポートフォリオとサービスカタログの進化__193

10.1　サービス・ポートフォリオとサービスカタログとは__193
10.2　サービス・ポートフォリオ、サービスカタログの作成手順__196
10.3　運営のポイント__197
10.4　今後の展望__200

用語集__207
参考文献__210
索引__211

column
- セルではなくマトリクス視点を持とう__038
- DevOpsとは__067
- 非機能要求グレード__078
- アプリケーションオーナー制度__086
- BYODと運用管理__203

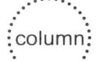

IT Service Management
Implementation Guide

第1部
フレームワークとの付き合い方

[第1章] フレームワークとは何か
[第2章] なぜフレームワークと付き合わなければならないか
[第3章] ITサービスの提供と運用におけるフレームワーク

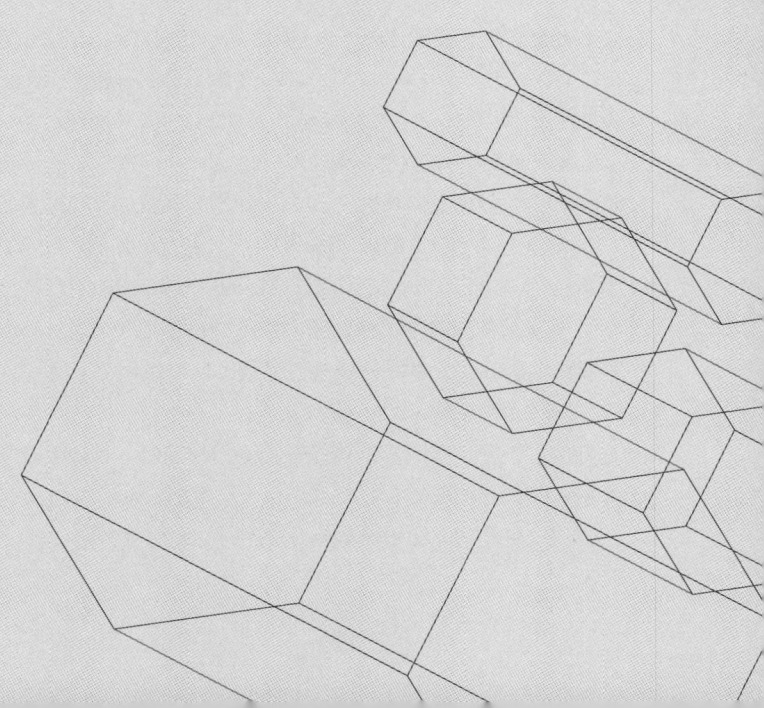

[第1章] フレームワークとは何か

執筆：株式会社 日立製作所　近野章二

　この本を手に取られているということは、読者の皆さんは、日々、フレームワークと格闘されている方でしょうか。あるいは、これからフレームワークと格闘することがあり、準備運動を始めようとされている方でしょうか。本章では、ITサービスやビジネスサービスを提供するシーンにおいて、そのマネジメントに関する業務を効率的に進めるためのフレームワークについて紹介していきます。さらに、それらフレームワークを自分たちの組織や業務にどう組み入れていくかについても触れていきます。

1.1　フレームワークとフレームワーク・フォレスト

　筆者が初めてIT関連のフレームワークに触れたのは1994年頃です。その時から現在に至るまで、そのフレームワークは、目的、カバー範囲、構成要素を変え、常にその姿を変えています。世の中の価値観が変わり、国や地域によってはビジネスの中心をなす業種が変わり（製造業からサービス業へのシフトなど）、企業にとっては問題・課題、取り巻く環境が変わり、それらの変化に対応し変容してきた結果といえます。

　そのフレームワークとは、開発系組織成熟度を評価し、改善の指南役として著名な「CMM」（Capability Maturity Model）です。CMMは1989年に提案されたものであり、日本では1991年に解説書が出版され、その後のソフトウェア開発現場に大きな影響を与えました。それが、今や、開発以外の領域でも様々なフレームワークが作られ、公開され、導入されています。

　これらフレームワークは、現在、どれだけ存在し、世の中の役に立っているのでしょうか？　IT関連に限定したとしても巨大な森を形成しているかのように乱立しているといえます。本書では、これを「フレームワーク・フォレスト」と呼びます。

>
> **用語解説**
> **「フレームワーク」「フレームワーク・フォレスト」**
> 「フレームワーク」とは枠組み、汎用的な機能や業務を定めたもの。本書では、ITSMに関連する業務を対象に、それら業務を汎用化したものを指す。「フレームワーク・フォレスト」は、共通の目的で集まったフレームワーク群。筆者がこの用語を初めて目にしたのは、『ITマネジメントのためのフレームワーク』において。まさに、本書のテーマであるITSM関連のフレームワークの紹介が記載されている書籍である。大いに参考になるものなので、本書の読者にもお勧めだ。

　本書では、数あるフレームワーク・フォレストの中から、ITサービスマネジメント（ITSM）関連のフレームワーク・フォレストについて触れていきます（あくまでITSM向けのフレームワークを現場でどのように導入していくべきかを指南するガイドという位置付けです）。ITSM関連のフレームワークはITILを筆頭に、様々なものが存在します。主要なフレームワークについては、参考文献『ITマネジメントのためのフレームワーク』[*1]を参照してください。フレームワークごとに、その起源や歴史、普及範囲、モデル、そのフレームワークの導入で役立つツールなどがコンパクトに記載されています。しかし、部分的にはITSM関連のフレームワークでなくとも適用できる考え方を紹介していますので、他のフォレストに興味がある方にもお勧めできます。

　本書の第1部は、3つの章から構成されています。

　第1章は、「フレームワークとは何か」と題して、皆さんが普段から触れているフレームワークの定義を再確認します。

　第2章は、「なぜフレームワークと付き合わなければならないか」です。これほど乱立したフレームワークを相手に四苦八苦しながら業務を進めなければならない理由に触れます。さらに、どういったケースでフレームワークを活用すべきか、というモデルケースも示します。

　第3章は、「ITサービスの提供と運用におけるフレームワーク」で、本書の中核をなすITサービスの提供や運用において有効なフレームワークについて触れます。

Point!
▶ **本書はITSM関連のフレームワークについて取り上げる。**
▶ **第1部では、フレームワークとの付き合い方を、いろいろな角度から考察してみる。**

[*1] ISBN 9789087530457。itSMF JapanのWebサイトで購入可能。

1.2 ITSM関連のフレームワーク

さて、ITSM関連のフレームワークにはどういったものがあるのでしょうか。先の参考文献『ITマネジメントのためのフレームワーク』によると、ITSM関連のフレームワークは、大きく5つに分類されています（表1.1）。このフレームワークの集合体が、ITSM関連のフレームワーク・フォレストになります。皆さんがご存じのものはいくつありますか？　この中で最もなじみがあるのはやはりITILでしょうか。しかし、ITILはあくまでフレームワークの1つなので、本書ではITIL自体の解説は極力控えます。

本書の主題は、あくまで、このITSM関連のフレームワーク・フォレストから、何を選び、自分たちが持つフレームワークにどのように策定・導入していくかということです。各フレームワークについての詳細は、参考文献『ITマネジメントのためのフレームワーク』、および各フレームワークの解説書などを参照してください。

表1.1　ITSM関連フレームワークの分類 [*2]

カテゴリ	タイプ	フレームワーク
情報管理	調達、サービス提供、要求といったITマネジメントを実施、組織するHow-toにフォーカスしたフレームワーク	ITIL、BiSL、ISPL、eTOM、ASL、Generic Framework for Information Management
品質管理	サービス、セキュリティ、開発、一般といったITドメインに特化した品質標準にフォーカスしたフレームワーク	TQM、ISO 9000、TickIT、ISO 27000/BS 17799、ISO/IEC 20000
品質向上	ITオペレーションのHow-toではなく、プロセスやパフォーマンス向上にフォーカスしたフレームワーク	ITS-CMM、Six Sigma、eSCP-SP、IT Balanced Scorecard
ITガバナンス	責任、コントロール、組織といったIT機能の組織化についてフォーカスしたフレームワーク	AS8015、COBIT、M_o_R
プロジェクト管理	ITに限定せずに、プロジェクト、プログラム、ポートフォリオにフォーカスしたフレームワーク	MSP、PRINCE2、PMBOK、IPMA Competence Baseline

ここまで「フレームワーク・フォレスト」という用語も使いましたが、フレームワークの世界は、庭先に植えた木、近隣の庭にある木、近くの森などとの付き合い方に似ていると思います。個々の技法や考え方を"葉"と捉えると、それらをつなぐ"枝"（目的）が必要ですし、それらが有機的に機能しその木が生き生きといきていくために、木全体に"栄養"（新たな課題、解決策など）が行き渡るようにしないといけません。根元がぐ

[*2]『ITマネジメントのためのフレームワーク』より。

らついていたり、幹が腐れかかっていたり、枝が折れ欠けていたり、葉が取れかけていたのでは良い木とはいえません。無駄なところをそのままにしていると、"無駄な栄養"（労力）が必要になり、また周りの人に迷惑をかけてしまうことになります。そうならないためにも、常に見直しを行い、剪定し、形の良いもの、栄養が行き届いているもの、他に悪い影響を与えないものにしておく必要があります。世の中で良いとされる木や森があればそれらを参考にして自分の庭先にある木をメンテナンスし、新たな木を購入し、庭に追加して、庭全体の調和を良くする。皆さんの庭の状態はいかがですか？　どういう目的を持って庭を造り、日々メンテナンスをされていますか？

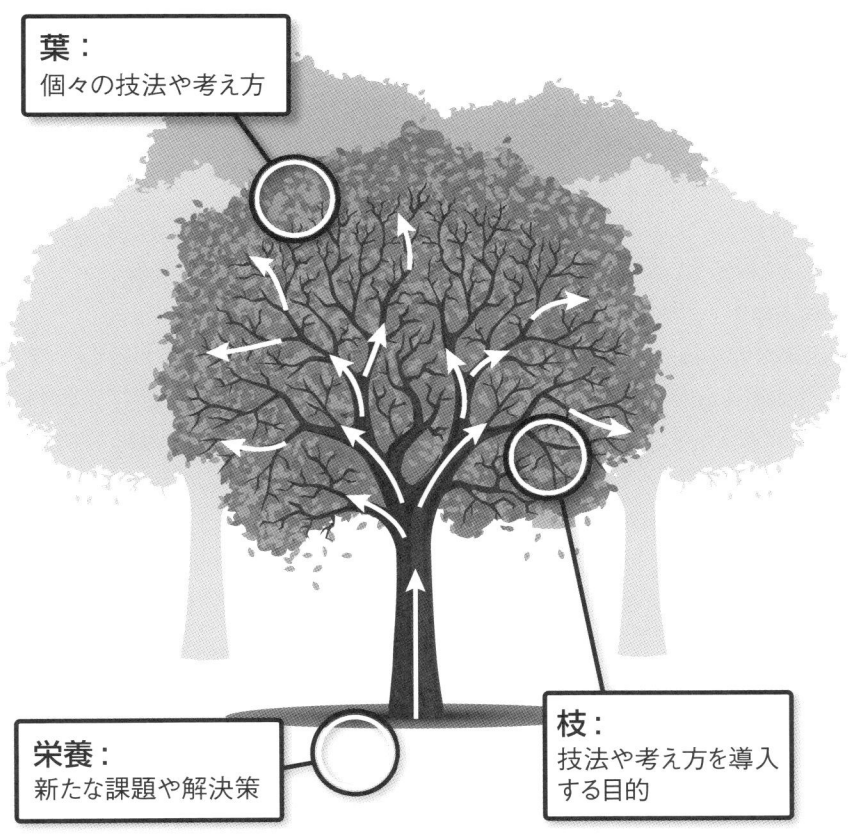

図1.1　フレームワーク・フォレスト

フレームワークを活用する利点は、作業の効率化にあります。個人を中心にした例で考えると、初めて実施する作業と、何度か経験した後に実施する作業の効率の違い（向上）がそれです。フレームワークは「What」（何を）と「How」（どのように）、「Knowledge」（知識）、さらに気の利いたフレームワークでは「テンプレート」や細かな「ステップ」まで含んでいるものがあります。作業を進めるにあたって、それら全部を導入しますか？　流行だからといってやみくもに、何でもかんでも導入する人はいないと思います。もし、あなたがそのような人だとしたら、考え直してください。フォレストはフォレストでも、抜け出すのが困難な樹海に迷い込んでしまうことは明らかです。

●KPIの場合

　ちょっとここで、KPI（Key Performance Indicator）を例にして、やみくもに導入する場合とそうでない場合について触れてみます。
　他社で効果が出ているKPIがあったとしても、それをやみくもにコピーして導入することを目的としてしまうと無駄な数字や文章までもが織り込まれた報告書が作られ、それを作る人や見る人にとって苦痛なものになります。つまり、その用途を理解しないとKPIの導入だけが目的になり、その先に進めないのです。
　KPIを戦略的に導入するためには、KPIの"K"が何を表しているか考えるべきです。KPIとはKey Performance Indicatorですので、Keyですね。「重要な」という意味です。誰にとって重要なのでしょうか？　それは、その指標を使って計測された結果を見て意思決定する人にとって重要なのです。重要と思わない人にとってはただの数値や文字の羅列にしか思えないでしょう。
　筆者は、KPIのKは「重要な」よりは「価値ある」と捉えるべきだと思っています。重要であっても、欲しい時に、さらに欲しいものと関連付いて参照できなければ価値はなくなってしまいます。そうなっては、PI（性能指標）を設定し、業務などのパフォーマンスを可視化している意味がなくなってしまいます。価値は、それらを参照し、その時に抱えている目的や目標を達成できた時に、その達成した人にとって生まれるものです。ですから、「重要な」と「価値ある」は別物なのです。「価値ある」は人によって、その人が置かれた状況によって、その人の欲求によって定まります。
　この変化を捉えて、KPIを動的に定め、その結果を動的に参照し、動的に意思決定することを支援することが重要なのですが、フレームワークでも同じです。その組織や

人にとって価値あるもの、重要なもの、効果が出るものが必要なのです。どのフレームワークが価値あるものなのかを知るには、選定対象となるフレームワークをよく知る必要があります。それ以前に、それらフレームワークの導入先にある現状のフレームワーク、そのフレームワークの問題点や課題、価値ある理想形、その理想形に近付けるための施策が何であるかなどを見極める必要があります。それには、目利きになる必要がありますし、目利きを育てる必要があります。

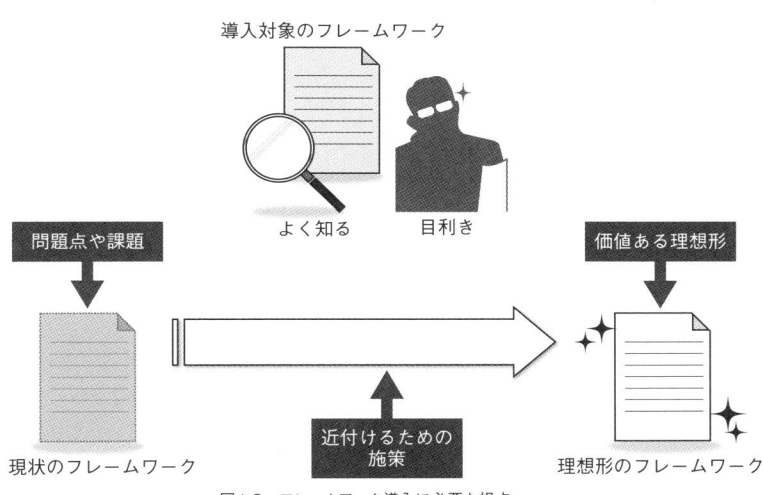

図1.2 フレームワーク導入に必要な視点

　フレームワークの定義は1.1節に示したとおりです。以降では、ITサービスマネジメント向けのフレームワークを例に、その起源をたどることで、フレームワークを構成する要素について提示していきます。これらを知ることで、フレームワークをどう理解し、どう導入していくべきかの糸口が発見できるでしょう。

> Point!
> ▶フレームワークの導入に際して、導入自体が目的になってしまってはいけない。
> ▶導入すべきフレームワークとは、組織や人にとって価値のあるものである。
> ▶価値のあるフレームワークを見極めるには、目利きが必要である。

1.3 フレームワークの起源と構成要素

　ITSMに関するフレームワーク、あるいはフレームワークを構成するツールや考え方、プラクティスが生まれたのはいつごろでしょうか。情報システムやITに関係する技術の誕生から現在までの歴史を紐解いてみると、第二次世界大戦後から始まったとされる冷戦時代［*3］からとなります。

　世界を二分するほどの対立関係において軍事、外交、経済だけでなく、宇宙開発や航空技術などにおいて激しい競争が生まれ、その競争の中で問題となってきた事象の解決のために、様々な技法、手順、考え方などが生まれることになりました。これらがシンプルな問題から複雑な問題までを対象とし、組み合わされ、ある目的に応じた形を成したものが「フレームワーク」と呼ばれているものだといえます。実際には、フレームワークを策定する人たちが自組織内で実践しているやり方を持ち寄り、ある1つの形に仕立て上げたので、結果的にそうなったということもできます。

　ソフトウェアの成果ではどうだったのでしょうか。ソフトウェアが作られ始めたのは1950年代からです。ソフトウェアの品質向上、維持のために1951年にデミング賞［*4］が設立されました。その後、1950年代後半、米国防総省が大規模プロジェクトの管理のためにマネジメント手法を体系化しました。その後も、米国は様々な問題や課題に直面しました。1960年代は伝統的なタイムシェアリング［*5］や専門的サービスの台頭により情報システムの提供が徐々に複雑化し、1970年代にはオイルショックに突入し、製造業をはじめ、多くの企業が業績低下に苦しんだのです。

　このような問題解決の裏にはフレームワークが存在しました。そして、そのフレームワークの中には多くの問題解決のために考案された技法や手法がちりばめられているのです。

　同じ問題に直面した時、効率よく、効果的に業務を進められるようにツールや方法論が考案され、それらを組み合わせて、より複雑な問題解決に対処するためにフレームワークは存在します。したがって、これらフレームワークを構成する考え方、それらを集めたフレームワークの用途を見極めたうえで導入を検討しないと、真に効果を得ることはできません。

　筆者が伝えたいことを要約すれば、フレームワークというのは多くの先人たちの経験、知恵、考え方が凝縮されており、表面だけをなぞって簡単に取り込めるものではな

［*3］実際には1945年よりも前にその布石があったものの、定義上は第二次世界大戦後となっている。［*4］品質管理の世界において、功績のあった人物を表彰する制度。米国の品質管理専門家 W・エドワーズ・デミングの寄付を基に設立された。
［*5］コンピュータが今よりも高額だった頃、1台のCPUの処理時間を複数のユーザに分割して与えることで、同時利用を実現するシステムのこと。

いということです。フレームワークは、単にツールや考え方、プラクティスを寄せ集めただけでできているわけではありません。その前提として、問題や課題があり、それらが解決された理想形があり、その理想形に近付けるための業務や方法論や考え方の集合体である必要があります。これは、ある業界で定められ認知されているものから、自組織内に閉じて認知され活用されるものまで、用途やスコープは様々です。

1950年代、米国の多くの産業が成熟化を遂げました。その代表といえる米国製造業は、1960年をピークにそのシェアを下げ続け、現在もその傾向は変わりません。そのためピーク以降、米国の製造業は経営の多角化、海外進出を余儀なくされました。その結果、多くの経営上の問題、課題が生まれ、その解決のために多くの考え方、技法、方法論などが考案されるようになったのです。実は、この時代に考案されたものがフレームワークの構成要素となり、いまだ活用されている状況にあるのです（図1.3）。

これ以降より、そうしたフレームワークを構成する要素の中で重要と思われるものを説明します。

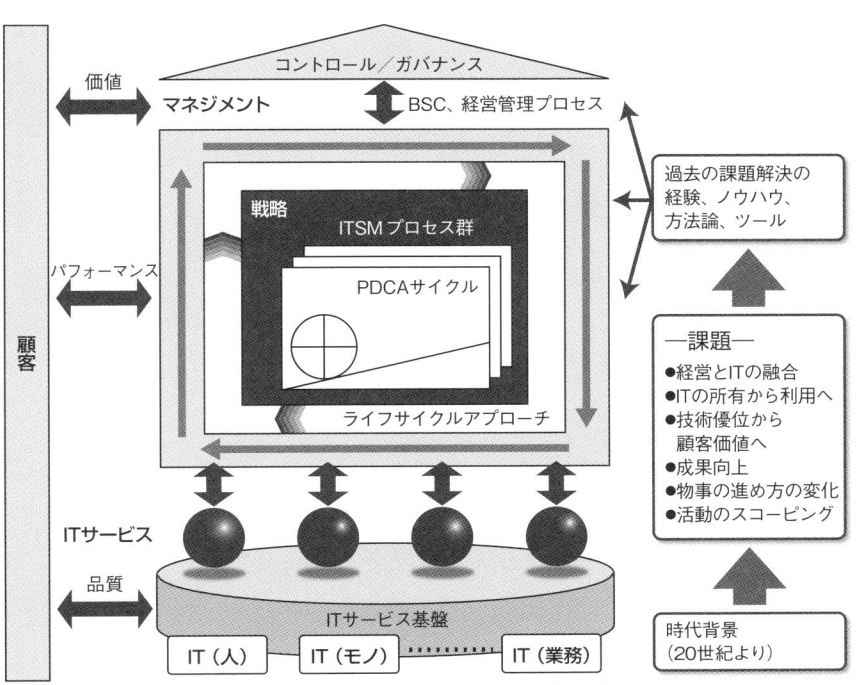

図1.3　フレームワークの構成要素（ITSMの場合）

●戦略

　1950年代、米国ビジネス界では「戦略」という概念は使われていませんでした。使われていたのはもっぱら軍の世界です。経営の現場からの声に基づき、1960年代から「戦略」に関する学術研究が始まりました。中でも鉄道の例が有名です。鉄道事業に固執した鉄道会社は、他業種企業が経営多角化によって生み出した航空機や乗用車、トラックによる輸送との競争に勝てなくなり、衰退しました。当時、「戦略立案」という考え方はありませんでした。

　その後、1970年代に入り、複雑さを増した多角経営に対応する管理手法が求められるようになりました。さらに、1980年代には競争力がより一層求められるようになり、「競争力の原理」が生まれたのです。これら一連の流れにおいて、「戦略」という概念がビジネスの世界でも使われるようになりました。

●BSC (Balanced Scorecard)

　「BSC」は、1992年に米国で誕生しました。キャプラン&ノートンが提唱したものが最新です。しかし、この考え方には原典がありました。ロバート・N・アンソニーの「マネジメント・コントロール・システム」（経営管理システム）やMITのジョン・F・ロッカートによる「重要成功要因分析」です。「CSF」（Critical Success Factor）メソッドとも呼ばれています。

　元々、success factorsという概念が、やはり1961年にロナルド・ダニエルとマッキンゼー社により考案されました。これを、ジョン・F・ロッカートが1979年から1981年の間にリファインしたものがCSFです。その流れを受けて、BSCが生まれたのです。

●マネジメント

　「マネジメント」の由来は"手"を意味するラテン語"Manus"だといわれています。何かモノを扱うという意味で"全ての資源、特に資金を効率的かつ効果的に使う"という意味が含まれています。

　マネジメントに関する考え方は「経営管理」という学問で多くのことが語られています。大きくは、"経営学の父"と呼ばれるフレデリック・テイラーにより提唱された「科

学的管理法」から始まり、"管理原則（管理過程論）の父"と呼ばれるアンリ・ファヨールにより学問としての地位を獲得した分野です。対象が何であれ、経営管理論を勉強した人、あるいはマネジメントを意識したフレームワークを構築しようとした人は、少なくとも、「科学的管理法」や「管理原則（管理過程論）」などを熟知しているはずです。こういった背景的知識（Body of Knowledge）を理解したほうが、フレームワークをより理解、導入しやすくなります。

　上記2つの内容は、それだけでも一年間の大学講義資料になるほどの膨大な量ですので、本書での説明は割愛します。今後、"マネジメント"という名が付くフレームワークを扱う方は、必読の内容です。

●PDCAサイクル (Plan-Do-Check-Action)

　PDCAサイクル（図1.4）といえば「デミング・サイクル」といわれるように、デミングが考案したように捉えられがちですが、デミング曰く、「PDCAサイクルは（デミングの）師匠であるシューハートが生産現場を渡り歩いた結果として考案されたサイクルが起源」。1950年代、デミングによって日本でPDCAの原型が作られたとされる説もありますが、現実には、その原型をデミングの師匠であるシューハートが考案したと思った方がよさそうです。

　デミングが1950年代にPDCAを提唱する時よりも25年ほど遡ったころ、シューハートは、製造工程に生じる様々な変化が色々なところに波及し大きな変化となり品質を悪化させているところに着目し、「変化が増大し品質が悪化する状況を継続的に捉え調整を施し工程をコントロールする」という考えを示したのです。これがPDCAサイクルが生まれることになった起源といえます。

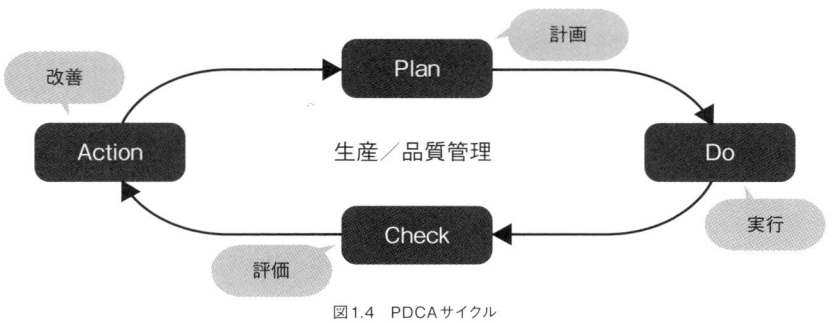

図1.4　PDCAサイクル

●IT (Information Technology)

　"Information Technology"という言葉が使われ始めたのは1958年ごろのようです。しかし、今の形（コンピュータ、データ、ネットワーク、インタフェース、利用者）を指す言葉としてITが使われるようになったのは1990年代に入ってからです。1980年代と1990年代に何が起きたのでしょうか？

　1980年代は、汎用機やワークステーションを複数の人や組織で共有し、タイムシェアリングし、計算結果を得るという世界でした。それが、ICやLSIの発展により、個人でマイコンを持てるようになったのです。その後、1990年代に入り、GUI、ネットワーク、コミュニケーションが多く生まれるようになりました。これは、もはや情報システムの領域を超えており、当時の人がITと名付けたのです。

●顧客価値

　1947年代半ば、GEがVE（Value Engineering）という取り組みを始めました。後に、米国国防総省がVA（Value Analysis）と名付けました。顧客の満足を得るために、求められる機能とかかるコストを適切に管理し、価値の向上を達成するもので、日本では1960年頃に導入が始まったとされています。

　VAでは、バリュー・チェーンをベースとして、研究開発からアフターサービスに至るまでの事業活動について、競合と自社の強み／弱みを把握し、競争優位性を確立するための「ヒト・モノ・カネ」の資源配分を考えることができました。持続的な競争優位性を確立するためには、バリュー・チェーン分析によって、競合が容易に真似できず、顧客にとって価値がある機能はどの部分であるかを見つけることが必要です。

　一方のVEでは、価値を機能とそのためにかけるコストとの関係で把握します。これは、価値を高めるための、機能とコストの最適な組み合わせの実現を試みることでした。

●品質

　「品質」の起源は、1979年に誕生した「BS 5750（品質マネジメント）」とされています。しかし、それ以前に、真の起源は第二次世界大戦の後、NATO軍が欧州に駐

留していたころまでさかのぼります。NATO軍は、現地で調達する物品の品質問題を解決する必要に迫られました。その際考案されたのが「品質管理」(QC：Quality Control)です。

品質の世界では、「QCの7つ道具」が「新QCの7つ道具」へと進化してきています。QCの7つ道具は定量的に現象を分析するものであり、品質管理中の事実を視覚的に表現することによって、問題を誰もが容易に理解できるようにします。その起源は1950年代から活発化したQC活動の流れにあります。誰でもやさしく理解できるツールを体系化するために、「弁慶の7つ道具」になぞらえて1960年代末頃から「QCの7つ道具」と呼ばれるようになったそうです。

その一方で、新QCの7つ道具が誕生し、定性的現象の分析が可能となり、早期の段階で問題の構造を明らかにすることが可能になりました。

この両者は対立するものではなく、相互に補完する関係にあるものです。

●ライフサイクルアプローチ

ITILではITIL V2までは「プロセスアプローチ」を採用していました。品質マネジメントの影響を受けた結果です。ITIL V2では、定義されたプロセスや複数のプロセス群で構成されるサービス提供の段階（企画、設計……運用）ごとの部分的なPDCAが実施されるものの、サービスが生まれて廃棄されるまでの連続的な時間軸において品質管理をしにくいという問題がありました。また、プロセス中心となると、サービスの責任者がサービスという切り口で品質をコントロールすることは複雑なものとなっていました。これらの問題を解決し、サービスマネジメントを体系的に実践できるように、ITIL V3からは「ライフサイクルアプローチ」を採用しています。

ライフサイクル思考は、1985年に米国のAmericanMotors（現在はクライスラーに吸収）にて考案された「Product Lifecycle Management」が起源とされています。今では、アプリケーションライフサイクル、ソフトウェアライフサイクル、サービスライフサイクルなど、多くの分野に適用されています。目的志向で、サービスの提供にかかわる全段階をカバーし、品質やパフォーマンスのコントロールが可能になります。そういった効果を目指さないのであれば、ライフサイクル思考を取り入れても効果は出ません。

●コントロール

　シューハートが「管理図」を考案したのが起源とされています。製造工程における変化を削減することの重要性を指摘し、変化を増大させ品質を悪化させる状況を継続的な調整によって制御することを提案しました。これがコントロールの原点です。

●経営管理プロセス

　ロナルド・ダニエルが執筆した「Management Information Crisis」という論文がきっかけとなり、「経営」と「情報」が融合されて議論されるようになりました。ダニエルは、成長や事業の多様化・国際化に伴って経営組織が変化するのに対し、組織の計画と管理に必要となる「情報」が組織形態と整合しない事態を指摘しました。経営機能を「計画・実行・管理」の3つのプロセスに分けて、情報は計画と管理のプロセスに必要であるとしています。

　また、一方で、BSCの説明にも登場した、マネジメント・コントロール・システム（経営管理システム）を考案したロバート・N・アンソニーが1960年より提唱した「計画とコントロール」という考え方（計画は戦略的なものと日常的なものに分かれる、というもの）があります。最終的に、アンソニーは「戦略的計画」、「マネジメント・コントロール」、「オペレーショナル・コントロール」の3つのプロセス、ならびにこれらのプロセスを支援する「情報処理」と「財務会計」の2つのプロセスで経営管理過程を定義しました。これらの考え方が、現在、よく目にする、「ストラテジック」「マネジメント」「オペレーション」の三階層の起源です。

＊　＊　＊

　以上、ここで触れてきたのは、フレームワークを構成するプラクティス、つまり先人が知恵を絞り、問題解決のために、ある形に仕立て上げた結果のほんの一部です。50年以上も前に考案されたものもあります。しかし、良いプラクティスはそれほど型が変わっておらず、そのまま使われているものが多いです。皆さんも、未来の子孫のために、自らお持ちのプラクティスを形作り、フレームワークの一部に組み入れてみてはいかがでしょうか。

Point!

▶時代背景から様々な課題が出現し、それらを解決するためのツールや方法論が生み出された。

▶それらを組み合わせることで、より効果的に機能するようにしてフレームワークが形作られていった。

▶そうした背景を踏まえ、目的をきちんと意識したうえでフレームワークを導入しないことには、効果を得ることはできない。

[第2章] なぜフレームワークと付き合わなければならないか

執筆：株式会社 日立製作所　近野章二

前章ではフレームワークとは何かという、根本的な内容について考察してみました。本章では、そのフレームワークを取り入れる意義について触れたいと思います。

2.1　我々のビジネスを取り巻く環境とフレームワーク

　皆さんは、なぜフレームワークを活用しなければならないのでしょうか？　日本発のフレームワークもありますが、ほとんどは欧米から来ています。欧米の商習慣、物事の考え方、課題が生まれた背景などは、日本とは大きく異なります。そういった中で生まれたフレームワークを日本の商習慣や価値観に置き換えたり、取り込んだりするのにはそれなりの労力を必要とします。なぜ、そこまでしてフレームワークと向き合わなければならないのでしょうか？　それは、よく日本の製品や文化がガラパゴス化 [*1] しているのと逆行する流れのようです。日本の考え方、仕事の進め方、DNA的に、グローバルスタンダードに乗れるのでしょうか？

　現実的には、日本だけがそれらの導入が遅れているのは事実です。ITSMのフレームワークであるITILを見ただけでもそうです。ITILは、ご存知のようにV2で爆発的に世界中に知れ渡り、その後バージョンアップを重ねました。グローバル市場での活用の結果として、V2では日々のサービス提供に関するプロセスだけが注目を浴びていたものが、V3でより戦略的な活動、戦略から継続的改善までの一連のライフサイクルをうまく回す方向に拡大し、取り込まれてきたのです。日本では、ITIL V3が出たころは、内部統制への対応で四苦八苦していたため、また運用業務に関係しない部分は自分たちの領域ではないという考えが強かったため、ITIL V3は遥か彼方に追いやられてしまいました。この影響は、一部の先進的、かつアグレッシブな組織を除いて、いまだ

[*1] 孤立した環境に最適化したことで、外部との互換性が失われ、さらには導入される変化に対応しにくくなっている状態のこと。ガラパゴス諸島における進化体系になぞらえたもの。

消えていないといえます。

　サービス・プロバイダやサプライヤにとっては、発注側の調達要件の中に、あるフレームワークが指定され、そのフレームワークに従った認証レベルがある規定以上でないと入札に参加させてもらえないということがあります。つまり門前払いですね。ここ数年、米国の政府系調達では、「パフォーマンス・ベース調達」（PBA）や「パフォーマンス・ベース契約」（PBC）が主流になりつつあります。応札するサービス・プロバイダはパフォーマンスを測る指標を設定し、自分たちのパフォーマンスの良さをアピールしなければいけないのです。そのためにフレームワークを導入し、サービス提供に関する業務とその業務に関係するパフォーマンスを計測しておくことが必要になるのです。

　また、他に、開発やサービス提供組織としての成熟度を問われるという例があります。「CMMIレベル4以上でないと応札できない」、「eSCM-SPレベル3以上でないと提案書すら出せない」など。読者の皆さんにも経験がある方がいらっしゃると思います。

　このように、遅ればせながら、日本でもフレームワークを導入することで客観的指標を手に入れ、ビジネスに生かす必要性が高まってきているのです。

「eSCM-SP」

eSourcing Capability Model for Service Providersの略で、米国のカーネギーメロン大学で開発されたサービス・プロバイダ向けeソーシング能力モデルのこと。ITサービス・プロバイダが、サービス・ソーシングの観点からITサービスマネジメント能力を開発することを支援するフレームワーク。

Point!

▶フレームワークの多くは欧米製であり、日本の商習慣に馴染みづらいことなどから、日本では導入が遅れている。

▶しかし、時代の流れと共に日本でも、フレームワークを導入し、客観的指標によって自社を表現することが求められるようになってきている。

2.2　ITILというフレームワーク

　ITSMの代名詞であるITILフレームワークの変遷についても触れておきましょう。このITILも、そのフレームワークの形を時と共に変えて現在に至っています。（図2.1）

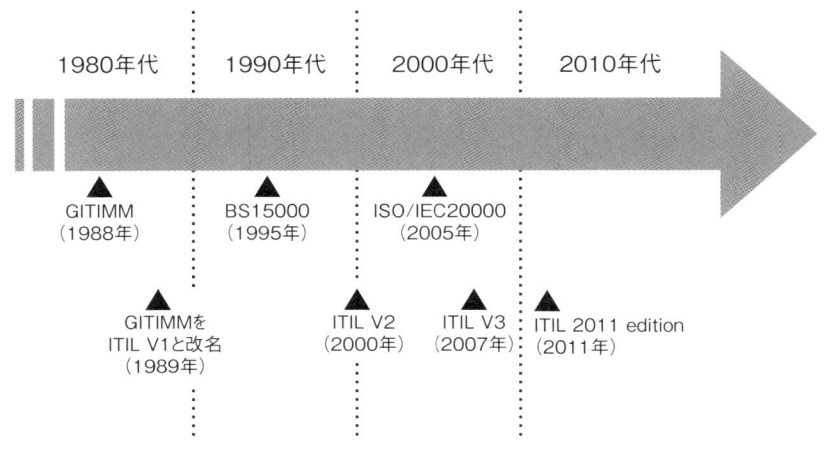

図2.1　ITILの歴史

　ITIL V1が生まれたのは1980年代といわれています。当時、英国政府の組織であるCCTA（Center Computer and Telecommunications Agency）がその基本形を開発しました。元々、ITILとは呼ばれず、「GITIMM」（Government information Technology Infrastructure Management Methodology）といわれていました。当時、サッチャー政権末期を迎えていた英国は経済的に低迷していた時であり、行政に対してもコスト削減の厳命が下されました。それを受け、CCTAは、「反復可能なプロセス」「ITマネジメント手法」「ITサービス提供のコストを削減」「サービス品質の向上」を目指し、「ITインフラストラクチャ・マネジメント手法」の実証プロジェクトを開始したのです。そのプロジェクトは成功し、その考え方をGITIMMとしてまとめたのです。"ベストプラクティス集"という代名詞が有名ですが、その裏には「デミングが唱えた品質改善の考え方を運用業務に適用した際のプラクティス集」という側面があるのです。

　最初の数年は、30冊を超える関連書籍のライブラリとして公開されていました。その中に記載されていたのは、英国政府内の正式な手法や確定的な原則として扱われるものではなく、ITサービスマネジメントにおける特定の事例が1つずつ掲載されていたそうです。

●ITIL V2の登場

　ITIL V2が発表されたのは2000年とされています。その特徴は、「プロセスアプローチ」と「ベストプラクティス」です。このアプローチは、業務をプロセスという単位に分け、プロセスごとの役割や責任、機能を明確に示しています。ここで「責任」とは、日本での印象が強いネガティブな「責任を取る」ということではなく、与えられた責務に関して自由に判断を下してよいというものです。これを誤解すると大変なことになります。ニュアンスが違うので注意が必要です。"自由な判断をしてよい"と書きましたが、それと共に説明責任が付いてきます。こちらが日本でいう「責任を取る」に近いかもしれません。自由に判断を下した結果、良くも悪くも、その成果（Outcome）を説明しなければいけなくなるのです。「責任」と「説明責任」は似て非なるもので、かつ表裏一体のものと捉えてください。

　プロセスアプローチになったことで、ITILは業務やサービスごとに個別に実施されていた作業をプロセス単位で横断的に管理できるようになりました。これで、組織の活動に対して一定のレベルを維持できるようになるのです。

●ITIL V3の登場

　V2が出てから10年近く経とうとしていたころにITIL V3が公開されました。V2とは大きく変わり、V2の中心的な書籍で提示されていた10のプロセスは5つのサービスライフサイクルの段階に分散されました。このライフサイクル型に書き換わったのが一番大きな変更箇所です。5つの段階とは、「サービスストラテジ」「サービスデザイン」「サービストランジション」「サービスオペレーション」「継続的サービス改善」です。これにより、一層ビジネスからの要求に応じてサービス提供活動を進めていくという考え方に変わったといえます。

　ITIL V3は、今までオペレーション関連のプロセスに注力していた人にとってはかなりハードルが高い内容になっています。サービスストラテジにはITガバナンスの代名詞となっているCOBITが管掌する領域が含まれていますので、もともとITガバナンスを担当されてきた人には扱いやすい内容といえます。読者の周りに、COBITに通じた方がいらっしゃれば、その方とタッグを組んでITIL V3以降のプラクティス導入を進めることをお勧めします。

●ITIL 2011 editionの狙い

　2011年、ITIL V3は諸々の問題を是正するために改訂されました（2011 edition）。次章で示す変革のポイントと合致する部分についていくつか触れておきます（表2.1）。ITIL 2011 editionをうまく導入することで、いくつかの変革を実現できるでしょう。

　表2.1において、#1の改訂によりサービスの提供におけるバリュー・ネットワークをどのように作り上げるべきか俯瞰しやすくなったといえます。#2の改訂では、実践しやすさが向上したと思います。#3の改訂では、変化が激しい事業環境に即応するITサービス・プロバイダをイメージしやすくなったといえます。#4の改訂では、サービス利用中の顧客、内部リソースや外部リソースの確保状況に基づくサービスの提供がしやすくなります。#5の改訂では、サービスの設計時、変更評価を実施することで、変更に経営層を確実に関与させ、かつ経営層にサービス価値を指南できるようになりました。#6の改訂では、種々雑多なマネジメント対象が増えたことで発生する各種調整事項への対応が明確になったといえます。

表2.1　ITIL 2011 edition改訂の狙い

#	問題点	変更内容
1	サービスライフサイクルを構成する段階間のつながりが捉えにくい	再整理、段階間のつながりを「インタフェース」として明記
2	「サービスストラテジ」だけ、概念の羅列が目立ち、プロセス記述がなく、他の段階と似た導入がしにくい	他の段階と同様に、プロセス記述に書き換えた。「ITサービス戦略管理」、「サービス・ポートフォリオ管理」、「ITサービス財務管理」、「需要管理」、「事業関係管理」の5つのプロセスを定義
3	事業戦略とITサービス戦略の連携の関係がつかみにくい	「サービスストラテジ」段階に「ITサービス戦略管理」を新たに定義
4	顧客との関係、リソースの需要を加味したサービス戦略や設計を実施しにくい	「サービスストラテジ」段階に「事業関係管理」と「需要管理」を新たに定義
5	変更管理に対する経営層の関与が不明確	「サービストランジション」に「変更評価」を追加
6	種々雑多な設計要求のハンドリングについて記載が不足	「サービスデザイン」に「デザイン・コーディネーション」を追加

●ITIL Lite

　ITIL V3がリリースされた後、導入手順を記した部分がないため、部分的にでも、全体的にでも、その導入が困難であるという意見がTSO (The Stationary Office) に多く寄せられました。その状況を鑑みてitSMFでは「ITIL Lite」を発刊し、現在は日本語版も出版されています。ITIL V3を約100ページ程度で手短に解説しており、入門書として使える内容になっています。「ITIL Lite」、「ITIL V3/2011 edition」を手に取り、皆さんの組織に合ったプロセス導入／変革を進めていただきたいです。なお、本書では、これら2つの書籍の内容の説明は割愛します。

　ITIL誕生当時は、「コスト」と「品質」を軸にして物事を考えるのが中心でした。それが、最新版のITIL 2011 editionでは「顧客価値」「パフォーマンス」を軸にした考え方に変わってきています。読者の皆さんは、まだSLAやコスト削減で止まっていたりしませんか？

●SLAと顧客価値

　ここで、SLAについて多少詳しく触れたいと思います。先に説明したITILの前身ともいえるGITIMMにおいて、最初に定義されたのがSLA/SLMでした。GITIMMはコスト削減が目的でしたから、無駄を省き（メタボをなくし）、サービス品質の良さをサービス利用者やサービスオーナが共通言語で会話するために考えられました。当時、ビジネス部門（顧客）との間で、求めるレベルに合致したITサービス部門になるために同じ言葉で会話できるものがなく、それを解決するためにSLAが生まれ、その一連のマネジメントを実施するSLMが生まれたのです。

　しかし、SLA/SLMはあくまでツールにすぎず、「顧客価値」を追求するにはさらに積極的な取り組みが必要となります。サービス提供において、顧客価値は最も重視しなければいけない部分です。顧客が求めていることの一例を図2.2に示します。

時間	**迅速に**サービスが立ち上がることを望んでいる。 （サービス利用まで数か月かかるのは問題外。利用者は今すぐに使いたいと思っている）
場所	フラット**組織構造に合ったサービスデリバリ拠点**が同時に立ち上がる（手配できる）ことを望んでいる。（ビジネス戦略、ビジネス展開パターンは様々で、その違いに難なく対応してほしいと思っている）
価値	コスト面だけでなく、**費用対効果などサービス利用者への Outcome（成果）**がベースとなる価値提供を望んでいる。（国や地域によって価値観が異なるのは当然。その差異にうまくフィットするサービスを提供してほしいと思っている）
リスク	自組織コントロール下にないデータや情報に対するセキュリティ対策は、最低限として現状維持を望んでいる。（不安を払しょくできる強化策がないと踏み込めない）
品質	**様々な要求レベルに合った品質**の提供を望んでいる。（日本ではジャパン・クオリティが根強い。海外は別）国や地域で異なる様式でサービスがデリバリされることは望んでいない。（業務の標準化、品質の均一化を望んでいる）
組織運営	**パフォーマンスの良いサービス・プロバイダを望んでいる。** （サービスの品置、価値、効果は、基盤となる組織運営が良くなければ達成しにくい。また、継続的に維持しにくい。複雑な環境変化に即応しにくい）

図2.2 顧客が望んでいることの一例

　フレームワークの中には、これら顧客価値を向上するためのプラクティスが含まれています。ITILも、ITIL V3以降は、コストの最適化や品質向上から顧客価値創造（ビジネスの要件に従ったサービスを提供する）へと導入目的の優先度がシフトしています。これらの内容を読み解き、自社のフレームワークに取り入れることをお勧めします。

＊　＊　＊

　ITIL以外にもフレームワークは多く存在します。国や地域ごと、業種ごと、政府監督省庁ごと、目的ごと、周りを見渡せば種々雑多なフレームワークが乱立しています。そこで課題となる悩みの種は、読者の方にも経験があるはずで、これらフレームワークをどう組み合わせ、どう組織に組み入れて、どう連携させるかということに尽きます。
　このフレームワーク・フォレストの中をどうやって歩き、所望の木や枝、木の実を入手し、自分のものにすればよいのでしょうか。次の節で、その考え方を示していきます。
　読者の皆さんも、各自が抱える現状、今後目指すべき姿を描き、その間の隙間を埋

めるための施策を考え、確実に達成するように取り組んでみてはいかがでしょうか？ピーター・センゲ [*2] が指摘しているように、組織変革には大きな阻害要因が発生します。それらを乗り越えつつ、次の10年のクラウド期／クロスボーダ期をうまく乗り切っていこうではありませんか。

> **Point!**
> ▶ ITILも時代のニーズと共に変化してきており、各版で何がどのように変わったかを知ることは、ニーズの変化を知ることにもつながる。
> ▶ 従来の知識で最新バージョンへの対応が難しい場合は、近い分野に精通した人と共に導入を進めることが有効である。
> ▶ ITIL 2011 editionでは、ITIL V3の問題を是正するための変更が取り入れられている。
> ▶ ITIL V3の導入が困難という声を受けて、ITIL V3を100ページ程度にまとめた入門書『ITIL Lite』を発刊した。
> ▶ ITIL 2011 editionでは「顧客価値」「パフォーマンス」が軸になっている。
> ▶ SLAを導入しただけでは顧客価値の追求にはつながらない。顧客価値の向上に寄与するフレームワークのプラクティスを取り入れるべきである。

2.3 フレームワークとの付き合い方のパターン

　ここまで、フレームワークと付き合う理由を説明しました。本節からは、フレームワークとの付き合い方のパターンを示していきます。フレームワークは使い方によって様々な効果を期待できるものです。その効果が出るまであきらめずに取り組んでいただきたいと思います。

　汎用化、一般化、体系化などは付き合い方の一つと捉えることができます。最初は、自己流でフレームワークを構築します。その後、他のフレームワークを見ては手直しをして、自分が納得のいく形に変えていくのがよいでしょう。

　自分にとっても、他の人にとっても価値が上がれば、市場で受け入れられ、同じ形をしたものが広がることになります。広がった先では、また、様々な環境との適合が図ら

[*2] 米国の経営学者。『最強組織の法則』（ISBN419860309X、原題『The Fifth Discipline』）の著者。

れ、その環境に合ったものに変えられることもあります。

ここからは、いくつか代表的なフレームワークとの付き合い方について触れていきます。

●あくまで参考書として

例えば、ITIL書籍などに記載されていることをそのまま実践すればよいというものではありません。フレームワークのプラクティスはあくまで、汎用化された、一般的な内容に仕立て上げたものが集まっている場合が多いのです。そのため、フレームワークによっては、"What"は記載していても、"How"を記載していないものもあります。また、全てを取り入れなくても有効に機能する部分があったりもします。

ITIL 2011 editionは5冊で構成されますが、総ページ数は約2,000にもなります。ITIL V3は約1,400ページでしたから、過去の版より増え続けている状況です。これらを一気に取り込むのは不可能でしょう。徐々に取り込んでいくとしても、汎用化された内容を専用化して現場に組み込むには、また一苦労必要になります。最も手軽な付き合い方は、あくまで参考書として扱い、何か認証を得るためのごとく全てを網羅し、隅々まで浸透させようとはしないことです。

日本と欧米の間には、表2.2と表2.3に示すような考え方の違いが存在します。この間で"翻訳"が必要になるのです。ここでいう"翻訳"とは、言語だけの問題ではなく、欧米流を日本流に置き換えるという意味です。本腰を入れる／入れないにかかわらず、表2.2と表2.3に示した違いを意識してフレームワークと付き合うことをお勧めします。

表2.2　コラボレーションの進め方の違い

カテゴリ	日本型コラボレーション	欧米型コラボレーション
目標の統合	抽象的	具体的、厳密
企業間の信頼	トップ経営陣の関係性を重視	契約重視
チーム設計	すり合わせ重視	自己責任を重視
情報共有	以心伝心、暗黙知	文書・文言主義、形式知
職務分担	職務分掌を超えてカバーしようとする	職務分掌外のことはしない
プロセス定義	基本業務プロセス定義で動く	詳細業務プロセス定義で動く
場の共有	同一空間共有志向	同一時間共有志向
マインド	改善型アプローチ	イノベーション型アプローチ

表2.3 マネジメントスタイルの違い

マネジメントスタイル	日本型	欧米型	ハイブリッド型
雇用	終身雇用、年功序列	短期雇用、実力主義、リストラ、転職	スリムな終身雇用、成果（実力）主義
マインド	従業員中心	株主中心、企業価値（株価）向上必至	従業員、株主、顧客共に重視
意思決定の傾向	合議、ボトムアップ、慎重を重視	スピード重視	部分的な権限委譲
事業創生	雇用と合わせて長期に創生	事業や会社の買収・売却により効率性を重視	提携、同盟等による協力体制により展開
意思決定スタイル	合議に基づく集団的意思決定	組織の個々人による意思決定	自律分散協調型意思決定
バリュー・チェーン	自前主義	コア／ノンコアで区別なく効率性重視でソーシング	ノンコア業務の外出し
ビジネス構造	垂直統合型、すり合わせ型	完全分業型、組み合わせ／契約型	マトリックス型、コア業務フォーカス型

　ここに示した、日本と欧米の違いはほんの一部で、かつ代表的なものとして捉えたものです。これ以外にも留意すべき相違点があるでしょう。読者の皆さんご自身が明確にできる違いがあるかもしれません。

●現状を捉える物差しとして

　現在の業務を評価する場合、何か基準となる物差しが必要になります。物差しがなければ、その評価の信ぴょう性は確保できません。また、変革前の評価結果がベースラインとなるので、その評価の基準が毎回ずれてしまっては、改善の効果やポイントがぶれてしまいます。結局、無駄な、非効率な改善を続ける結果となってしまうのです。さらに、競争優位性を維持するにも、ベンチマークの対象が必要になります。

　「ISO」（International Organization for Standardization）という国際的な規格があります。自分たちを客観的に評価する、ベンチマーキングするための内容が書かれていますので、それに従って評価するのもよいでしょう。

　皆さんも経験があると思いますが、「ISO/IEC 20000認証取っています」と顧客向けに自分たちの存在価値を提示しているサービス・プロバイダもいます。認証取得には時間とコストがかかりますが、それよりも、認証を取っていることで受注機会が増え、収益向上につながると思うなら、そういった物差しとして活用することをお勧めします。

　ISO策定を行う国際標準化機構は中立な立場であり、認証が目的ではありません。

筆者がかかわった規格の策定過程においても、「認証」というキーワードは削除されています。ISO規格だから認証を受けるのが大変だろうし導入はやめよう、という考えは捨て去ってください。商用のフレームワークよりも中立なものと捉えるべきでしょう。

●コスト削減の"銀の弾丸"として

現在、ITサービスの各業務において、オペレーションでは特に自動化や省力化を実践した例がプラクティスとしてフレームワークに含まれていることがあります。つまり、フレームワークはコストや工数削減のために使えることがあります。読者の中には、社内の独自の業務標準を策定したり、それら業務標準を使いながら業務を進めていたりする方がいるはずです。皆さんに課せられているのは、コスト削減や品質向上ではないでしょうか？

そういった課題に対応するために、フレームワークに記載されているプラクティスからコスト削減や業務効率化につながるものを抜き出して導入するようにしましょう。その際に気を付けなければいけないのは、既存フレームワークとのつながりです。コスト削減のために導入したものの、既存業務とのつながりが悪くなり、サービス提供という大きな視点で見た場合に、その内部のバリュー・ネットワークが分断されては意味がありません。

●グローバルの流儀で仕事をするために

読者の皆さんの中にはグローバル対応を迫られている方がいるかもしれません。既にグローバルの流儀で仕事をしている組織や人と組んで仕事を進める、あるいは自分たちがグローバル市場に進出し、現地の顧客向けにグローバル流儀で仕事をすることもあるでしょう。

そうした状況に置かれた場合、どのようにすべきでしょうか？ 最も簡単かつ現実的なのは、グローバル市場にてデファクトスタンダードとなっているフレームワークを活用し、そのフレームワークを介して会話したり、連携したりすることではないでしょうか。

また、先に挙げた表2.2〜2.3に示した日本と欧米の間の違いが問題になることがあります。グローバル流儀に寄せるのであれば、なおさらこれらの違いを意識する必要があります。

> **Point!**
> - 自身で作成したフレームワークを汎用化・一般化・体系化し、市場に受け入れられるようになると、広がった先で新たな変化を遂げることもある。
> - あくまで参考書として付き合うことで、余計な労力をかけることなく、取り込むことができる。
> - 日本と欧米の間の違いを意識してフレームワークと付き合わないと、余計な労力をかけることになる。
> - 自身の現状を把握するための物差しとして、フレームワークは有効である。
> - コスト削減を目的にフレームワークを導入する際は、既存のフレームワークとの接続性を考慮しなければ、かえってコストが増えることになる。
> - グローバルにビジネスを展開するうえで、グローバルなデファクトスタンダードとなっているフレームワークを活用することは有効な手段の一つとなる。

2.4 ストラテジック・フレームワーキング

さて、ここまで、フレームワークとの付き合い方のパターンをいくつか示しました。ここで留意しなければいけないのは、あるフレームワーク（例えばITIL）の導入を目的にしないことです。フレームワークを導入することが目的になるのは認証を受ける時だけです。それ以外は、フレームワークをそのまま導入することを目的にしてはいけません。

フレームワークに書かれていることも、自分たちがやらなければいけないことも曖昧な状態で「コト[*3]」を進めてもうまくいくはずがなく、途中で挫折するのが目に見えています。読者の中で、過去、フレームワークの導入で失敗したことがある方ならばうなずける話でしょう。筆者もその一人です。

●導入の進め方

では、フレームワーク・フォレストの探検が終わった後は、個人や組織を問わず、皆

[*3]本書で「コト」とは、目に見えない活動により何らかの価値を提供することを指す。

さんが抱えている問題や課題に対して、さらには、既に形成されているプラクティス集（業務標準）に、新しいプラクティスやフレームワークを導入する際にどう進めていくべきかについて触れていきましょう。

フレームワークはBuzzワードと同じように、やみくもに導入してもすぐに効果が出るものではありません。フォーカスがずれた導入は、かえって組織全体の機能（バリュー・ネットワーク）が低下してしまいます。

現状を把握し、周りの状況に応じて策を練ることはすなわち戦略的にフレームワーク導入を進めるということであり、筆者はこれを「ストラテジック・フレームワーキング」と呼んでいます（図2.3）。

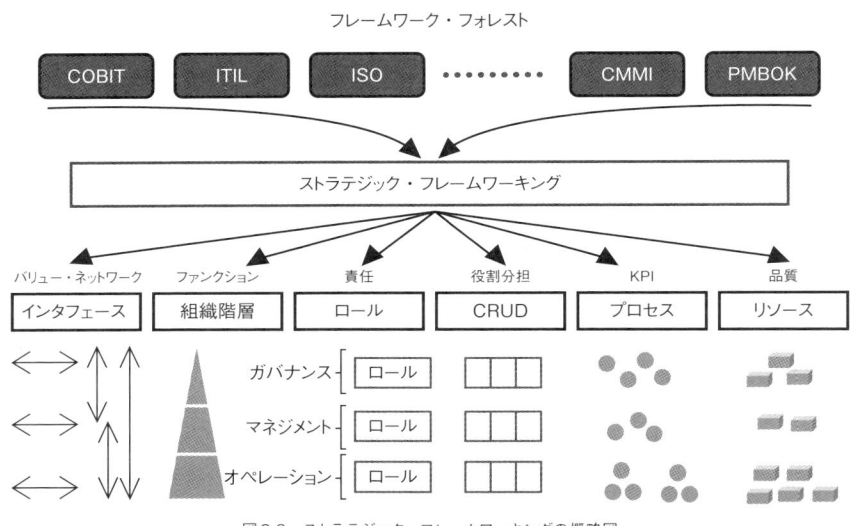

図2.3　ストラテジック・フレームワーキングの概略図

ここで重要なことが3つあります。

① 現状と理想形を明確に可視化（定義）すること
② 現在の形から理想形へのトランスフォーメーションを確実に実施すること
③ プロセス間、段階間、部署間のインタフェースがつながり、そのインタフェースを介してコラボレーションに必要なデータや情報が流れ、バリュー・ネットワークに影響が出ていない状況を可視化し、改善すること

それぞれのフレームワークは、それぞれの背景や問題・課題に基づいて策定されています。キーワードのみを見れば、どれも同じようなことを言っている部分があったりするので、導入しようとする人は混乱することもあるかもしれません。しかし、策定している人は、それらフレームワークの前提となる利用シーンなどを明記しているはずです。それらを読み飛ばして、うわべだけの導入で終わってしまうと、混乱するのは明らかです。よくよく注意が必要でしょう。

●他の用途

　以上、本節ではフレームワークとの代表的な付き合い方を示しました。これ以外にも以下のような用途が考えられます。読者の皆さんが抱える問題や課題と照らし合わせ、フレームワークとの付き合い方を戦略的なものにしていってください。

① 業務品質の均一化、維持、向上
② 共通言語として
③ コミュニティ形成／参加のために
④ ショートカットツールとして

> Point!
> ▶フレームワークはやみくもに導入しても効果は得られないどころか、フォーカスがずれている場合は、むしろ機能低下を招いてしまう。
> ▶戦略的なフレームワークの導入（ストラテジック・フレームワーキング）が重要である。
> ▶各フレームワークには、それぞれ利用前提が明記されており、それを踏まえないとフレームワーク間の差異に気付かず、混乱してしまう。

[第3章] ITサービスの提供と運用におけるフレームワーク

執筆：株式会社 日立製作所　近野章二

　本章では、ITサービスの提供とその運用を進めるうえで必要となるフレームワークについて触れていきます。ITSMフレームワークの代名詞であるITIL、しかも最新バージョンを活用してITサービスの提供と運用を変革するのは大前提であり、コアです。また、そのコアとなるITILにはいくつかサポートするフレームワークが存在します。「ベスト・マネジメント・プラクティス」（BMP）と呼ばれていますが、それらの活用についても触れていきます。最後に、ITILプロセスやITサービスライフサイクルとは違った切り口で、ITサービス提供や運用への変革（トランスフォーメーション）を実現するために実践すべきことについて触れていきます。

3.1 ITILを支えるプラクティス

　ITILをサポートするフレームワークとしてBMPがあります（図3.1）。日本語版の書籍がなく、その内容はあまり広まっていません。それよりも、日本の状況はそういったプラクティスが必要なレベルまで到達していないのではないかと筆者は危惧しています。ニーズが高く、導入例が多くなればなるほど、日本語版への要求やそれらを紹介した文献が自然に増えてくるでしょうが、現時点では皆無に等しいといえます。言い換えれば、国内におけるITSMは、まだオペレーション中心であり、それ以外のプラクティスについてはそれほど深く追求されていないのではないでしょうか。

　このBMPに含まれる内容は、背景的知識（Body of Knowledge）としても活用できるものです。ポートフォリオ1つとっても、その定義や活用の仕方についてはコア書籍だけでは不十分です。コア書籍は、第2章で示したフレームワークの構成要素が多く織り込まれています。しかし、それら個々の構成要素の基本的な考え方、使いこなすため

のノウハウなどは書かれていません。それらを補完しているものこそがBMPなのです。もし、欧米のエキスパートがBMPを熟知したうえで変革を進めているとしたら、BMPに記載されている内容を前提にITILを理解し、ITILを導入し、ITSMを成功に導いているのではないでしょうか。つまり、BMPを参照することがITIL導入成功の要因のひとつと言えるでしょう。ですから、我々もこれらを学び、コア導入に活用すべきなのです。itSMF JapanのWebサイト（http://www.itsmf-japan.org/）には、関連するホワイトペーパーやケーススタディなどがリンク付けされています。補足する情報源としてぜひ活用してください。

また、本書執筆時点で、このBMPをさらに良いものにし、グローバルに普及させるための新会社AXELOSが設立されました。今後、ますますこのBMPが発展し、ITILだけに閉じないITサービスの提供とその運用についてのプラクティスが集められ、新たなフレームワークが形成されたり、既存のフレームワークを改良されたりしていくものと期待しています。

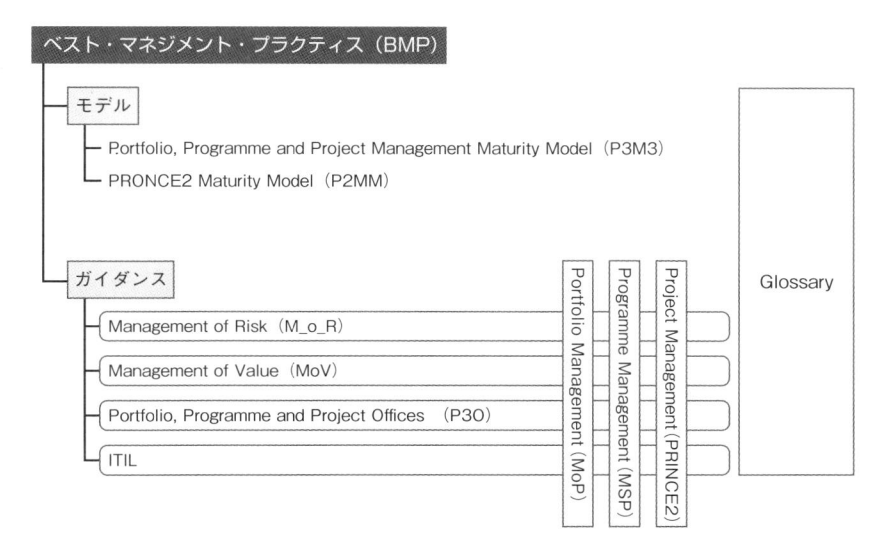

```
ベスト・マネジメント・プラクティス（BMP）
├─ モデル
│   ├─ Portfolio, Programme and Project Management Maturity Model（P3M3）
│   └─ PRONCE2 Maturity Model（P2MM）
└─ ガイダンス
    ├─ Management of Risk（M_o_R）
    ├─ Management of Value（MoV）
    ├─ Portfolio, Programme and Project Offices（P3O）
    └─ ITIL
```

Portfolio Management（MoP）
Programme Management（MSP）
Project Management（PRINCE2）
Glossary

図3.1　ベスト・マネジメント・プラクティス（BMP）のポートフォリオ

> **Point!**
> ▶ ITILをサポートする「ベスト・マネジメント・プラクティス」(BMP)というフレームワークがあるが、日本ではあまり広まっていない。
> ▶ BMPを学ぶことで、日本のITSMのレベルをさらに進化させるべきである。

3.2 トランスフォーメーション達成に向けたフレームワーキング

　ここでは、単なるITILフレームワークの導入ではなく、それと並行して、変化する世の中で皆さんが置かれている状況下において、どういった組織変革を進めていくべきかについて触れていきます。

　表3.1にあるように、2010年代から、ITサービスを取り巻く環境は、クラウド期、クロスボーダ期に突入しました。この大きな変革期に即して、ITILと並行した他のフレームワークをどう使いこなしていくべきかが皆さんに課せられた課題です。

表3.1　情報システム、IT部門、情報システム事業の変遷

観点	1970年代以前	1970年代	1980年代
情報通信技術の発展	《黎明期》一部の大企業で導入	《導入期》・大企業を中心に導入活発化・金融系オンラインシステムの稼働	《成長期》・一般企業への急速な普及・IT先行企業でオンラインリアルタイムによる業務の本格的稼働
システム化の傾向	手作りを指向		パッケージ導入を指向
IT部門の機能を象徴するキーワード	DP(データ処理)	DS(意思決定支援)	OA(オフィス作業の省力化)
IT部門の特徴	業務内容熟知	新技術獲得先行	BPR貢献
IT部門を象徴する呼称	電子計算機課	システム課(特殊技能集団)	情報システム部(プログラム、開発専門家集団)
代表的な業務	データ処理プログラムの作成・実行	特殊技能(ジョブスケジューリング)	・プログラム開発・プログラム保守

観点	1990年代	2000年代	2010年以降
情報通信技術の発展	《発展期》 ・バブル崩壊 ・メインフレームからオープンアーキテクチャへ ・インターネットの一般社会への登場	《第二次発展期》 ・インターネットの爆発的普及 ・オープンアーキテクチャが主流	《クラウド／クロスボーダ期》 ・クラウドコンピューティングの普及 ・グローバルサービスデリバリー活用が主流
システム化の傾向	パッケージ導入を指向		クラウド／グローバルソーシング導入を指向
IT部門の機能を象徴するキーワード	IT（情報技術の戦略的活用）	BT（ビジネスイノベーション支援）	XB：クロスボーダ（グローバルソーシング and/or クラウド活用）
IT部門の特徴	統括機能や業務知識の喪失	経営に近い機能にシフト	クロスボーダ／サービス指向の業務中心
IT部門を象徴する呼称	情報システム子会社（管理部門）	IT戦略・企画部（戦略・企画部門）	ITサービスマネジメント部
代表的な業務	システム監視	・IT戦略／企画立案 ・プログラム＆プロジェクト管理 ・ITサービス管理	・ITサービス戦略／企画立案 ・グローバルPMO ・グローバルITガバナンス

　サービス提供のパフォーマンスが低い組織とパフォーマンスが高い組織には、それぞれそれなりの特徴があります（図3.2）。

　このギャップを埋めるには、単にITILを導入するだけで実現できるものではありません。また違った変革を並行して進める必要があるのです。

　非効率な状態から効率的な状態の組織に変化することを、筆者は「パフォーマンスベースの変革」といっています。つまり、図3.2の中央にある矢印の部分には図3.3に示す10の変革が必要になります。

パフォーマンスの低い組織の特徴

- 経営者
- 効果は？
- かみ合わない会話
- IT部門
- Java、XML、最新技術が……
- コミュニケーションの壁
- グレーな評価
- 説明責任の未達
- 責任に見合った権限・資金なし
- しっくりこない関係
- 情報システム
- 個別最適、複雑、硬直
- ビジネス部門

パフォーマンスベースの変革

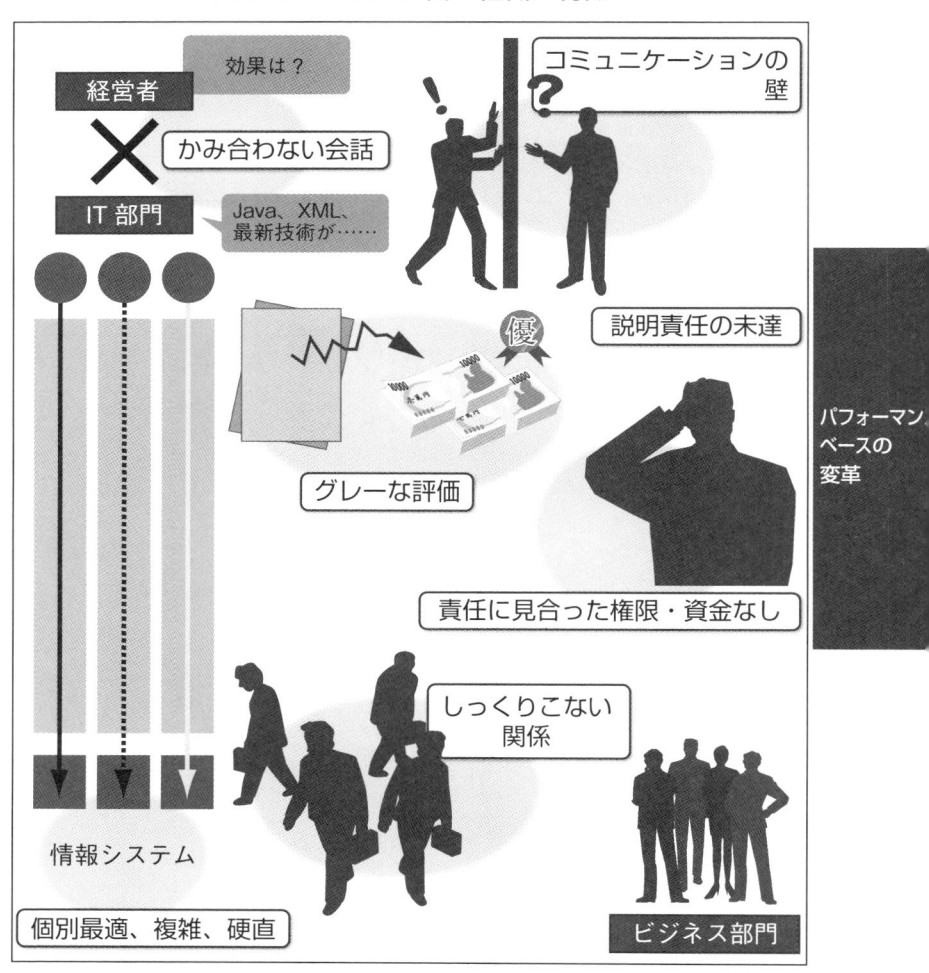

図3.2　高パフォーマンス体質への変革

パフォーマンスの高い組織の特徴

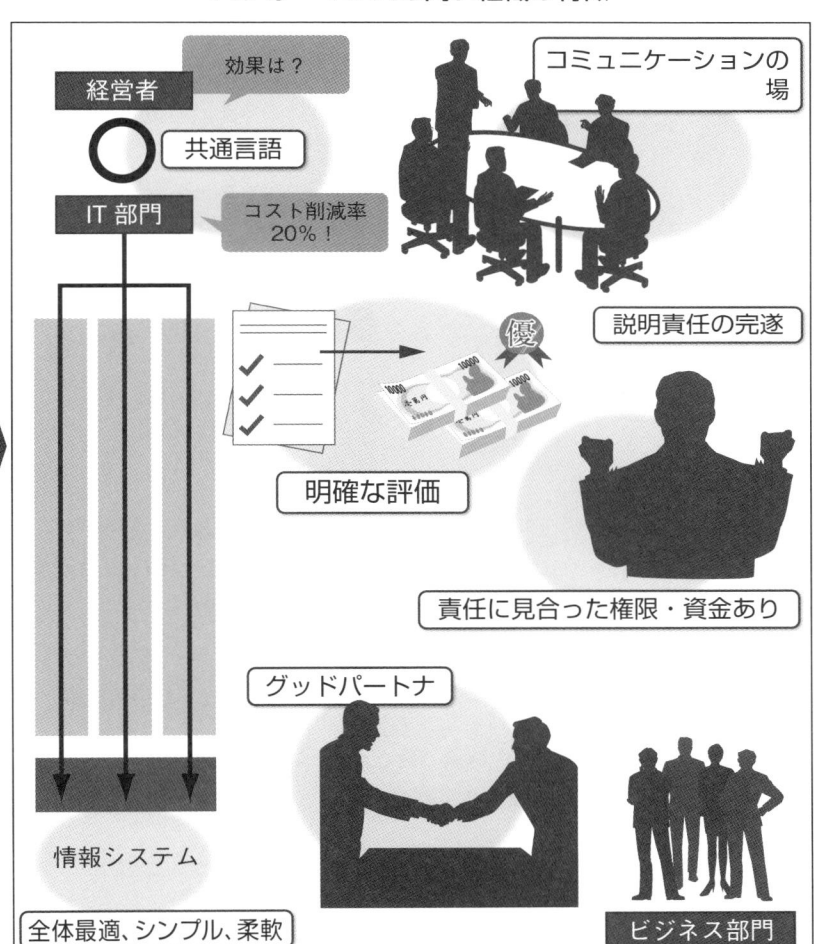

- 経営者
- 効果は？
- 共通言語
- IT部門
- コスト削減率 20％！
- コミュニケーションの場
- 説明責任の完遂
- 明確な評価
- 責任に見合った権限・資金あり
- グッドパートナ
- 情報システム
- 全体最適、シンプル、柔軟
- ビジネス部門

FRM-1	日々のサービス提供に関するプロセス ↓ 業務スコープの拡大 ガバナンス／マネジメント		FRM-6	Governance, Risk, Compliance ↓ 思考軸の変化 Value, Performance, Co-creation
FRM-2	ドメスティック ↓ フィールドの拡大 グローバル		FRM-7	自前主義 ↓ ソーシングスタイルの変化 コラボレーティブ
FRM-3	部分的な個別プロセス ↓ マネジメントポイントの拡大 ライフサイクル		FRM-8	鈍な組織 ↓ スピードの変化 アジャイルな組織
FRM-4	クローズド型 ↓ ステークホルダーとのコラボレーション強化 オープン型		FRM-9	リアクティブ ↓ 組織運営のアプローチの変化 プロアクティブ
FRM-5	メタボな体質 ↓ 組織カルチャの変化 スマートな体質		FRM-10	モノ中心の経営視点 ↓ ドミナントロジックの変化 コト中心の経営視点

図3.3　10の変革ポイント

　以降では、それぞれの変革ポイント（FRM-1～FRM-10）について触れていきます。これも1つのフレームワーク導入の観点になります。本節で挙げている内容は、ITILを始めとするフレームワーク群が言わんとしていることを読み解き、プロセス群、代表的なモデル図という切り口とは違った観点で捉えることができるということを示しています。読者のフレームワーク導入の参考になれば幸いです。

●オペレーションからガバナンス／マネジメントへ：業務スコープ拡大のフレームワーキング（FRM-1）

　組織活動は横の連携と縦の連携が複雑に絡み合っています。ガバナンス層／マネジメント層／オペレーション層で捉えることもあれば、部署ごとに捉えることもあります。両者の視点を含むマトリクス型への変容をマネジメントする時に来ています。

　また、変革ライフサイクルは、戦略立案から戦略評価・再設定までカバーしますが、

それらが断片化されていては、変革の効果がつながらず、組織全体で成果に結び付けるバリュー・ネットワークが効果を発揮できないのです。マトリクス [*1] を構成するセル間をつなぐトランジション項目とそれらの関係、ならびにその変容のステータスを管理し、変革プロジェクトを支援するフレームワーキングが求められています。

●ドメスティックからグローバル対応へ：フィールド拡大のフレームワーキング（FRM-2）

グローバル化を志向しているITサービス利用者は、ビジネスのグローバル化に伴い、サービスの提供において以下のことが求められています。

- **時間と場所、国と地域、対象規模の区別なし（ボーダレス）**
- **新たなリスクへの対応（国内で顕在化しなかったことへの対応）**
- **より戦略的な投資配分（ガバナンス強化）**
- **多種多様なニーズへの対応（コスト、品質、事業要件、パフォーマンスなど）**

グローバル化を志向しているITサービス利用者は、グローバルワイドの視点で見れば、時間と場所、国と地域を区別なく、ビジネス戦略により密接に、より低コストで、より望まれる品質（決して高品質だけが望まれるわけではない）で、より高付加価値のあるサービスを求め、活用し、ビジネス目標達成を支援して欲しいと願っています。そのような状況の下、ITサービス・プロバイダは、利用者のニーズに合致したITサービスのデリバリーを確実に実施できるようにしておく必要があるでしょう。国内のCIO、つまりITやITサービスに関する経営判断を行う役割を持つ人は、グローバル／クラウド化の波によって、マネジメントの対象の拡大と多様化、考え方の違いの吸収、グローバルスピードへの追随、コスト競争力アップといった、様々な難題がより難しいものになると予想しています。そのため、組織や個人レベルで、それらに対応できる能力を備える必要があるのではないでしょうか。

グローバル化に際し、国内であれば問題にならなかったことが足かせとなることもあります。例えば、日本人相手では阿吽（あうん）の呼吸でできていたことが通用しない、背景の一端をなし、かつ影響力が大きい文化や考え方などが違うことで、普通にできていたことができなくなってしまう、といったことです。グローバルセンスをいかに身に付け、

[*1]「マトリクス」「セル」は、次ページのコラムを参照。

グローバルマーケットで戦っていくか、より戦略的に組織を変革していくことも必要なのです。しかし、目の前のサービス開発、サービス提供に目が行き過ぎ、基盤となる組織変革が進まないまま「コト」を進めてしまい、効果が出ていないのが現状ではないでしょうか。要は、グローバルサービスデリバリーにおいて、バリュー・ネットワークが分断されたままの状態で、部分的に「コト」を進めているのです。これでは、いくら最新のプラクティスを導入したとしても、効果を出すのは難しいのではないでしょうか。

　欧米流と日本流の比較が話題になることがあります。ITSM活用においても同じです。欧米発信の考え方、プラクティスをそのまま導入するのはナンセンスです。文章の翻訳ではなく、ITSMの心の部分の翻訳、心を理解したうえでの導入が必要なのですが、そういったことまで踏み込んだ取り組みは少ない状況です。その整備が望まれているのです。

●個別プロセスからライフサイクルへ：マネジメントポイント拡大のフレームワーキング（FRM-3)

　「見える化」から「改善」までの一連のPDCAサイクルを限定的な部分に適用する方式から、マトリクス全体で、構成するセル間の依存関係、変革の影響が及ぼす度合いなどを見極めたうえで変革を進め、その変容のステータスを可視化するために、一連の変革ライフサイクルにわたるPDCAサイクルを適用するように変化する必要があります。部分的な見える化や改善が横行しないようにし、セル間の関連性を考慮した「見える化」から「改善」を支援するのです。そのためには、変革で扱うデータや情報間の関係性をメタデータとして変革プロジェクトリポジトリに保持する仕組みを導入する必要があります。ITILなどでは、マネジメントポイントはCMDBやポートフォリオにフォーカスされていますが、それらを一元的に保持するリポジトリだけではなく、変革プロジェクトを支える部分をも含むリポジトリが必要なのではないでしょうか。

> :column: **セルではなくマトリクス視点を持とう**
>
> 　「マトリクス」とは、2つの軸によりマネジメントポイントを表現するツールです。例えば、横軸にマネジメント対象となるプロセスやリソースを並べ、縦軸には組織階層のガバナンス／マネジメント／オペレーションを置きます。「セル」は、横軸と縦軸が↗

掛け合わさった部分を指し、「ITサービス」×「マネジメント」が「ITサービスマネジメント」になるという具合です。したがって、「ITサービスガバナンス」や「ITサービスオペレーション」というセルも存在します。こうしたセルに限定した範囲で物事を考えるのではなく、マトリクス全体を範囲とした領域で物事を考えるべきであると、筆者は考えています。

●クローズド型からオープン型へ：
コラボレーション強化のフレームワーキング（FRM-4）

　トップダウン、ボトムアップ、ミドルアップダウンの三方位によるコミュニケーション基盤の導入を支援することも重要です。現場と変革プロジェクトの組織的／人的な距離を短くするために、役割分担の明確化など、二次的なコミュニケーション阻害要因も取り払う施策を企画することが有効です。その際、ピーター・センゲが指摘しているような変革阻害要因などを参考にして施策や企画立案を支援することも必要になってきます。

●メタボからスマートへ：
カルチャ変化のフレームワーキング（FRM-5）

　筆者は、アーキテクチャレベルと現物レベルの双方において、現状把握、変化影響分析、情報リポジトリの一元化、オートディスカバリ機能の導入などにより、無駄なITのスリム化を推進するサービスの提供を進めています。その際、スポット型の対策ではなく、関係性に基づく影響分析結果を考慮しながらITのスリム化を進める機能が必要になります。業務においても、業務を支えるシステムにおいても、業務の対象とするリソースにおいても同じことが必要になるでしょう。

●GRC中心からVPC中心へ：
思考軸変化のフレームワーキング（FRM-6）

　「GRC」（Governance, Risk, Compliance）というと、どこか後ろ向きな取り組み

という印象がつきまといます。GRCは事前にリスク項目を洗い出し、それらリスクが顕在化しないように統制を図るための仕組みなので、リスクが顕在化しないためには何をすべきか、という思考になってしまいます。それとは逆にプロアクティブに物事を捉え、変革するためには、「ガバナンス（Governance）」は「価値の追求（Value）」へ、「リスク（Risk）」は「パフォーマンスの向上（Performance）」へ、「コンプライアンス（Compliance）」は「協創（Co-creation）」へと思考を変えていく必要があります。これらの頭文字を取り、GRCの対極は「VPC」（Value, Performance, Co-creation）といえます（筆者の造語です）。

　GRCは、その性質上、内部監査を担っている方が担当することや組織の業務となることが多いでしょう。金融機関であれば「FISC」、食品や薬品であれば「HIPP」といった具合に、業種によって対応すべき規則や基準が様々に存在します。これら規則や基準の中で、ITに関する部分を気にしなければいけないのですが、よく読めば似て非なる文章が記載されているケースが散見されます。

　今後、GRCやVPC以外でも活用すべきフレームワークが複雑になることは容易に想像がつきます。コンプライアンスが、外部の機関が定めた基準、規則に則したものとなり、その数が組織によってはかなり増えるからです。より一層、フレームワーク活用を戦略的に進めていく必要性が増すことでしょう。

●自前主義からコラボレーティブ中心へ：ソーシングスタイル変化のフレームワーキング（FRM-7）

　クラウドソーシング、オープンイノベーション型で、自分たちに不足する能力やリソースを外部から調達します。その際、目利き力が必要になります。

　コストとスピードを意識し、所望のサービスを提供するためには、何かしらのソーシング戦略が必須となります。IT部門を切り出し、ITベンダと合弁会社を設立し、IT子会社とする戦略的アウトソーシングが以前からありましたが、その手法が変化を遂げた形となります。欧米の場合、複数の会社が1つのサービス提供会社を設立し、CoE化を徹底的に図り、かつオフショア化すべきところはし尽くし、コスト削減を図っています。国内の場合、DNAに根付いている自前主義が強く残り、欧米のようなITサービス会社ができていないのが現状です。農業でも同じですが、欧米流でマネジメントが効果的に実践される形で収益を上げるためには、やはり"規模の経済"が働くシステムがで

きあがっている必要があるのです。皆さんは、あくまで自前主義にこだわりますか？ それが戦略的に事業を運営していることになりますか？ 戦略的にビジネスを展開するとはどういうことか、今一度おさらいするところにきています。

> **用語解説** 「CoE」
> Center of Excellenceの略。元々は卓越した研究拠点を意味していた。最近は、専門家集団が最新の設備、優れた能力により、他者より評価される成果を出す集団や組織を指す。

●鈍からアジャイルへ：
スピード変化のフレームワーキング（FRM-8）

　変化を受け止め、その変化を感じ取り、マインド（意思、心、やる気）を形成する組織体・個人に変われる施策を企画します。デミングの言葉「定義できないものは、管理できない。管理できないものは、測定できない。測定できないものは、改善できない」とも関係しますが、周りや自組織内の変化をリアルタイムに捉え、捉えた状況からすばやく意思決定し、俊敏な変革の対策を打てる能力を養う施策を企画し、自組織のフレームワークに取り入れていくことも重要な変革といえます。

●リアクティブからプロアクティブへ：
アプローチ変化のフレームワーキング（FRM-9）

　見るべき状況を見ずして判断を下し、無駄な変革を進めることからの脱却を支援することも重要です。FRM-8にも記したデミングの言葉、「定義できないものは、管理できない。管理できないものは、測定できない。測定できないものは、改善できない」の逆を実現する変革です。
　状況を見て、可視化することが目的となり、その先に進まないのでは意味がないのです。また、毎度、同じような指標に基づくレポートを見ていてプロアクティブな対応ができるでしょうか？ グローバル化とも関係しますが、サービス提供ではスピード感がモノ売りとは異なります。そこを意識してフレームワークを導入する必要があります。フレームワークを導入したことで、スピードが倍遅くなりました、では意味がありません。単一的な対策に陥らず、常に周りとの影響を考慮しながら変革を進めるようにしましょう。

●「モノ」中心から「コト」中心へ：ドミナントロジック変化のフレームワーキング（FRM-10）

「モノ」を対象にしたビジネスでは、顧客満足度を気にするよりも、技術優位性を前面に出してビジネスを進めてしまいがちです。また、日本の場合、多機能、高品質になりがちで、多少なりとも、過剰な機能が織り込まれた製品が目立ちます。

全ての顧客が、多機能、高品質を望んでいるわけではありません。顧客は多様なニーズを持っています。そのニーズを的確に聞き出す（引き出す）こと、その結果に迅速に対応すること、最後に、そのニーズを満たすために必要な技術を選んで、付加価値を付けて顧客に提供することが「コト」指向では重要になってきます。組織内部の意思決定の流れ、バリュー・ネットワーク、業務フローなど、全ての面で変革していく必要があります。「モノ」中心では、これが逆になり、技術者が良いと思って究極のレベルを達成しても、顧客が望んでいないものであれば何の価値もないのです。

Point!
▶現在のITサービスを取り巻く環境は、クラウド／クロスボーダ期に突入した。
▶パフォーマンスの高い組織へと変革するには、フレームワークの導入だけでなく、様々な観点の変革が必要となる。

3.3 フレームワークの現在の動向

現在、「ISO/JTC1/SC7」（ソフトウェアや情報システムに関する国際標準を策定する委員会）の一部のワーキンググループ（WG）において、プロセスモデリングの考え方に従って標準規格を策定しています。「PRM」（Process Reference Model：実施すべきプロセスを表すプロセス参照モデル）、「PAM」（Process Assessment Model：組織の能力判定を行うためのアセスメントフレームワーク）、「OMM」（Organizational Maturity Model：組織能力成熟度モデル）、ガイドラインなどが含まれます。このフレームワーク策定の考え方に基づき、「PRM for COBIT」がリリー

スされています。ITサービスマネジメントや「ITES-BPO」への適用も進められています。数年後には、ITガバナンス、ITサービスマネジメント、ビジネスアウトソーシングに関するプロセス定義は、それらの流儀でリリースされるかもしれません。

今後、参照するフレームワークはPRMやPAMが記載されていくことになります。プロセスをどう定義し、定義したプロセスをどう評価し、改善するかを定めたフレームワークであり、筆者は、それ以前よりは大変分かりやすい内容になっていると評価しています。公開されている文書[*2]があるので、皆さんも、今後のフレームワーキングを考える材料にされてはいかがでしょうか。

これとは別に、プロセス間のインタフェース、トランジション項目を考慮して、プロセス間の連携を良くし、それらプロセスを機能させて、あるゴールに向かっている組織全体のバリュー・ネットワークをいかにうまく機能させるかを考える必要があります。まだ浸透はしていませんが、「トランジションマネジメント／トランスフォーメーションマネジメント」という考え方があります。今後、この分野の研究が進み、ストラテジック・フレームワーキングを効率的かつ効果的に進められるようになることが予想されます。今後の成果に期待しています。

ITSMを実現するためにITILをそのままコピーし、そのまま導入している方はいらっしゃらないと思います。皆さん独自の理解、導入、変革を進められているはずです。これからの時代、そういった変革をどう進めていくか、今どこまで進んでいるのか、次に打つ手は何かを捉えて、確実に実行していくという仕組みも併せて導入されることをお勧めします。変革自体にもライフサイクルが存在し、PDCAを回し、パフォーマンスベースでモニタし、継続的に進めていく。これが、フレームワークとの付き合い方の究極の形といえます。この本を手にとられた時より、皆さんの変革のマネジメントが始動することを願っています。

> ### Point!
> ▶国際的なワーキンググループにおいて、PRM、PAM、OMMといった標準規格が策定されている。
> ▶今後のフレームワークにはPRMやPAMが記載されていくことになる。
> ▶まだ浸透していないが、トランジションマネジメントやトランスフォーメーションマネジメントによって、ストラテジック・フレームワーキングを効率的かつ効果的に進められるようになる可能性がある。

[*2]「ISO/IEC TS 15504-8:2012」（有償）。http://www.iso.org/iso/home/store/catalogue_tc/catalogue_detail.htm?csnumber=50625。

IT Service Management
Implementation Guide

第2部
導入に成功した各社の取り組み

［第4章］継続性を考慮したITサービスマネジメントの構築①
［第5章］継続性を考慮したITサービスマネジメントの構築②
［第6章］継続性を考慮したITサービスマネジメントの構築③
［第7章］サービスマネジメントを実現するための5つのステップ
［第8章］ITサービスマネジメントシステムの構築／
　　　　活用による運用サービス品質改善

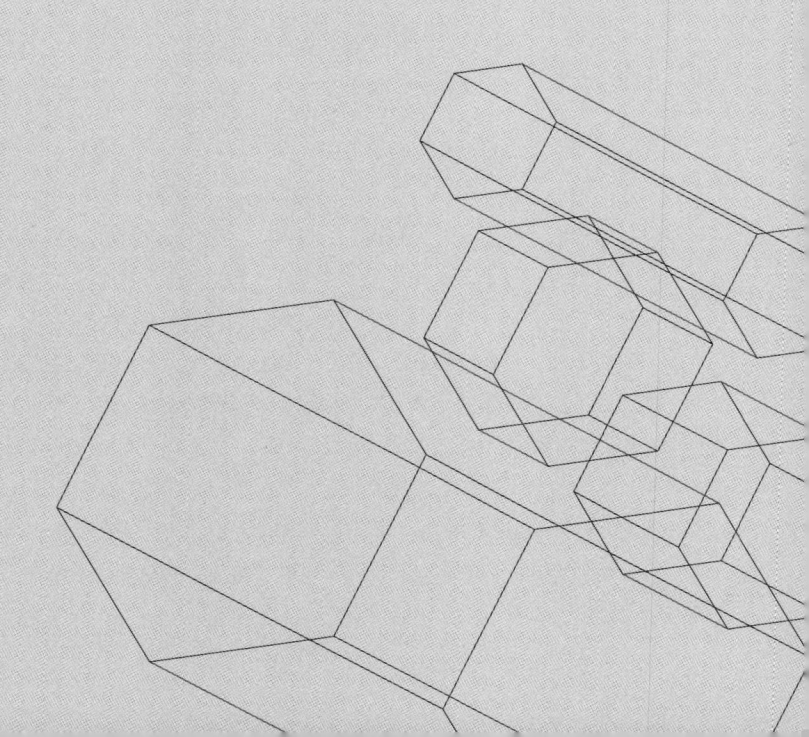

[第4章]
継続性を考慮したITサービスマネジメントの構築①
〜サービスの時代

執筆：東京海上日動システムズ株式会社　小林賢也

　「ITサービス」とは字のとおり、「サービス」と呼ばれる概念に含まれるものです。では、その「サービス」とはどういったものを表す概念なのでしょうか。"彼を知り己を知れば百戦殆うからず"ともいいます。具体的な取り組みをご紹介する前に、この「サービス」という言葉の意味について、少し考えてみたいと思います。

4.1 サービスとは何か

　ファーストフードショップの笑顔、無料の一杯、ガソリンスタンドの窓拭き、……などなど。私たち日本人は無償の付加価値をサービスと捉える傾向がありますが、これは大きな誤解です。

　「サービス」とはラテン語の"Servire"が語源で、"主人に仕える"という意味があります。サービスに似た言葉で「ホスピタリティ」という言葉もよく使われますが、このホスピタリティも同じくラテン語の"Hospit-em"が語源であり、主人や提供者がゲストに対し積極的にもてなすことを意味します。この2つの言葉は、同義に思える一方、対義のようにも受け止められます。この2つの言葉の関係を探るべく、現代におけるサービスの歴史をたどっていくと、その関係性が見えてくるかもしれません。

　現代のサービスの原型をたどると、医療（Hospital）に行き着きます。原始社会では病気は祈祷や呪術で治すものでしたが、その科学的根拠が薄れると共に、いわゆる現在の医療の原型が誕生するようになりました。とはいうものの、病気を治すことと宗教が一体化していた過去の歴史から、誕生間もない医療の場は修道場（教会）であったようです。修道場で病人を受け入れることが、やがて宿泊のサービスに進展します。さらにそれが食事を提供するサービスにつながり、移動サービス、小売りサービス、人を

楽しませるサービスへと発展していった、といわれています。

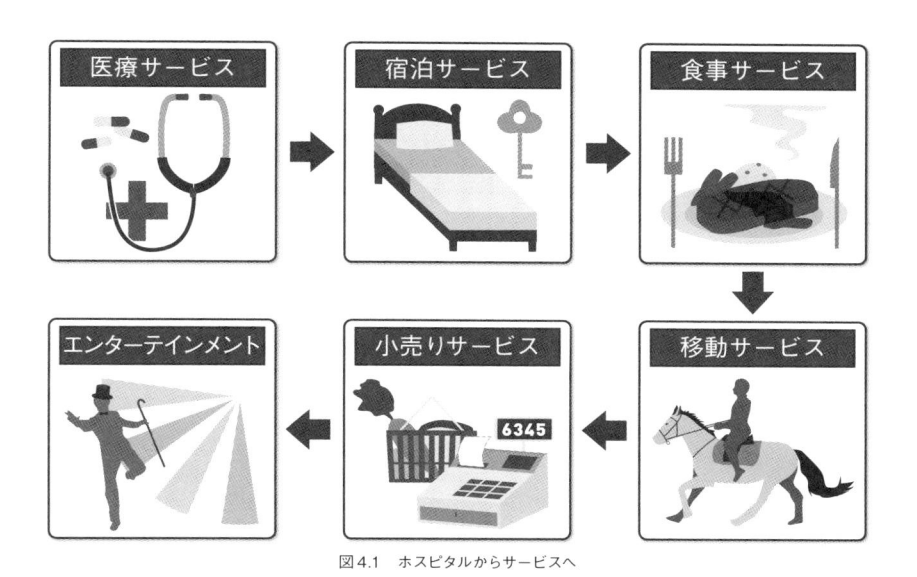

図4.1　ホスピタルからサービスへ

そうした経緯を踏まえると、実は、サービスとホスピタリティとは同義でもなければ対義でもなく、歴史の連続性の中で一体化してきたといえるのではないでしょうか。つまり、"もてなしの心"（ホスピタリティ）を持って"奉仕する"ことが現代の「サービス」といえると思います。

"奉仕"という言葉が誤解を生みそうですが、これは無償であることと同義ではありません。医療サービス、宿泊サービス、小売りサービスのいずれを取っても、必ず対価が生じるはずです。その対価に対する奉仕の中に、どれだけ、どのような形でもてなしの心を表すかが、そのサービスの価値を決めるのです。ファーストフードの笑顔も、無料の一杯も、ガソリンスタンドの窓拭きも、その行為や結果だけがサービスなのではなく、それらを含んだプロセスそのものがサービスなのだといえるでしょう。

●21世紀の産業革命

18世紀の産業革命以来200〜300年の間、工業の時代が続き、産業の中心は製造業でした。この第二次産業（工業、製造業）の発展が世界の近代化を推し進めてきた

ことは言うまでもありません。日本の戦後復興の中心もまさに製造業であり、製造業の品質と生産性で世界一の座に上り詰めたことは周知の事実でしょう。

では今、世界の産業構造はどうなっているのでしょうか。諸説あるようですが、様々な文献の共通認識によると、世界の産業人口の70パーセント以上が実は第三次産業（サービス産業）に従事しているといわれています。それは日本も例外ではありません。つまりサービス産業こそが、今、世界の産業の中心なのです。

産業革命以来、製造業はテクノロジーとエンジニアリングの発展を背景に、生産性と品質を革新的に向上させてきました。しかしながら、品質の良い製品を効率よく生産し、市場に提供するだけでは売れない時代になってきました。日本の工業製品の品質は今でも世界一といわれていますが、一方で、製品が売れずに苦戦しています。これは、機能的で高品質な製品を作れば売れるという時代ではなくなったという証拠だといえるでしょう。

それはなぜでしょうか。価値の対象が"モノ"から"コト"に移ったからではないでしょうか。Microsoft社の言葉を借りると、experienceの時代とでも言うべきでしょうか。また、コンピュータの世界の雄であるIBM社も21世紀に入って大きく経営方針を変えました。PC事業を突然手放し、サービスビジネスに舵を取ったのです。これは、まさに21世紀の産業革命といえるのではないでしょうか。第一次産業から第二次産業に移ったのが18世紀ヨーロッパの産業革命でしたが、今起こっている現代の産業革命は、全産業が第三次産業化する革命であるといえると思います。

例えば、農家は質の良い美味しい野菜を作れば、それだけで売れるでしょうか。恐らく、答えはノーです。これからの農業は、サービスとの組み合わせで成り立ちます。もしかしたら自分の野菜をバーチャルに育てられ、それがリアルにデリバリーされる日が近い将来に来るかもしれないのです。

私たちが従事する情報処理産業でも同じような動きが見て取れます。もともと情報処理はサービス業に位置付けられていますが、これまではどちらかというと製造業の性質が強かったと思います。ソフトウェアというプロダクト製造が情報処理産業の中心になっていて、製造業のエンジニアリングの応用が一定程度有効に機能していました。既存の業務をコンピュータシステム化していた20世紀は、ソフトウェアが業務のツールであり、ソフトウェアそのものに価値がありました。

ところが、今はどうでしょうか。ソフトウェアプロダクトそのものに価値はないことに皆が気付き始め、そのソフトウェアが提供するサービスに価値を見出す傾向にあります。

このような時代では、ソフトウェアも、コンピュータも、データセンターも、全てサービスの一要素にしかすぎないのです。XaaSという言葉がもてはやされていることがその現実を明解に表しています。

情報処理産業も、ついに本来のサービス業になってきたのでしょう。少し余談ですが、最近はISO 9001をやめてISO 20000に切り替えるIT企業が増えていると聞きます。これもソフトウェアが製造からサービス提供に変わっている証拠ではないでしょうか。

●全産業のサービス産業化にともなう問題

全産業がサービス産業化している中で、1つ大きな問題があります。それは生産性です。サービス産業の生産性は製造業と比べると圧倒的に悪いのです。それが現代のビジネスのイノベーションを困難にしています。

サービスに関する基礎研究や応用研究ができておらず、おのずと、サービスのエンジニアリングも確立されない、それが生産性の低下につながっているのです。それに気付いた時、サービスに関する科学的なアプローチが始まりました。2006年、IBM（ドイツ）がSSME[*1]に関する論文を発表したことから「サービスサイエンス」の研究が始まったといわれており、それ以降、「サービスサイエンス」や「サービス工学」が徐々に大学の研究対象にもなってきました。

では、それらが研究対象とする「サービス」とは何でしょうか。サービスの定義に関する文章表現は研究者によって様々ですが、その中でも共通するキーワードを拾うと次のようになります。

- サービスは物質の特性を持たない。
- 生産と消費が同時に起こり、価値は蓄積できない。
- モノと違い、サービスの価値は人やモノ、事象の関係から生じる。
- 人や環境の違いによって、その質は絶えず変動し、同じ水準が保たれる保証がない。

これらはサービスサイエンスでは、「無形性」「同時性」「消滅性」「異質性」という4つの言葉に置き換えられます。この4つがサービスの性質として最も一般的に定義されているものといえるでしょう。

[*1] Services Sciences Management & Engineering。

「形があって」、「生産と消費が分離され」、「蓄積・在庫でき」、「品質の平準化ができる」といった製品製造の性質とは全く異なる性質を持っているため、これまでのエンジニアリングやマネジメントが全く通用しないのは想像に難くないと思います。

これらサービスの性質は、言い方を変えると「サービスはそのものに消費価値があるのではなく、モノや人といった他の要素の消費価値を間接的に補完するもの」ということができます。実はここがポイントであり、これが先に述べた、全産業の第三次産業化につながるのです。

「人工物としての工業製品は、意図した機能の担体であるから、製造業とサービス業とは独立したものではなく、相互に複雑に関係し合う。」

(吉川弘之著『本格研究』より)

つまり、製品を作ることとサービスを提供することは、本質的には同次元で考えるべきものなのです。それなのに、製品を作る製造にはエンジニアリングやマネジメントが確立されており、サービスにはそれがまだありません。これが、今日のイノベーションを難しくしている要因であり、サービスサイエンスが学問として登場してきたゆえんでもあります。

●サービス産業化時代にIT部門が担うべき役割

私たち東京海上日動システムズ株式会社(以降、当社)は、21世紀に入った2001年頃から、コンピュータシステムに対する考え方を変えてきました。その変化は、まずシステム運用現場から始まりました。

「私たちの仕事は、コンピュータを動かすことではない。システムのオーナやユーザ、あるいは保険のお客様に対してITを使ったサービスを提供しているのだ」

このスローガンの下、ITサービスマネジメントの実践にチャレンジしてきました。「サービス」という新たな概念に対して、より科学的なアプローチで臨み、世界のベストプラクティスになることを目標に取り組んできました。21世紀の新たな産業革命の波に乗り遅れないために、否、波の先頭に立つためには、ITサービスを製造業並みにマ

ネージすることが求められます。かつ、それはグローバルに通用するものでなければなりません。そこでキーになるものが「ITIL」というフレームワークです。

　サービスの時代に企業のIT部門はどのような役割を担うべきか。その一つが「サービスマネジメント」であると当社は考えています。将来的には保険ビジネスのサービスマネジメントの実現を展望しつつ、まず自分たちの領域であるITサービスマネジメントに力を注いでいます。第4～6章では、当社のITサービスマネジメント実現に対する、この10年間のチャレンジの歴史を紹介します。その中から、皆さんの活動に役立つエッセンスをご提供できればと考えています。

Point!

- ▶18世紀の産業革命以来、製造業が中心だった産業構造が変化し、21世紀に入って全産業のサービス産業（第三次産業）化が進んでいる（21世紀の産業革命）。
- ▶サービスとは、その起源をたどるとホスピタリティを持って奉仕することと捉えられるが、近年、そのプロセスを科学的に整理し、エンジニアリングとして確立しようとする学問が出てきた（SSME）。
- ▶サービス業の特性は製造業とは全く異なるものであるため、製造業で培ってきたエンジニアリングやマネジメントは通用しない。
- ▶21世紀の産業革命ともいえる全産業の第三次産業化に直面するにあたり、サービス業におけるエンジニアリング、マネジメントを取り入れていかねばならない。ITILがそのためのキーとなる。

4.2　「運用」を「ITサービス」と捉える

　東京海上日動火災保険株式会社（以降、東京海上日動）を中心に構成される東京海上グループのシステム運用を担っているのは、当社ITサービス本部に所属する約300人の社員と、約50社のパートナ企業です。「ITサービス本部」という組織名が示すように当社は、システム運用を「ITサービスの提供」と捉えています。そうしなければ、今日的なシステム運用業務を全うできない恐れがあると考えているためです。

　今日的なシステム運用業務の特徴は、大きく分けて2つあります。1つは、24時間365

日、情報システムを業務で有効活用できるようにすることです。しかもそれを、適正なコストで提供することが求められます。もう1つは、従来以上にセキュリティの維持・確保に気を配らなければならないことです。単なるコンピュータの運行や運用という意識では、これらを実現することはできません。そのため、情報システムの機能を安定的、かつ正確に利用者に届ける「ITサービスの提供」として捉えるべきであると当社は考えているのです。

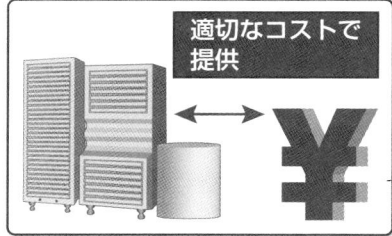

図4.2　今日的なシステム運用業務の特徴

　このような認識を持った背景には、"苦い"経験があります。かつて、トラブルが頻発した時期があったのです。2000年度に、保険の代理店や社内ユーザにご迷惑をおかけしたシステムトラブルの件数は、実に159件に上りました。運用部門には、利用部門や代理店から次々とクレームが寄せられ、信頼が保てるかどうかの瀬戸際であったといえます。
　障害の要因はいくつもありました。メインフレームに比べて運用管理の手法が未整備・未確立のオープン系システムが一気に増加し、約1,000台のサーバで20種類を超える基盤・運用環境を構築するまでになっていたことです。併せて、オンライン機能の拡充やイントラネットの活用推進で、トランザクションも急増していました。そのような背景の中で、運用の品質や効率の問題が障害という形で現れたのです。

改善活動として、まず取り組んだのは、ビジネスを起点にシステム運用の各プロセスを整理、明確化、可視化することでした。この際に参考にしたのが、システム運用のベストプラクティスである「ITIL」です。併せて、利用部門である東京海上日動と共に、どのような運用サービスをどのレベルで提供するのかを明確にし、「サービスレベルアグリーメント」（SLA）を締結しました。そのうえで、SLAに基づいて、サービス品質を定期的に認識、評価、分析し改善する「サービスレベルマネジメント」（SLM）の体制を整備しました。これは、業務改善のPDCAサイクルを回すための取り組みでした。

　2003年には、このPDCAサイクルに外部のサービス・プロバイダを加えました。あらかじめ双方で合意した評価基準に基づき、認識、評価、分析、改善のサイクルを構築したのです。これは、運用業務における外部サービスの割合が高まるにつれ、委託サイドの管理責任が重要になってきたことが背景にあります。

●新たなマネジメント力が必要になる

　こうした取り組みの結果、トラブルの件数を大きく減らすことができました。2005年からは新しいリスク・コントロール・ベースのITサービスマネジメントを整備し始めました。これは、ITにかかわるマネジメントの成熟度を、それまでの延長線ではなく飛躍的に高めるための取り組みです。その背景には3つの要因がありました。

　1つは、運用プロセスは完成した瞬間から陳腐化や形骸化が始まってしまうことです。プロセスは、作るよりも守り続ける方が難しいものです。一瞬の気の緩みが、作業をルーチン化させ、意味のないものにしかねません。現場の担当者がプロセスの目的を見失ってしまうのです。

　実際に、その兆候が現れ始めていました。リスクや目的を意識しながら運用プロセスを整備するわけですが、一度プロセスが決まってしまえば、「何を守るために、どうしてそのようなプロセスにしたのか」が忘れられがちになっていたのです。担当者には受け身の姿勢が目立つようになり、意味を考えずに前例を踏襲して運用業務にあたるといった事態も起きていました。安定稼働が継続すると、業務改善という名の下に牽制機能や重複確認業務をないがしろにし、目先の効率化を推進する傾向も現れます。管理者の「現場離れ（げんばばなれ）」と、担当者の「現場場慣れ（げんばばなれ）」。こうした問題を起こさないためには、正のスパイラルを回し続けるべく、エネルギーを注ぎ続ける必要があります。それには、会社としての明確なコミットメントや的確なリーダーシップ、マネジメントが欠かせ

ません。

　2つ目の要因は、社会的な動きとして、ITにかかわる業務運営の適正化が強く求められるようになったことです。「何か起きたら、迅速で的確な対処・対策を施し、報告する」といった発生事象対応型の運用業務では、もはや不十分なのです。自己責任の下で「何事も起こしていない」ことの証明をし続ける、その説明責任が強く求められる時代になってきています。これらを実現するためには、明確で適切なガバナンスとマネジメントの下、各プロセスの透明性や公開性を確保しなければなりません。各プロセスが妥当で網羅性にも問題がないことを示す必要があるのです。加えて、各プロセスが確実に実施されているかどうかを常にモニタリングし、コントロールし続けなければなりません。言い換えれば、システムリスクを徹底して分析し、コントロールすることが求められる時代になってきたということです。

　最後の要因は、東京海上日動が基幹系システムの全面刷新を予定していたことです。「抜本改革プロジェクト」と名付けたもので、ITを保険業務プロセスのコアに置き、徹底した業務の効率化を図り、同時に業務の適正化を一層促進させることを目標に掲げていました。本格的な開発が目前に迫っており、ビジネスのITへの依存度が、これまで以上に高まることは明らかでした。

●守るべきものを明らかにする

　リスク・コントロール・ベースのITサービスマネジメントを実現するにあたり、まずは「守るべきもの」を明確にしました。次に、それに対するリスクを認識・評価することで「守り方」を明らかにし、それをベースとしたマネジメントを確立します。こうしてリスク・シナリオを作成し、文書化していきました。この文書を、当社は「プロテクション・プロファイル」と呼んでいます。現在、プロテクション・プロファイルには、約60項目のリスク要件を収録しています。プロテクション・プロファイルの作成では、「守るべき情報資産は何か」、「想定されるリスクは何か」、「リスクの存在個所」、「リスクが顕在化した場合の利用者やビジネスへの影響」、「リスクを排除・最小化する方法」、「モニタリングのあるべき姿」を順に明らかにしていきます。

　具体的には、まず情報資産が存在する場所を「利用者環境」、「通信環境」、「情報処理環境」、「外部委託環境」の4種類に分類します。それぞれの環境ごとに、情報の不正入手や不正使用、情報の改変・消去・漏えい、情報システムの破壊・停止と

いった「故意により生ずるリスク」、システム開発・運用上の過失、利用上の過失である「過失によるリスク」、自然災害に機器の故障を含めた「災害などによるリスク」といった観点で評価します。そうして、「識別と認証」や「安全な通信経路」、「データ保護」、「ファシリティ」などの項目でリスク要件を抽出し、明確化していったのです。

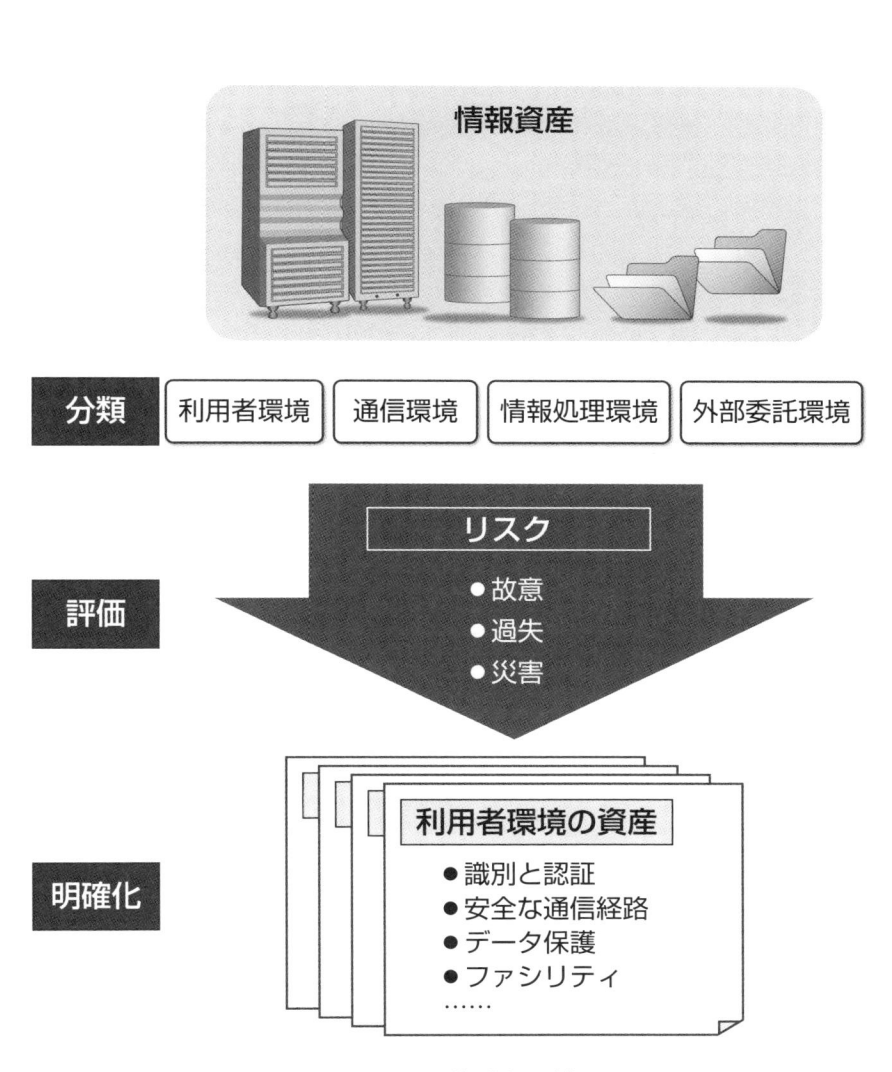

図4.3　リスク要件の抽出・明確化

●漏れを防ぎ、適度に抽象化する

　プロテクション・プロファイルは、ITサービスマネジメントの基本原則であり、全てのシステムに適用できる基本的な考え方を示したものです。リスクを最小化する施策の実効性の検証や、リスク発生の監視、緊急時対応計画を発動する場合は、プロテクション・プロファイルの基本原則に立ち返って内容を検討します。これにより、リスク・コントロールを組織的に担保できるのです。個々のアプリケーションシステムなどの運用プロセスを規定するのは、それぞれの手順書であり、プロテクション・プロファイルに必要なのは、そうした細かな規定ではなく、網羅性と抽象化です。検討すべきリスクの網羅性を保つためには、洗い出しや分析の際に、各種の法令やガイドラインを徹底的に活用しました。法令順守（コンプライアンス）強化の高まりもあって、これらに違反することもリスクの一つだと考えたのです。

　参考にした法令やガイドラインの数は、日米で約10種類あります。日本政府のセキュリティ・ガイドラインや、金融機関向けのFISC安全対策基準、金融庁や経済産業省の監査基準、個人情報保護法など。米国では、米国SOX法、米国情報システムコントロール協会が提唱するITガバナンスの成熟度を測るフレームワークCOBIT［*2］、システム監査資格であるCISA［*3］などです。抽象化は、"適度"に行うことがポイントです。具体化しすぎると、それに縛られてプロセスが硬直する危険があり、逆に、あまりに抽象化しすぎると、今度は実効性がなくなってしまいます。その落としどころは試行錯誤していくしかありませんでした。

　プロテクション・プロファイルの検討、作成は運用担当者が中心になって実施しました。外部の専門家に依頼することも試みましたが、パートナを見つけられませんでした。自分たちが提供しているITサービスを定義し、明確化しながらリスク・シナリオを作成するのは、運用担当者が自ら行うことが最適です。担当者が、法令やガイドラインを読み込み、照らし合わせながらリスク・シナリオを作成することで、リスクに対する意識や知識を向上させることもできたのです。

［*2］ Control Objectives for Information and related Technology。情報システムコントロール協会（ISACA）とITガバナンス協会（ITGI）が1992年に作成を開始した情報技術（IT）管理についてのベストプラクティス集。
［*3］ Certified Information Systems Audititor。

> # Point!
>
> - ▶今日的なシステム運用業務の特徴は、「24時間365日、適切なコストで情報システムを業務活用できるようにすること」と、「従来以上にセキュリティの維持・確保に気を配る必要があること」の2つである。
> - ▶運用プロセスは完成した瞬間から陳腐化、形骸化が始まるため、会社としての明確なコミットメントや的確なリーダーシップ、マネジメントによって、真なる正のスパイラルを回し続けなければならない。
> - ▶近年、ITにかかわる業務運用の適正化が社会的に強く求められているため、明確で適切なガバナンスとマネジメントの下、各プロセスの透明性や公開性を確保し、システムリスクを徹底分析のうえ、コントロールすることで、説明責任を果たす必要がある。
> - ▶リスク・コントロール・ベースのITサービスマネジメントを実現するために、独自のリスト(「プロテクション・プロファイル」)により、守るべきものを明確化した。
> - ▶明確化に用いたリストは漏れをなくす目的で国内外の関係法令を参照し、運用担当者が中心となって検討・作成を行った。
> - ▶そのことで、運用担当者のリスクに対する意識や知識を高めることもできた。

[第5章]
継続性を考慮したITサービスマネジメントの構築②
～ITサービスを定義し設計する

執筆：東京海上日動システムズ株式会社　小林賢也

　ここからは、具体的な当社の取り組みについてご紹介します。本章では、ITサービスの定義・設計について、触れたいと思います。

5.1　フレームワークとの向き合い方

　実効性（実行性）のあるITサービスマネジメントを実現するためには、単にITILのプロセスを導入するとか、ITILベースのツールを導入することには意味がありません。重要なことは、マネジメントプロセスに携わる現場のメンバー全員が、各プロセスの意義や位置付けを十分に理解して実践することであり、実体験を基に改善を積み重ねて構築してきたプロセスにこそ意義があります。

　当社は、約5年をかけてこれらのプロセス整備を行ってきており、その過程でITILやCOBITといった一般的なフレームワークを参照しながら網羅性を高め、更にはISO 20000-1やISO 27001といった認証を取得することで中身の妥当性も確認してきました。

　以降では、当社がどのようにしてITILベースのITサービスマネジメントのプロセスを実装し実践してきたかについて赤裸々に紹介しますが、その前に1つだけ、読者に認識しておいていただきたいことがあります。それは、まずITILが示すプロセスの括りを頭から外していただきたいということです。なぜなら、当社はITILを参考にはしたものの、ITILの示すプロセスに私たちの体を合わせたわけではないからです。ITIL V3のサービスストラテジにも示されていますが、ITサービスマネジメントの本来の目的は、ビジネスの価値向上に対する適用性（Utility）を上げ、かつパフォーマンスを保証（Warranty）することです。その目的を達成することが最も重要なことであり、何かの

型にはめて運用のプロセスを整備することではありません。

　一方、ビジネスやITソーシングのグローバル化が進む中、グローバルで通用する公用語を身に付けておくことも極めて重要なことであり、当社もITIL V3で使われる言葉やプロセスの考え方は尊重しています。ITILのプロセスを無視するのではなく、使いどころを考えて導入することが重要だと考えています。

　なお、これから紹介する様々なプロセスや考え方全体でITIL V3のベストプラクティスを私たちなりに実装したと考えているので、全体を一読いただいた後に、改めてITIL V3のプロセスを思い起こしていただくと、よりITIL V3をご理解いただくことにつながるのではないかと思います。

> **Point!**
> ▶ITILを参考にしたからといって、無理やりITILのプロセスに自分たちのやり方を合わせる必要はない。
> ▶しかし、グローバルに通用する公用語として見る場合、ITILの考え方・用語はそのまま活用するのが得策である。

5.2　起点はサービスの見える化とSLA

　システム運用の改善活動に終わりはありません。東京海上日動のシステム運用を一手に引き受けている当社は、試行錯誤しながらも、リスク・ベースの改善活動に取り組むなど、新たな挑戦を続けています。こうした改善活動の基盤になっているのが、利用部門と締結しているSLAです。SLAでは、日々行っている業務を単なる「システムの運用」ではなく「ITサービスの提供」と捉えて、提供するサービスレベルを明確にします。SLAで定めた目標値の達成を目指すことで、運用プロセスそのものの改善サイクルも回り始めました。

●SLAが正のスパイラルを生む

　「年間150件を超すシステム障害が発生する」という緊急事態に直面した2000年当

時、まず取り組んだのが、利用部門とSLAを締結することでした。SLAを締結することは、「サービスレベルを明確にする」以外に、様々なメリットがあります。

　まず、「自分たちが提供するサービスとは何か」を改めて整理できます。SLAにおける指標や目標値を設定するためには、サービスの整理が必要不可欠だからです。当社でいえば提供するサービスは、オンラインサービスとデータ作成・配送サービスという2つに分けられます。安定的にオンラインサービスを稼働させ、正確なアウトプットを作成して適切なタイミングで確実に送付することです。これが、当社に求められていることの本質であると認識できました。

　個々のサービスについてSLAの項目（指標）を定めて目標値を設定し、その目標値の達成を目指します。そして、その中から運用プロセスの問題点があぶり出されるのです。実際、SLAの目標を達成するために運用プロセスの整理と可視化をしていくと、業務の属人性が高いことや、作業の必要性や効率性を確認する管理スキームが明確でないといった問題点が次々と明らかになりました。

　こうした作業を進めていくうちに、運用メンバーの意識も変わり始めました。「トラブルが起きたら一生懸命復旧する」という意識が、「いかにトラブルを起こさないか」を考えるようになりました。つまり、SLAを起点に、コンピュータを稼働させることからサービスを提供するという意識に変わったのです。日々発生する障害の対応に追われて事前の対策が取れないという負のスパイラルから抜け、品質向上へ向かう正のスパイラルが動き始めました。

　SLAをベースにITサービスを可視化することは、説明責任を果たすことにもつながります。「システム運用を適切に、確実に実施している」ことを証明するのは難しい課題ですが、サービスレベルを明確にし、その達成度を示すことでそれを実現できます。これはリスク管理やガバナンスの強化という点で極めて重要なことです。

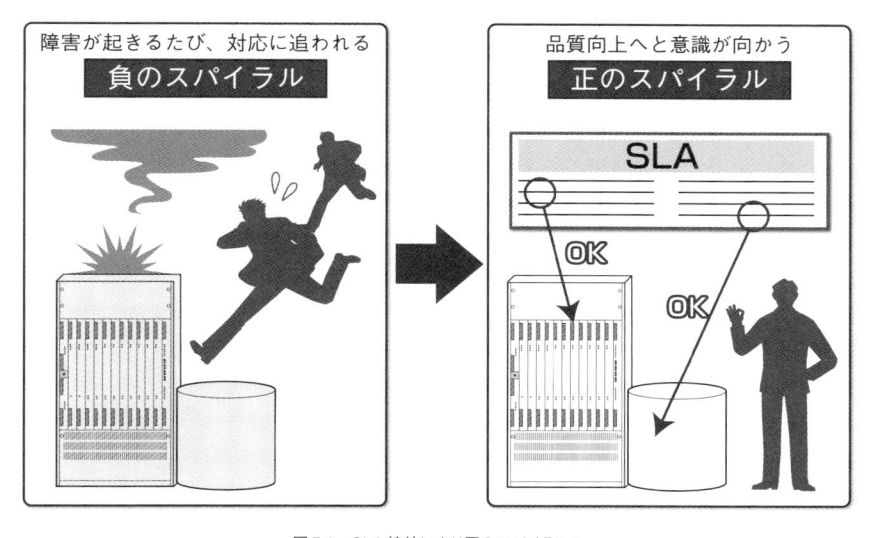

図5.1 SLA締結により正のスパイラルへ

●シンプルなSLA指標を設ける

　SLAの指標や目標値を決めることは容易ではありません。指標は、利用者への影響を中心に、シンプルで分かりやすくすることを目指しました。例えば、オンラインサービスについては「稼働率」、データ作成・配送サービスでは「誤処理件数」や「遅延データ数」などです。全部を合わせても10個以下でした。

　特徴的なのは、全体の信頼性を評価する指標として「お客様迷惑度」を定めたことです。これは、利用部門に対する障害の影響度を測るために設けたもので、業務の重要性や影響範囲、障害発生時のピーク性や再発の有無などを基に数値化します。

　目標値も、利用者への影響度を勘案して設定します。ただし、「全ての業務を完全に実施する」という考え方は取りません。サービスレベルは、コストとトレードオフの関係にあるので、目標設定に無理があると、実効性が失われてしまうからです。例えば同じオンラインサービスでも、メールなどの情報基盤の稼働率は、他の社内オンラインシステムよりも低く設定しています。データ作成・配送サービスでも、顧客や代理店向けでは誤処理件数の目標値を0件としているのに対して、社内向けは一定程度まで許容しています。なお、東京海上日動とのSLAでは、ペナルティやインセンティブの制度は設けていません。これは、SLAの本質的な目的は自己責任による改善を目指したもの

であると考えたからです。

●プロセスにも指標を設定し、評価する

　言うまでもなく、SLAは設定して終わりではありません。各指標で定めた目標値が達成できたのか否か、その達成率はどのくらいかをモニタリングし、評価することが重要です。これがサービスレベル管理（SLM）です。

　さらに、モニタリングすべき"指標"は、利用者と締結したSLA以外にも存在します。SLAで設定した目標を達成するには、そのサービスを提供するまでのプロセスを意識する必要があります。目標が達成できたか否かを論理的に評価するために、各プロセスが適正・的確に回っているかを把握できる指標が必要不可欠なのです。この指標は、一般的には「OLA」（Operational Level Agreement）ともいわれ、具体的には、性能管理やサプライヤ管理、問題管理、稼働管理といった運用プロセスごとに様々な指標を定め、モニタリングするのです。それを基に品質や継続性、セキュリティなどを評価します。例えば表5.1のような指標が該当します。

表5.1　SLA以外にモニタリングすべき指標の例

プロセス	具体的な指標の例
性能管理	サーバやネットワークのリソース単位の使用状況としきい値との差など
稼働管理	サブシステムごとのトランザクション数や稼働率、夜間バッチの処理件数や処理時間とその傾向など
問題管理	トラブルの発生状況や利用者への影響度、監視システムに現れたメッセージの数とその傾向、原因究明や再発防止策の実施状況など
サプライヤ管理	アウトソーサごとのSLA達成状況や品質指標の達成状況など

　SLAでの指標やプロセスごとの指標をモニタリングし、分析・評価した情報を、当社では「パフォーマンス・レポート」（一般的には「サービスレポート」と呼ばれている）としてまとめています。パフォーマンス・レポートは、単にSLAの達成状況や業務の運行状況を報告するだけではありません。運用プロセスを確立し、ITサービスを網羅的に効率よく確実に実施しているかを確認するものなのです。同時に、モニタリング指標の妥当性や正確性を検証します。パフォーマンス・レポートをベースにした評価会議は、運用部門全体が出席する形で毎月開催しています。

このようなレポートの作成は、ITサービスが適切に提供できていることの「記録（エビデンス）」の確保を確実にします。従来の運用部門は、「決められたプロセスどおりに業務を実施しているのだから、提供しているITサービスも適切だと評価されている」と考えがちでした。しかし今日では、「記録がなければチェックできない」という認識に立つべきです。

これは、ITサービスマネジメントについての国際規格である「ISO 20000-1」や、米国情報システムコントロール協会が提唱するITガバナンスの成熟度を測るフレームワーク「COBIT」でも、求められています。このようなサービスレベル管理を実施することで、運用メンバー全員がITサービスを提供するまでのプロセスを意識し、システムの稼働状況をきちんとモニタリングするようになりました。

つまり、SLAによって、運用プロセスを改善し、全員参加型のサービスレベル管理を実現できたのです。

●環境の変化に合わせて見直す

SLAでは継続性や分かりやすさが重要なため、システムが増えるたびに指標を見直すべきではありません。ただ、ビジネス環境の変化などによって、利用部門との業務委託契約の見直しと合わせて、より実効性のあるものにしていく必要があります。それは、運用改善のPDCAサイクルの中で実施します。

当社では2003年、運用体制とSLAの目標値を見直しました。テーマは、「求められるサービスレベルと実装コストのバランスをどう確保するのか」でした。まずは2000年からの3年間の実績を基に、一部業務系システムの冗長化を廃止するといったハードウェア構成の見直しや、監視要員の体制変更を実施しました。そして、「サービスレベルを100％にするにはどれだけコストがかかるか」を明らかにしたうえで、どこまでコストをかけるべきか、どこまで稼働率を落とせるかなどを、利用部門である東京海上日動と一緒に検討してオンラインサービスの稼働率を見直したのです。

さらに2006年、3年ぶりにSLAの見直しを行いました。2004年に東京海上火災保険と日動火災海上保険が合併して、ITサービスの規模や範囲が広がりました。ここまでサービスが増えると、シンプルで分かりやすくするために情報の集約が必要になり、これがSLAの本来の目的である、サービスの状況把握や評価を難しくしたからです。もちろん、ビジネス環境の変化が加速していることも背景にはありました。

そこで、当初はSLMの早期実践を優先するために、かなりシンプルに定義していたオンラインサービスを再定義することにしました。やはりオンラインサービスの稼働率を1つに集約して評価するのは、あまりにも大局的過ぎると考えたためです。オンラインサービスを構成する各々のシステムに求められる可用性は異なるはずであり、それぞれに設計やマネジメントプロセスも異なるはずだと考えました。

　ちょうど、時を同じくして、東京海上日動の基幹システムの全面刷新プロジェクトが立ち上がろうとしていたタイミングであり、それに向けたEA（エンタープライズアーキテクチャ）の取り組みが動いていました。そこで作成されたAS（アズ）　IS（イズ）のサービス構成を利用しない手はないと考えたのです。EAによる整理の結果、東京海上日動に対して提供しているITサービスは約200個のサービスコンポーネントに分けることができました。そして、それら全てのコンポーネントについてカタログを作成しました。当社ではこれを「システム・プロファイル」と呼んでいます。各コンポーネントを構成するシステムの構成や扱うデータ、処理の概要に加え、利用者の種類やユーザ数、サービス時間などのサービスに関する定義もカタログ化しました。加えて「サービス重要度」も定義したのですが、これがSLAやサービス設計に大きく影響しました。

　「サービス重要度」はセキュリティのCIA [*1] に合わせて3つに分け、各々に求めるレベルを設定しました。具体的には、「機密性」については、顧客情報やセンシティブ情報を扱うか否かによってレベルを分け、「完全性」については、財務に対する内部統制にかかわるか否かによってレベルを分けます。そしてSLAに直結するのが「可用性」ですが、これはビジネスの継続性やビジネスのシステム依存によって4つのレベルに分けました。

　これまではSLAが対象とするITサービスを、「種類」や「利用者」だけで区分してきたのですが、この区分をサービスの可用性の視点でさらに細分化し、メリハリのあるサービスレベル管理の実現を目指したのです（表5.2）。

表5.2　CIAの視点でサービスの重要度をレベル分け

視点	レベル分けの内容
機密性	顧客情報、センシティブ情報の扱いに応じてレベル分け
完全性	財務情報に対する内部統制にかかわるか否かでレベル分け（J-SOX対象か否か）
可用性	ビジネス継続性、利用者などに応じてレベル分け

[*1] Confidentiality（機密性）、Integrity（完全性）、Availability（可用性）の各頭文字を取ったもので、情報セキュリティの基本的な理念。

こうして作成したシステム・プロファイルは、EAに合わせて整備するだけで終わりではありません。これはサービス設計で必要となるサービス要件をまとめたドキュメントであるため、新たなシステムの構築やシステムのメンテナンス時に確実に作成・更新され、要件定義段階で機能要件と合わせて発注者（当社は「アプリケーションオーナー」と呼んでいる）と合意することが必要であり、当社はそれを開発プロセスに組み込みました。後ほど詳しくご紹介します。

> **用語解説　「EA」**
> Enterprise Architectureの略。ビジネスや事業構造を記述したもの。業務内容や人的資源、情報の流れやデータ構造などを全社的な観点で整理し階層構造化する（As Is）。次世代のエンタープライズシステム（To Be）を考える際にEAの手法が用いられることが多い。

Point!

- ▶SLAを締結することで、自社が提供するサービスの整理も同時に行われる。また、ITサービスの可視化により、説明責任を果たすことにもつながる。
- ▶サービスの整理が進むにつれ、運用メンバーの意識に品質向上へ向けた正のスパイラルが生じ始めた。
- ▶SLAの指標はシンプルかつ無理のないものにする。
- ▶SLA以外にプロセスにも指標を設け、モニタリングすることで、SLAで設定した目標が達成できているかを評価する。
- ▶当社では、モニタリングし、分析・評価した情報を「パフォーマンス・レポート」としてまとめている。これは、SLAの達成状況を把握するのみならず、ITサービスの実施状況を把握するものでもある。
- ▶「パフォーマンス・レポート」などの作成は、ITサービスの適切な提供の「記録（エビデンス）」確保を確実にする。
- ▶ビジネスの環境変化に応じて、SLAの指標も適切に見直すべきである。
- ▶当社では、「システム・プロファイル」と呼ぶコンポーネントのカタログを作成し、可用性の視点からサービスの重要度をレベル分けした。
- ▶「システム・プロファイル」は整備するだけでなく、新たなシステム構築やシステムメンテナンス時に作成・更新し、要件定義段階で機能要件と共に発注者（アプリケーションオーナー）と合意する必要がある。

5.3 サービス設計・構築・テストには開発と運用の連携が不可欠

　システムは、もはや水や電気のように使えて当たり前という世の中になっており、それを当たり前のように安定供給するのが運用部門の最大のミッションである、と当社は考えています。システムを安定稼働させるためには、何も手を加えないことがベストですが、一方で、システムもビジネス環境の変化に合わせて、日々進化させる必要があります。

　そこに安定稼働の難しさがあります。なぜなら、システムの変更には必ずリスクが存在するからです。普段は平穏な環境であっても、新しいものをリリースするタイミングでシステムトラブルが起こりがちです。例えば、新たなシステムへの利用が集中し、連携する別のシステムが急に動かなくなるなど、様々な影響が考えられるでしょう。そういうことが起こらないようにするためには、設計の段階から運用フェーズを意識することが重要です。安定稼働に関する要件を満たすシステムになっているかを運用部門が確認し、運用フェーズに受け入れられるものだけサービスインのゴーサインを出す。ITサービスマネジメントのスタンダードであるITIL V3では「サービストランジション」と呼ばれていますが、当社はこのプロセスを「運用移管」と呼び、これを支える「移管管理」プロセスこそがリリース時のリスクを最小化させています。

　「開発半年、運用十年」。これは運用業務の重要さを示すキーワードです。東京海上グループのシステム運用を一手に引き受けている当社は、「システムは開発したら終わりというものではない」と考えています。システムのライフサイクルを考えると、開発より運用段階の方がはるかに長く、かかるコストも大きくなります。システムが想定どおりの効果を発揮できるかどうかは運用次第であり、適切なコストで高品質の運用ができるかどうかが、システムの評価を決めるといっても過言ではないでしょう。いわば"燃費の良い"システムが求められているという認識です。開発したシステムの燃費が良いかどうか。これは、サービスイン前に確認しておくべきです。稼働させる前に、適切なコストでシステムを安定稼働させられることを確認するのです。これが当社のITサービスマネジメントにおける「移管管理」です。

> **column : DevOps（デブオプス）とは**
>
> DevOpsは「Velocity2009（2009年）」というイベントで写真共有のコミュニティサイト「Flickr」のスタッフが行ったプレゼンで使われたワードだといわれています。ビジネス環境は常に変化するので、システムも俊敏に変化させないとビジネスの目的は達成できません。変更に伴うリスクを最小化しつつ、俊敏な変化を実現させるには、開発と運用が各々の役割を越えて協業することが求められる、といった考え方を指します。
>
> デプロイやテストの自動化を進め、リリースサイクルを短縮することがDevOpsで目指すところですが、加えて開発と運用が協業するための文化の醸成も必要です。
>
> DevOpsの考え方は、ITサービスをライフサイクルベースで考えるITILの目的を否定するものだと捉えられがちですが、筆者は決してそうは思いません。DevOpsがライフサイクルよりもアジリティを重視する点では、確かにITILとは相容れない感じがしますが、開発と運用が一体となってビジネスの目的を達成するという点では、DevOpsとITILの目的は一致しています。
>
> DevOpsというキーワードの登場を機に、開発と運用の協業という観点でITILを見つめ直してみると、よりビジネスの目的に合ったITILの実装ができるのではないかと筆者は考えています。

●サービスインに向けた最後の砦となる「移管管理」

　東京海上日動のシステムに関しては、運用だけでなく、開発も当社が担当しています。そして、システムの機能面の品質だけでなく、サービスイン後の安定稼働についても考えることを開発部門のミッションとして課しています。システムを継続的に安定稼働させるには、開発が終わってから運用面を考えても遅いのです。できるだけ早い段階から運用を考慮した設計に取り組まなければなりません。実際、安定稼働を妨げる要因は、開発段階で発生することが少なくありません。

　これに対して運用部門は、サービスイン後の安定稼働に責任を負います。そのため運用部門は、開発段階で設計に問題がないかをチェックします（図5.2）。当社では、必要があれば、開発部門に設計の見直しを申し入れられるようにしました。新しいシステムをサービスインさせるのは、新たなビジネスチャンスを獲得するためですが、一方でシステムへの依存度が高くなればなるほど、ビジネスの継続性に対するリスクにもな

り得ます。そのリスクを最小化するには、「目標時期までにシステムを作り上げてリリースする」という開発時の熱狂的なエネルギーを、安定稼働のための持続的で冷静なエネルギーに変えなければなりません。その最後の砦になるのが、当社の「移管管理」だといえるでしょう。

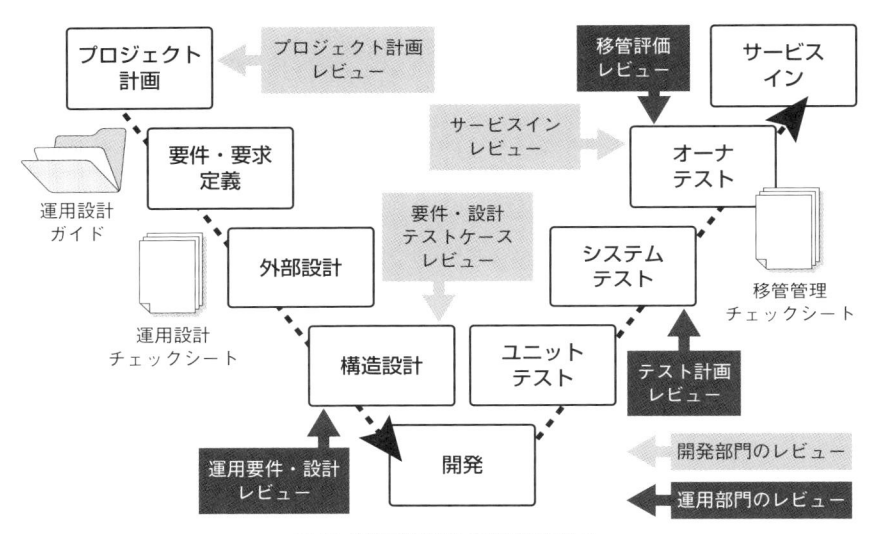

図5.2 運用設計確認と移管評価プロセス

○開発部門自身が運用設計内容をチェック

開発部門に対して「サービスイン後の安定稼働も考慮に入れて設計せよ」と言っても、なかなか難しいでしょう。開発部門は、業務にかかわるシステムの機能だけに注目しがちだからです。当社でも以前はそうでした。そこで運用部門では2001年から徐々に、「運用設計チェックシート」や「移管評価チェックシート」を整備し始めました。性能や拡張性、セキュリティといった非機能要件や、運用効率、オペレーション、運用コストなどについての考慮など、運用部門が長年蓄積してきたノウハウを集約してチェックシートに盛り込んだのです。これを開発部門に提示し、設計時やサービスイン直前の確認で使用できるようにしました。

○開発段階から運用レビューを実施

　運用設計チェックシートでは、非機能要件も含めて、サービスイン後の安定稼働を考慮しているか、実行性があるかなどをチェックします。システムを「ホスト」、「サーバ」、「印刷・整備・発送」などに分類し、「サービスレベル」、「パフォーマンス／キャパシティ」、「バックアップ」、「監視」、「運用性」、「可用性」、「セキュリティ」などに関して、合計で約400個のチェック項目があります。

　移管評価チェックシートは、システムのサービスイン前に使用する最後のチェックシートです。「新たに発生する運用コストが明確か」、「レスポンスやキャパシティについて開発部門と利用部門の間で合意が取れているか」、「安定性、可用性を確認できているか」、「セキュリティ要件に対応できているか」など約30個のチェック項目で確認します。

表5.3 運用設計チェックシートの例

項目	例
サービスレベル	・サービス提供時間について、ハードウェア保守などの計画停止を考慮しているか ・業務システムにメール機能を組み込む場合、メールの到着遅延などを考慮したサービスレベルに達しているか
パフォーマンス／キャパシティ	・データ量の伸びについて十分に検討・検証を行い、開発の各フェーズの必要な時期に見直しを行っているか ・サービスインから3ヶ月後、6ヶ月後、1年後のデータの伸びを想定し、最低でも1年間は余裕のあるキャパシティ計画を立てているか
バックアップ	・データバックアップ／リカバリーに関して障害が発生した場合、いつまでに復旧するか、いつの時点までに戻すかなどの回復要件が定義されているか ・バックアップ媒体はデータ量、処理速度、保持期間などを考慮して適切なものが選定されているか
監視	・監視が必要な要件について、通常監視、障害監視、パフォーマンス監視の項目に分類し、簡潔に整理されているか ・不正アクセスなど、セキュリティに関する監視項目が明確になっているか
運用性	・利用する基盤の安定性や運用体制が明確で、新システムのサービスレベルに耐え得るものとなっているか ・オペレータの人的ミスを防止するため、徹底した自動化が考慮されているか
可用性	・サービスレベルに従い、障害などでシステムが停止しないように、冗長構成を検討したか ・保守作業のための計画停止時間などを考慮して、運用時間が設定されているか
セキュリティ	・設定したセキュリティ・レベルに伴い、適切なセキュリティ設定がされているか ・不正ログオンの防止策、検知策が講じられているか ・Webアプリケーションの脆弱性対策は実装されているか
テスト	・プロダクト環境とは別に、開発・テスト環境を構築する計画が立てられているか ・開発・テスト環境を維持するための方法と担当者は、開発作業時のみでなく、運用開始後も含めて明確になっているか ・既存環境への影響が整理され、既存環境上での構築・維持が可能なものとなるか
リリース	・他の業務との関係やピーク日などを考慮してスケジュールが決められており、サービスイン標準日が守られているか ・資源の反映や戻しは自動化が考慮されているか ・反映が失敗した場合、戻しの判断や手順が明確になっているか
システムライフサイクル	・ハードウェアやソフトウェア（OS、パッケージ）が販売停止、サポート切れになった場合の対応方法についてオーナとの間で合意されているか

●開発と運用の相互理解が大切

　移管評価チェックシートは、開発部門がチェックするだけでは終わりません。開発部門がチェックした内容を、今度は運用部門が、客観的に確認、評価します。これを当社は「運用レビュー」と呼んでいます。運用レビューは原則2回。設計完了時とサービスイン直前に、文書もしくは会議で実施しています。

　現在、移管管理にかかわる運用レビューの数は月に60～70件あります。今でこそ、

そのプロセスは定着、機能しているのですが、それまでの道のりは決して平たんではありませんでした。特に導入当初は、開発部門の理解を得るのに大変苦労しました。開発担当者の立場からすると、せっかく苦労して開発したシステムがサービスイン直前に「運用への移管は不適だ」と評価されたら、容易に納得できないのは当然でしょう。それでも、移管管理を本格化させなければならない事情が当社にはありました。2000年からオープン系サーバを大量導入したところ、パフォーマンスの悪化などトラブルが頻発したからです。その設計の不備が新たなリスクとして顕在化しました。そこで前述したとおり、2001年から運用設計チェックシートの作成などに取り組んだというわけです。2002年にはホスト系システムもその対象に加えました。リソースの有効活用や運用コストの削減などに効果があると判断したことが、その理由です。

開発プロジェクトの期間が年々短くなる中で、何度も運用レビューを受けることは開発担当者にとって相当の負担感があります。「サービスインするまでが自分たちのミッション」と考えている開発担当者からは、「運用レビューは面倒」という意識がなかなか抜け切れません。それでも、運用レビューを通ったシステムが安定稼働する状況が続く中で、徐々にではありますが、移管管理の必要性について運用部門と開発部門が共通認識を持ち、協力しようという意識が出てきました。そして昨今では、設計不備によるトラブルも少なくなり、運用レビューについてもテーラリングが進み、効率化されてきました。

●非機能要件の重要性を再認識

開発担当者に考え方を変えてもらうのに苦労した点の一つが、性能や容量、セキュリティといった「非機能要件」の重要性でした。開発担当者はどうしてもシステムの機能に目がいき、非機能要件に関しては後回しにしがちです。ホストコンピュータの時代は、運用機能が充実していたため、あるいは十分なリソースが確保されていたため、開発者が非機能要件に注意を注ぐ必要がありませんでした。しかし、システムのオープン化が進むにつれ、開発段階で非機能要件に十分に考慮をしないと、後々に痛い目に遭うようになりました。

非機能要件の不備が引き起こす経営リスクは年々大きくなる一方です。また、個人情報保護法に伴う情報セキュリティ管理の強化やWebアプリケーションの脆弱性対策など、セキュリティに関する要請も強まっています。経済産業省は2006年6月15日付で

「情報システムの信頼性向上に関するガイドライン」を発表しましたが、その中にも非機能要件の重要性に関する記述があります。今や非機能要件の重要性は、業務機能要件と変わらないほどに高まっているといえるでしょう。

　非機能要件の重要性について、開発・運用両部門の理解を深め、周知徹底するにはどうすればいいか。当社ではその一つの策として、2006年に運用部門から非機能要件の重要性を訴えるキャンペーンを実施しました。折しも、その時代に世間を騒がせたマンションの耐震構造偽装事件で登場した「耐震強度」という言葉をヒントに考案した、「システム強度」の重要性を訴えました。

　システムをサービスインした後に、耐リスク脆弱性が顕在化しても手遅れ。耐震強度の低いビルを建て替えるのと同じように、耐リスク強度の低いシステムは、一度リスクが顕在化したら再構築の可能性もあります。そんなことを開発部門に対して訴えたのです。

　システム強度には、Webアプリケーションの脆弱性などの問題も含めることを明確に示しました。以前は、こうしたセキュリティの課題を考えるのはシステム基盤を提供するメーカーや基盤システムの担当者だと考える者が少なくなかったのですが、今では、開発担当者全員がこれを、当事者として対処すべき喫緊の課題と認識しています。脆弱性の問題なども含めて、開発プロジェクトのかなり早い段階から「漏れがないように運用設計レビューで確認してもらおう」と運用部門に相談が来るケースが増えています。

　サービス設計を考えるうえで、非機能要件の定義は極めて重要なので、これについては次節でもう少し詳しく触れることにします。

●継続的な見直し

　チェックシートやレビュー活動を通じた移管管理も、現場が慣れてくると形骸化が始まります。移管管理の実効性を失わないためには、チェックすべき項目が常に実態に合っていること、日々変化するリスクにきちんと対応できていることが極めて重要です。

　したがって、チェックシートは一度作成したら終わりではありません。日々発生している問題について、問題管理プロセスと連携しながら、タイムリーにチェックシートに反映します。「なぜ移管評価の段階で検知できなかったのか」を考えることが重要なの

です。併せて、ビジネス環境やシステムリスクの変化を捉えた改定も必要です。政府のガイドラインや、金融庁の検査マニュアル、FISC（金融情報システムセンター）の安全対策基準、ISOなどのセキュリティ規格などを常にウォッチし、新たな視点を組み込むことも必要なのです。

　一方、チェック項目が増え続けることも実行性を阻害する要因になります。標準化などが進み、リスクが最小化されたものや、技術の進歩によってリスクが小さくなったものなどについては、可能な限りチェック項目を減らすことが実行性を維持することにつながると考えています。当社では、これらの観点も踏まえて、最低限、年に一度はチェックシートの見直しと改定を行っています。

＊　＊　＊

　今後、ビジネス環境はますます変化が激しくなることが予想されます。クラウドサービスの利用やパッケージソフトの利用が進む中で、目先の時間やコストを優先させるあまり、システム強度の考慮がおろそかになるといった危険性も否めません。一方、昨今の経済状況の中でシステム強度に対する過剰な投資も避けなければなりません。このバランスを考慮しながら移管管理プロセスを日々進化させ、実効性を維持しなければならないのです。

> **Point!**
> ▶ 安定稼働と環境変化への対応を両立させるためには、設計段階から運用フェーズを意識することが重要である。そのため、運用部門が安定稼働に関する要件の満足度を確認し、サービスインのゴーサインを出すような「移管管理」というプロセスを取り入れた。
> ▶ 開発部門も運用設計内容を把握しやすくなるように「運用設計チェックシート」「移管評価チェックシート」などのツールを整備した。これを用いて、開発段階から運用レビューを実施する。
> ▶ 運用レビューを取り入れるには、開発部門と運用部門の相互理解が不可欠であるが、実績を上げるうちに相互理解が深まっていく。
> ▶ 開発部門には「非機能要件」の重要性を理解してもらう必要がある。そのために「システム強度」という観点を用意し、運用部門・開発部門が同じ目的を目指せるようにした。
> ▶ 移行管理に用いるチェックシートも作成後には環境の変化に応じて見直すべきである。その際、チェック項目をやみくもに増やすのではなく、標準化や技術の進歩によりリスクが最小化されたものは省くなどするとよい。

5.4 非機能要件の定義がサービス設計の鍵

　1990年代半ば、Windows 95の登場が大きな引き金となり、インターネットが広く普及し始めました。国内では、政府が情報化政策を推進したことも手伝い、その後の数年間でインターネットは急速な広がりを見せました。そして1990年代後半には、ビジネスの世界にもインターネットの波が押し寄せるに至ったのです。東京海上グループがインターネットを中心にしたオープン化の波に乗ったのは、2000年問題を無事に乗り切った直後のことです。オープン系システムの導入は、システムの活用範囲を格段に広げると共に、システム構築作業の効率化にも大きく寄与しました。

　しかし、その一方で、導入直後にトラブルが多発するという弊害も招きました。それまで、トラブルといえば、プログラムのバグや業務処理の設計ミスに起因するものが大半でしたが、オープン系システムでは、パフォーマンスが極端に悪くなったり、リソースが不足したり、原因不明のプロセスダウンが発生するといった、システム基盤や運用に

起因するトラブルが多くなったのです。

　一般的に、技術の進歩は、社会やビジネスに新たな可能性をもたらすと共に、リスクを増大させるという側面も併せ持ちます。ITが進歩したことにより、情報の伝達速度と活用機会は大きく高まりましたが、その一方で、情報に対する機密性や完全性が脅かされるという側面もあります。しかも、ビジネスとITの関係が緊密になっている今日、ITシステムのリスクはそのままビジネスのリスクに直結しかねません。そのため、いかにしてセキュリティリスクなどのシステムリスクを適切にコントロールするかが、企業にとって喫緊の課題となっています。

　もはや、システム開発プロジェクトがシステムのサービスインだけを目的とする時代は終わりました。これからのプロジェクトは、リリース後の安定的かつ継続的な稼働と、期待する効果が確実に得られることまで保証しなければならないでしょう。

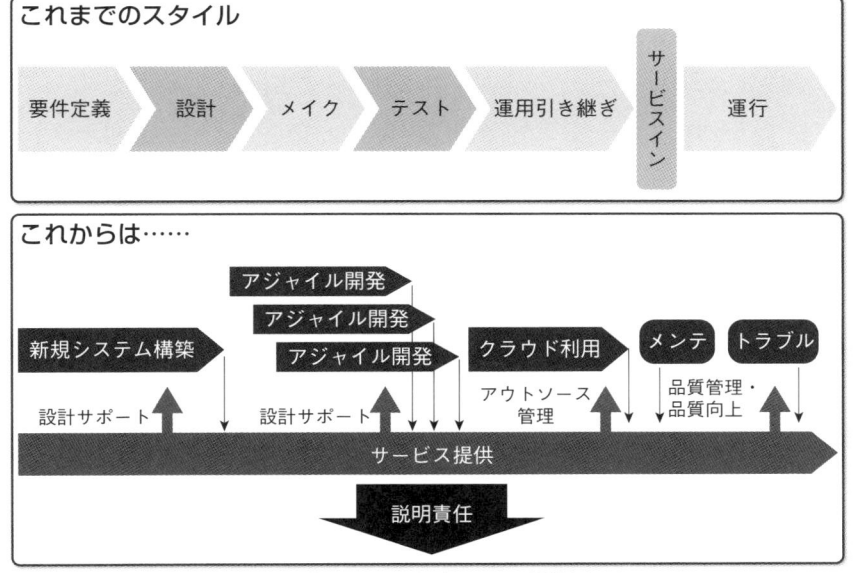

図5.3　現代のシステム開発プロジェクトが目指すところ

　移管管理プロセスを改善する過程で、当社はシステムリスクの低減を目指した非機能要件合意のプロセス整備にも力を注ぎました。以降、その背景と具体的な取り組み内容について詳しく触れたいと思います。

●背景となる2つのオープン化の波

　システムリスクの低減を目指して非機能要件合意のプロセス整備に注力した背景には、2つのオープン化の波がありました。

　1つは「ITのオープン化」です。1980年代まで、ITインフラといえばメインフレームと相場が決まっていました。当時の情報システムは、オンライン処理もバッチ処理もメインフレームで集中制御されており、閉じた環境の中で稼働していました。オペレーションは全て単一のコンソール上で行われ、運用手順も明確になっていたため、ノウハウの継承や運用メンバーの人材育成がスムーズに進められた時代でした。

　また、メインフレームは大型汎用機として設計されているため、安定稼働をサポートするOS機能やミドルウェアが充実し、ハードウェアの構造も最適化されています。COBOLベースのアプリケーション開発環境は徹底して標準化されており、SEがビジネスロジックの開発に集中できる環境が整っていたのです。

　ところが、1990年代に入ると、国内にオープン化の波が一気に押し寄せてきます。さらに、1990年代半ばにはインターネットとWebの時代が到来し、オンラインシステムは次々とWeb化され、ITインフラにUNIXやWindows、Linuxといった選択肢が現れました。その結果、アプリケーションごとに異なるITインフラが乱立するようになりました。加えて、Webは、オンラインシステムの用途を大幅に拡大させたのです。メインフレームの時代には社内専用のものでしかなかった情報システムが、B2B、B2C、C2Cでも使われるようになり、ユーザの数は、数千から数十万、数百万のオーダーへと変わっていきました。このような変化が起きた結果、アプリケーションSEがビジネスロジックだけに専念していられる時代は終わったのです。

　もう1つの波は、「経済のオープン化」です。高度経済成長がバブルの崩壊で終わり、新たな経済基盤の構築に向けてグローバル化と規制緩和が進みました。情報システムと同様に経済の世界にもオープン化の波が押し寄せていたのです。

　この時代を生き残るために、各企業は一刻を争って商品／サービスの開発に取り組みました。それに伴い、システム開発プロジェクトの期間が短くなり、開発効率とスピードが優先されたのです。こうした状況はシステム開発の現場にも影響を与えました。アプリケーションSEには使い勝手の良いシステムを俊敏に、安価に開発することが求められるようになったのです。多くのSEは、アジャイル・プロセスやプロトタイピングなどの手法を駆使しながら、この難しい課題にこたえることに精力を注ぎました。一方で、

「システムをリリースした後の運用／保守」という課題に対する配慮は十分になされているとは言えませんでした。

その後、経済の成熟度が高まるにつれ、効率とスピードに加えて適正化を求める動きが強まりました。個人情報保護法の施行やSOX法[*2]の適用など、業務の適正化や情報資産の管理に関して求められるものが多くなり、また条件が厳しくなりました。当然、それに合わせて既存システムの改修が求められるため、情報システムの現場では、それらの要求にこたえるべく、情報資産に対する機密性や完全性、可用性を確保するための対応に追われました。

この2つのオープン化は、情報システムを取り巻く環境を一変させました。例えば、ユーザ数や利用量が突然増える、新たなシステムリスクが顕在化する、情報システムを構成している製品のサポート期間が短くなるなど、様々な方面から新たな変化やリスクが次々と押し寄せてきたのです。こうした中で今、私たちSEに求められているのは、それらの変化やリスクに柔軟に対応できる情報システムを構築することでしょう。

前述したように、当社では、変化やリスクに対する情報システムの強さを「システム強度」と呼んでいます。閉じられた環境の中で情報システムを開発していた時代には、これについてさほど考慮する必要はありませんでした。しかし、今日のシステム開発時には、このシステム強度を強く意識することが求められます。経済産業省は2006年6月、「ITシステムの信頼性向上に関するガイドライン」と題する資料を公表しましたが、その中にもシステム強度に関連する記述が盛り込まれています。

しかしながら、今日、システム強度の高い情報システムを構築できるSEは多くはいません。ビジネス要件を満たす機能を開発することももちろん重要ですが、一方で、ITのプロとしてシステムの安全性を配慮した"強いシステム"を構築する責任を負うことも忘れてはなりません。

●非機能要件を定義するための指針

システム強度を高めるうえでは、運用手順や組織体制といった運用環境の整備が必須となりますが、その一方で、情報システムの仕組みを最適化することも重要です。その際に大きな役割を果たすのが「非機能要件」でしょう。

非機能要件に関する文書はネット上でいくつか見ることができますが、「非機能要件」という言葉そのものの定義がいまひとつ標準化されておらず、具体的に何をどうす

[*2]会計監査制度の充実、内部統制の強化などを求める規制の通称。金融商品取引法の一部などが相当する。米国において不正会計の防止などを目的として定められたサーベンス・オクスリー法を参考にして整備された。

ればよいかが分かりにくいのが現状です。先述した「ITシステムの信頼性向上に関するガイドライン」でも、非機能要件については「性能、容量、情報セキュリティ、拡張性など」と説明されているだけで、具体的に何を指すのかが明示されているわけではありません。

非機能要件は、あくまでも「要件」です。すなわち、アプリケーションオーナー、サプライヤ、プロバイダ（運用者）の間で合意を形成するために決めるものです。それを考えると、非機能要件を「拡張性」や「可用性」といった抽象的な言葉だけで指し示していては実装を進めるのが難しいのはお分かりだと思います。機能要件がビジネスプロセスを基に抽出されるのと同様に、非機能要件も、ビジネスやITサービスの視点から明確にできるよう、極力具体的にその内容を定義するべきなのです。

こうした考えの下、当社では、非機能要件をビジネスやサービスの観点から、「サービスレベルに関する要件」、「キャパシティに関する要件」、「安全性に関する要件」、「コストに関する要件」の4つに分類し、その内容を定めています。以降、これら4つの要件を具体的に解説します。

> **column: 非機能要求グレード**
>
> 国内のSI事業者6社が2008年に「非機能要求グレード検討会」を設置し、システム基盤に関して、非機能要求の水準や度合いを情報システムの性格によって段階的にとりまとめました。
>
> その後、東京海上日動火災などのユーザ企業の評価を経て、2010年からは独立行政法人 情報処理推進機構（IPA）が「非機能要求グレード」の本格展開を推進しています。
>
> 以降で紹介する当社事例とは若干異なるカテゴリー構成で整理されていますが、各種ツールや利用ガイドも公開されており、極めて有用なものです。
> 「独立行政法人 情報処理推進機構」
> http://www.ipa.go.jp/sec/reports/20100416.html

●サービスレベルの視点

サービスレベルに関する要件とは、その名のとおり、SLAに盛り込む要件のことで

す。SLAに含める要件は、業務や情報システムの性質によって異なりますが、おおむね「サービス提供時間」と「性能」に分けられるでしょう。そして、性能は、さらに「(オンライン処理の) レスポンスタイム」、「バッチ処理の実行時間」、「デリバリータイム」の3つに分類されます。

```
SLA
┌─────────────────────────────────┐
│ サービス提供時間                   │
└─────────────────────────────────┘
┌─────────────────────────────────┐
│ 性能   (オンライン処理の) レスポンスタイム │
│        バッチ処理の実行時間          │
│        デリバリータイム              │
└─────────────────────────────────┘
```

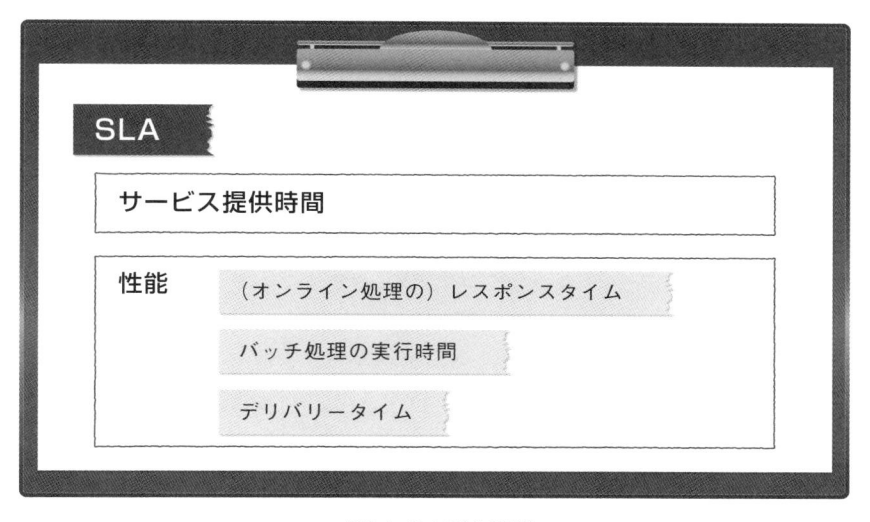

図5.4　SLAに含める要件

　ユーザが情報システムに期待するのは、「大量の処理や複雑な処理を瞬時にこなすこと」でしょう。ハードウェアの性能はムーアの法則どおりに進化していますが、情報システムに対するユーザの期待もそれに比例して高まっています。とはいえ、サービスレベルは、システムの基盤構成やアプリケーションの設計が大きく影響するため、サービスインの時点になって「こんなはずではなかった」という事態に陥ることも少なくありません。それを防ぐためには、あらかじめそれらを明確に定義してアプリケーションオーナーの合意を得ておく必要があります。

○サービス提供時間

　オンライン系のサービスを構築する際には、サービス提供時間を事前に決めておかなければなりません。「サービス提供時間は、長ければ長いほど良い」というのがエンドユーザの一般的なニーズですが、これを長くするためには、相応のコストが掛かりま

す。よって、アプリケーションオーナーと十分に協議し、コストも踏まえて適正な時間を決めるべきでしょう。

　なお、サービス提供時間を「ベストエフォート」という言葉で定義するケースも見受けられますが、このような定義は極力避けた方がよいでしょう。ベストエフォートについて多くのユーザが持っている認識は、「ごくまれに障害が発生して停止するかもしれないが、自分が操作する時にはまず停止しないはずだ」といった程度のものです。それに対し、システムの運用者は、まず間違いなく「安定稼働には全力を尽くすが、保障はできない。サービスの提供を止めることもある」と認識します。こうした認識の違いが、思わぬトラブルにつながるのです。

○性能（レスポンスタイム）

　80文字×24行のメッセージをホストとエミュレータ間でやり取りしていた時代には、アプリケーションの造りがレスポンスタイムに影響を及ぼすことはほとんどありませんでした。しかし、Webベースのオンラインシステムでは、アプリケーションロジックや画面構成がレスポンスに大きな影響を与えます。したがって、全ての画面や機能について、一律にレスポンスタイムを保証するのは現実的ではありません。当社の場合、「照会」や「エントリー」など、オンラインシステムの機能ごとにレスポンスタイムの目標値を定めるようにしています。

　また、サーバのスペックやネットワーク環境、利用者の環境によっても、レスポンスタイムは大きく変わります。そのため、レスポンスタイムを定義する際には、運用環境、利用者の環境についても前提条件を定め、アプリケーションオーナーと合意を取っておくことが重要です。

○性能（バッチ処理の実行時間）

　バッチ処理の実行時間は、システムの安定性、継続性に対しても大きな影響を与えかねません。これについても、開発者と運用者との間であらかじめ合意を取っておくことが大切です。この際には、障害が発生した時のことも考慮し、リカバリー作業の時間をあらかじめ確保しておかなければなりません。また、最近では、他システムとの連携を行うバッチ処理も増えているので、その要件についても検討が必要でしょう。

○性能（デリバリータイム）

　オーダーが発生してから商品などを納入するまでにかかる時間を意味するデリバリータイムも性能要件の一つです。この要件については、考慮が漏れるケースが多いので、特に注意が必要です。システム開発プロジェクトの目的は、単に情報システムを開発することではなく、サービスを提供することです。サービスとは、ユーザがシステムに情報を入力するところから、しかるべき人物の手元に適切なアウトプットが届くまでの処理や作業全般を意味します。この観点から見ると、例えば、月末締めの明細書が翌月の半ばに届いたり、保険の申し込みが完了してから数週間後に証券が届いたりといったことは許されないでしょう。それを防ぐためにも、要件定義の段階でデリバリータイムを明確に定めておく必要があるのです。

　ただし、デリバリータイムを短くすると、開発コストがかさむと共に、納品物の品質劣化や誤送などのリスクも高まります。これらの要素も勘案し、適切な時間や期間を決定するべきです。

●キャパシティの視点

　新聞などでも報じられているように、最近はリソース不足に起因するシステム障害が目立つようになってきました。当社においても、サービスに影響を与えたトラブルの1〜3％はリソース不足に原因があり、日々の業務の中でキャパシティ設計の重要性を改めて認識させられています。

　リソース不足を生む根本要因としては、「キャパシティに関する要件の予測ミス」、「リソース設計の誤り」、「監視／運用の不備」が挙げられます。リソース不足に関するトラブルはリカバリーに時間がかかるケースが多く、場合によっては、ユーザの利用に制限を加えなければならなくなることもあります。これは当然、ユーザのビジネスに悪影響を与えます。そうした事態にならないようにするためにも、システム開発時には、将来の拡張も考慮に入れてキャパシティ要件を明確にしておくことが重要なのです。キャパシティ要件には、以下のようなものを含みます。

○ユーザ数

　システムを利用するユーザの数と種類（コンシューマ、契約者、特定企業、社員な

ど）に関して、サービスイン時点とその後しばらくの期間の推移予測を定義しておきたいものです。

ユーザ数は、ユーザ登録データベースのキャパシティだけでなく、登録業務の運営体制やソフトウェアのライセンス費用などを決めるうえでも重要なファクターになります。また、ユーザの種類は、サービスイン後のトラブル発生時に影響範囲を特定するうえで役に立ちます。いずれも、開発者、アプリケーションオーナー、運用者の三者間で合意を取っておく必要があります。

○トランザクション数

トランザクション数は、システムのキャパシティ設計に最も大きな影響を及ぼす重要な要件です。事前に予測するのは難しいですが、予測を誤ると大規模なトラブルにつながりやすいので慎重に算出しなければなりません。

トランザクション数の単位はシステム構成やアーキテクチャによって異なりますが、例えば、「オンラインアプリケーションのメインプログラムをコールするトランザクション数」、「単位時間当たりのページ・ビュー（画面遷移）数」、「HTTPのリクエスト数」といった具合に定義するとよいでしょう。また、年間、月間、一日を通して、どの時間帯にトランザクションのピークが来るのかも予測しておくべきでしょう。

○アウトプット数

アウトプット数とは、印刷物やメールなど、システムの処理を基に最終的にアウトプットされるものの量のことを指します。システム内部で行われる処理と比べて、印刷処理や発送処理は格段に時間がかかるため、アウトプット数は業務設計に大きな影響を及ぼします。アウトプット数の見積もりを誤ると、想定した時間内に業務が終わらず、ビジネスに大きな損害を与えてしまいます。また、送付処理を伴うアウトプット処理では、その数が運用コストに直結します。アプリケーション開発者は、こうした点も考慮して設計を進めるべきです。

システム設計／開発時には、データをアウトプットするところまでで検討を終えてしまうケースが多いと思いますが、全てのアウトプットが正確かつ適切にエンドユーザの手元に届けられるところまでを考えた場合、システムのアーキテクチャが変わることもあるでしょう。そう考えると、アウトプット数は要件定義に必須の項目です。

○インプット数

　継続的な安定稼働を考慮すると、インプット数も重要な要件の一つになります。システムに対する全ての入力作業がオンラインで（随時）行われるものもあれば、一括での入力が避けられないものもあります。例えば、入力原票を基に専任者が手作業で一括入力するような業務がそれに当たるでしょう。そのような業務では、入力原票の文字種や文字サイズが業務効率に大きく影響を与えます。ユーザに満足してもらえるシステムを構築するには、そうした点にも注意を払わなければならないのです。

●安全性の視点

　ビジネスのITへの依存が高まる中、ITサービスの安全性の確保は一段と重要になってきています。ただし、安全性を高めるにはそれなりのコストがかかるので、リスクの評価を行いながら適切な対応を取る必要があります。

　システムの安全性に関する要件は、安全性の三原則である「CIA」を基に抽出したうえで、それらの優先順位を決め、コストも考慮しながら検討すべきでしょう。当社の場合、この三原則を踏まえて、「セキュリティ」、「停止許容時間」、「有事対策」という3つの観点から安全性の要件を明確にしています。

○セキュリティ

　今日、ウイルスやスパイウェア、クラッキングによる情報漏洩／データ改竄事件が後を絶ちません。今や、セキュリティ対策の不備は、ビジネスの継続性をも脅かすまでになっています。また、故意による犯罪だけでなく、開発者、運用者、ユーザの過失により、結果的に情報漏洩やシステム停止につながることもあります。

　こうした事態を防ぐには、企業全体のセキュリティポリシーを定めたうえで、各システムの要件に落とし込む形を取るのが望ましいです。ただし、静的なページを表示するだけの簡易的なWebサイトと、大量の個人情報を入出力するオンラインシステムに対し、全く同じセキュリティ対策を施すのでは、適切なリスクコントロールがなされているとは言えません。セキュリティポリシーを基本指針とし、その指針に則ったうえで、システムごとにリスク評価を行いながら適切なセキュリティ要件を決めるべきです。

　なお、「パスワードのケタ数や文字種」、「ユーザIDの有効期限」、「タイムアウト時

間」のように、セキュリティ要件の中にはユーザビリティとトレードオフになるものが多いです。よって、セキュリティ要件の定義の際には、アプリケーションオーナーの合意を得ることが不可欠です。

　また、ログ取得機能の重要性が高まっていることも考慮すべきでしょう。ログ取得機能は、トラブル分析や性能管理、統計などの目的で利用されることが多いのですが、最近では操作証跡を残すために組み込まれるケースが増えています。しかし、操作証跡のためのログは膨大なリソースを要すると同時に、フォレンジック（整合性の取れた確実なタイムスタンプ）、完全性証明（改竄防止）、可用性（短期間で抽出可能）が求められます。システム設計やコストに大きな影響を与えるものであるため、要件定義の段階で明確に定義しておくべきでしょう。

> **用語解説**
> 「操作証跡」
> 操作証跡とは、ユーザのオペレーション内容を事後に追跡し証明すること。ビジネストラブルが発生した場合、システムのオペレーション履歴が重要な証拠になる可能性もある。また、昨今のサイバー攻撃を追跡する際にも証跡ログが重要な役割を果たす。

○停止許容時間

　サービス時間中にシステムが停止した場合に備え、復旧までの停止許容時間についてもあらかじめ合意を取っておく必要があります。ユーザからすれば、システムは止まらないに越したことはないのですが、高可用性を確保するためにはそれなりのコストがかかります。したがって、アプリケーションオーナーと協議をして経済合理性を確保したサービスレベルを決めるべきです。

○有事対策（ITサービス継続性）

　金融機関をはじめとする公共性の高いビジネスやサービスには、BCM（Business Continuity Management＝ビジネス継続性管理）の一環としてディザスター・リカバリー機能が求められます。

　近年、このディザスター・リカバリーが対象とする範囲が広がる傾向にあります。以前は大地震などの自然災害しか想定していませんでしたが、最近ではサイバー・テロやパンデミック（感染爆発）にも考慮する必要があります。

　ディザスター・リカバリー環境は、平時に活用されることは少ないものです。したがっ

て、これにかかるコストは、「リスク対策コスト」に他なりません。このコストをどの程度まで確保すべきか（できるのか）は企業／部門によって異なります。基本的には、企業全体のリスクコントロールの観点から、有事対策方針を定めたうえで、その方針に則ってシステムリスクを評価し、個別システムのリカバリープランを検討すべきでしょう。

2011年3月11日に起きた東北地方太平洋沖地震以来、ITサービス継続性に対する関心が一段と高まりましたが、これについては次章で詳しく触れることにします。

> **用語解説**　「ディザスター・リカバリー」
> 大規模災害時のビジネス継続のための活動。企業システムの場合、大規模災害によりデータセンターが機能不能になることを想定したディザスター・リカバリー・プランが求められる。地震や津波によるデータセンターの損壊、電力供給のトラブルによるブラックアウトなどが想定されるディザスターであるが、昨今はサイバー・テロやパンデミックもディザスターの対象としてリカバリープランを策定する企業が増えている。

> **用語解説**　「サイバー・テロ」
> ネットワークの脆弱性やアプリケーションの脆弱性を突いて、企業のシステムに不正に侵入し、機能停止、情報への不正アクセス、情報の不正持ち出しなどを行う犯罪行為。昨今では最も顕在化の可能性が高いリスクとして対策が急がれており、これもディザスターの一つとして扱うことが多い。

> **用語解説**　「パンデミック」
> 感染症が世界規模で流行すること。2009年、新型インフルエンザが世界規模で流行した際、パンデミックが企業のITサービスにも影響することを認識し、ディザスターの一つとして捉えるようになった。2009年の新型インフルエンザは幸い弱毒性であったが、仮に強毒性で致死率の高い新型インフルエンザがパンデミック規模で流行した場合、システムを稼働させるために必要なオペレータの確保が困難になり、ITサービスの継続性を脅かす可能性が高い。

●コストの視点

非機能要件として定めるべき最後の項目はコストです。ここまでに何度か述べたように、非機能要件の高度化はコスト（およびユーザビリティ）とのトレードオフになることが多くあります。昨今、企業の社会的責任を重視する傾向が強まっていますが、それでも経営リスクにつながりかねないコストについては十分に考慮する必要があります。特に、リーマンショック [*3] 以降の不況下においては、コスト抑制が最優先課題にも

[*3] 2008年9月に起きた米国の投資銀行リーマン・ブラザーズの破たんをきっかけに、世界的金融危機へと発展した出来事のこと。

なっています。非機能要件の高度化はコスト増の結果をもたらし、経営をも脅かしかねないため、要件定義の段階でアプリケーションオーナーときっちり合意しておくことが重要なのです。

　通常のシステム開発プロジェクトでは、開発コストやハードェア／ソフトウェアなどの一時的なコストばかりに目がいきがちですが、非機能要件としてコストを見積もるうえで外せないのは「運用コスト」です。ITサービスはサービスインしたら終わりではなく、サービスイン後にも延々とコストがかかり続けることをアプリケーションオーナーに認識してもらわなければなりません。

Point!

- ▶技術の進歩は業務の効率化など新しい可能性をもたらすが、一方でリスクを増大させるという側面も併せ持つ。ITシステムと緊密になっている近年のビジネスにおいては、ITシステムのリスクはビジネスのリスクに直結しかねない。
- ▶ITシステムのリスクをコントロールするためには、システム強度の高い情報システム構築を目指さなければならない。それには、運用手順や組織体制など運用環境の整備と共に、情報システムの仕組みを最適化することが重要である。
- ▶そのため、非機能要件を明確にし、開発者、アプリケーションオーナー、運用者の三者間で合意を得る必要がある。
- ▶非機能要件を定義するにあたり、「サービスレベルに関する要件」「キャパシティに関する要件」「安全性に関する要件」「コストに関する要件」などに分類することで、三者間合意を得られやすくなる。

column：アプリケーションオーナー制度

　アプリケーションシステムがビジネスの中で一定の役割を果たすために、誰がオーナーシップを持つべきか——、以前、当社もシステムのオーナーシップは全て情報システム部門（実際はグループ会社である当社）にありました。発注者の要求を当社のSEが良しなに要件にまとめ、設計、開発、テストを経てサービスインした後に、問

題が顕在化することもありました。発注者が意図していたものと違う、テストの観点が漏れていた、発注者が思っていたよりパフォーマンスが出ない、そのような問題が頻繁に顕在化したのです。

システム環境が変化した今、もはや「単なる発注者」と「開発者」の関係ではこの問題を根本的に解決できません。「発注者」もシステム開発にオーナシップをもって参画しないとうまく行かないのです。そうしてできたのが当社のアプリケーションオーナー制度です。アプリケーションシステムごとにオーナー部門を定め、システム開発プロジェクトのオーナシップをアプリケーションオーナーに持たせました。加えて、システム開発プロセスにおける責任分担を明らかにしました。具体的には次のプロセスの責任をアプリケーションオーナーが担うのです。

- プロジェクト計画の策定
- 要件（機能要件、非機能要件）の決定
- 外部設計の決定
- オーナテストのケースの策定
- オーナテストの実施
- サービスイン承認
- ユーザのフォロー

一方、役割と責任を明らかにしただけでは実効性のあるプロセスにはなりません。そこでポイントになるのがレビュー制度です。当社は、アプリケーションオーナー制度とセットでレビュー制度の整備も行いました。それまでも、「プロジェクト計画レビュー」、「要件定義・外部設計レビュー（SA/UIレビュー）」、「テスト計画レビュー」、「サービスインレビュー」といったレビューは行っていました。そのレビュー体系そのものは変えませんでしたが、大きな変更点として、それら全てのレビューにアプリケーションオーナーが同席し、アプリケーションオーナーの同意の下で承認されるようにしたのです。

このレビュー制度により、アプリケーションオーナーの意識も変わっていきました。システム開発の当事者であるという意識が年々高まってきたのです。今では、積極的にプロジェクトマネジメントまで行うオーナーもあるくらいです。

ただし、これは一朝一夕にはできません。当社も数年掛けて少しずつ成熟度を上げていきました。そこで、当社の実績から2つの成功要因を紹介します。

1つは、プロジェクト計画時の要員計画の工夫です。システム開発の工数として情報システム部門（グループ会社含む）の工数やベンダーの工数・コストを計画することは常識ですが、これにアプリケーションオーナーの工数も加えたのです。アプリケー↗

87

ションオーナーとプロジェクトの責任とアクティビティを分担するからには、アプリケーションオーナー部門も情報システム部門と同様の工数／要員計画が必要なのです。これを明確にしないままにプロジェクトを進め、アプリケーションオーナーの工数が不足してプロジェクトが停滞する苦い経験も多く積みました。プロジェクトの全工数の中で一定割合はアプリケーションオーナーの工数です。当社の実績から見ても、少なくとも全工数の１〜２割はアプリケーションオーナーの工数でしょう。アプリケーションオーナーにシステム開発に関与できる要員が１人しかいないのに、100人月のプロジェクトを計画しようというのは無謀でしょう。それをプロジェクト計画レビュー時に、組織的に確認し合うことが必要なのです。

　２つ目は、アプリケーションオーナー研修です。これは当社がカリキュラムを作成し当社が主催する研修です。アプリケーションオーナー制度の背景・意義から、アプリケーションオーナーの役割、具体的なアクティビティまで、システム開発のプロジェクトに参画するために必要なスキルを教える研修を定期的に実施しています。

　繰り返しになりますが、今ではシステム開発プロジェクトのオーナシップがアプリケーションオーナーにあることは、東京海上グループ内では常識になっています。そこで、このアプリケーションオーナー制度を土台に、当社は次のステージに移ろうとしています。

　アプリケーションオーナーが要件を提示して、サプライヤ（システム開発者）がこれを実装する、そんな図式を変える必要があるのです。もはや、ビジネスプロセスとITは切り離せません。ビジネスプロセスや新しいサービスを考えることは、システムを考えることと完全にオーバーラップしているのです。そうなるとサプライヤは単なるサプライヤであっては駄目です。もっとビジネスに踏み込んで、アプリケーションオーナーの要求を引き出す役目を果たさなければなりません。いわゆる、「要求開発」です。当社は今、この要求開発を実践すべく、どのようなプロセス、技術が必要なのかを模索中です。アジャイル手法も１つのヒントになると考えており、いくつかの大規模プロジェクトでスクラム開発にチャレンジしています。まだまだ目に見える成果があがっている状況ではありませんが、この方向性は正しいと信じてチャレンジを続けるつもりです。

[第6章]
継続性を考慮したITサービスマネジメントの構築③
～今、改めて考えるITサービス継続性

執筆：東京海上日動システムズ株式会社　小林賢也

　前章までは、サービスの定義と設計について触れました。本章では、サービスイン後のITサービス継続性について触れたいと思います。また、その先にあるサービス品質の向上についても触れます。

6.1 東京海上日動システムズのITサービス継続性管理

　2011年3月11日に発生した東北地方太平洋沖地震は、日本観測史上最大のマグニチュード9.0を記録し、それに伴う津波や、その後の余震によって引き起こされた東日本大震災は、東北地方を中心に甚大な被害をもたらしました。

　東日本大震災を保険ビジネスの観点から見ると、震災発生から3ヶ月経過した時点で、支払保険金総額が1兆円を超えました。1995年の阪神・淡路大震災における支払保険金総額が783億円であったことを考えると、東日本大震災による被害がいかに大きいかが分かるというものです。

　東京海上グループのITサービスを一手に担う当社も、先の東日本大震災におけるITサービス継続に全社を挙げて注力してきました。オンラインサービスの稼働延長やリソースの確保、寸断された通信インフラの復旧はもちろん、被災した顧客をサポートするための新たなサポートセンターの設置や被災地拠点向けの端末展開、被災地域宛てシステムアウトプットの物流コントロールなど、ITサービスにかかわる全てに最優先で対応すると共に、被災した代理店のIT環境復旧の現地支援も行ってきました。

　ビジネスのIT依存度が高まる近年、大規模災害など有事の際にもITサービスを継続させることが強く求められ、それをマネージする「ITサービス継続性管理」の重要

性が叫ばれていました。東京海上日動は、損害保険会社としての社会的使命に鑑みて、以前からITサービス継続性管理に対する対策を講じていましたが、先の東日本大震災を受けて、その重要性を再認識することになりました。

当社は、ITサービス継続性管理を単独のプロセスと考えている訳でなく、ITサービスマネジメントを構成するプロセス全体でITサービス継続性管理を実現していると考えています。今回の震災対応において、当社のITサービスマネジメント、及びITサービス継続性管理がどのように貢献できたか、また、新たに見えてきた課題が何かについて、あらためて振り返ってみました。

●ITサービス継続性管理の開始

1970年代、関東地方で巨大地震の発生する可能性が認知され始め、この対策へ着手していったことが、当社におけるITサービス継続性管理の原点と位置付けられます。東京海上日動（当時の東京海上）は、1960年代から東京都国立市にデータセンターを構えて事務処理のIT化を進め、1970年代にはオンラインシステムも導入され、保険ビジネスのIT依存が徐々に高まっていきました。こうした中、地震によってデータセンターが被害を受けることで、保険金の支払いができなくなるなどのビジネスリスクがあることを認識するようになり、いち早く第二センターの設置が決定されたのでした。

第二センタービルは大阪府豊中市千里に竣工し、専用のコンピュータ機器群が導入されると同時に、有事システムのIT運用をメインミッションとする専門組織も編成され、1982年12月には有事システムがサービスインしました。当初は、国立データセンターの機能停止期間を2〜3週間と想定し、契約確認資料の作成など必要最低限のバッチ処理を稼働対象範囲に定めてスタートしましたが、1980年代以降、加速度的にシステムのオンライン化が進む中、有事システムの対象範囲も拡大し、機器や要員も拡充され、有事テストをはじめとした品質向上施策も組織活動の枠組みに組み込まれていきました。その後、メインセンター（以下、多摩データセンター）は東京都多摩市に、第二センター（以下、千葉データセンター）は千葉県印西市に移転し現在に至りますが、保険会社として事業を継続し、社会的使命を果たし続けるためにITサービス継続性管理を実践していく大方針は、有事システム稼働以来30年が経過した今でも変わっていません。

●プロジェクトの組織とコントロール構造

　広域災害が発生した場合、業務委託元の保険会社本社に、社長を長とする災害対策本部が設置されます。多摩データセンターが被災し、ITサービスの継続ができなくなった場合は、災害対策本部の判断に基づいて、千葉データセンターでの有事システム稼働が決定され、当社側の災害対策本部に連携されます。これが有事発動プロセスの基本的な枠組みであり、これを受けて一連のシステム切り替え対応を主導するのは、千葉データセンターに組織を構え、有事システムのサービスマネジメントをメインミッションとする千葉ITサービス部です。

　データセンターの運営を一手に任されている当社には、自社の事業運営を妨げる様々なリスクに対する「BCP」(Business Continuity Plan＝事業継続計画) を検討する危機管理委員会が平時から常設されており、ITサービス継続性についても千葉ITサービス部が事務局となり取り組んでいます。

●ITサービス継続性管理の戦略

　当社のITサービス継続性管理では、保険ビジネスサイドでの「BIA」(Business Impact Analysis＝事業影響度分析) やBCP策定結果に応じ、ビジネスプロセスの復旧を支援するためのサービスレベルを段階的に用意しています。

　災害発生後に千葉データセンターですぐに再開する業務は災害発生後24時間、状況を見て再開する業務は1週間での再開と定めているのですが、業務復旧オプションの中には、一定期間手作業のワークアラウンド (応急措置) で対応しながら、多摩データセンターでのディザスター・リカバリー完了を待って業務を再開する方式も含まれています。

> **用語解説**
> 「BIA」
> Business Impact Analysisの略。有事に業務が中断した場合にビジネスに与える影響を評価する分析手法。

　当社で提供している平時のITサービス種類数は、基幹システムである代理店向けオンラインの他、契約者向け、社員向けなども含め、サービスカタログ数ベースで200

を超えます。災害時には、これら全ての業務に対して一律の対応はせず、ビジネスの重要度とITサービス継続にかかるコストのバランスを評価し、適切なサービスレベルで安定運用を目指すことが当社の基本スタンスです。これは平時のITサービスマネジメントにおいてサービスレベルや可用性を定める際の考え方で、ITサービス継続性管理の枠組みにも適用しているものです。

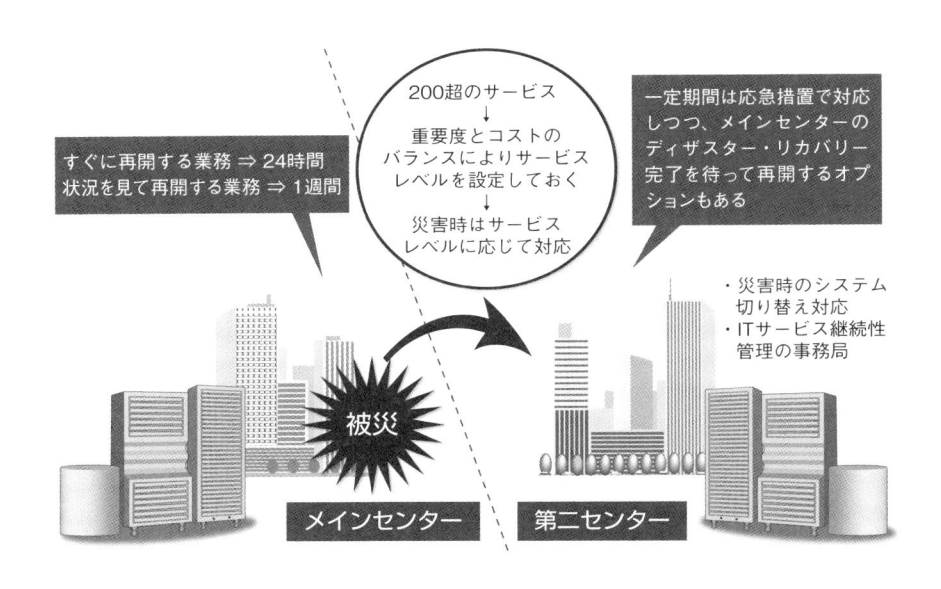

図6.1　ITサービス継続性管理の実施例

　こうした復旧オプションにかかわる情報は、平時のITサービス継続性管理の一環として、サービス・カタログ（システム・プロファイル）で記録、維持しています。具体的には、システムの新規構築や改定のプロジェクトを対象に、サービストランジションのタイミングで手当てするスキームとしていますが、併せて年に一度、全サービス・カタログの棚卸しを行い、記載内容を再点検することで、誤りや不足があれば訂正し、最新化を図っています。

　対象業務については、千葉ITサービス部によって、オンラインサービスコード、バッチジョブ番号単位で全資源が識別され、サービストランジションの内容に基づいて、構成管理情報は更新されています。

●サービストランジション（移管管理プロセス）と ITサービス継続性管理

　当社のITサービス継続性管理における最重要事項は、動く有事システムを追求することにあります。これを実現するために、ITサービス継続性管理プロセス自体の整備はもちろんですが、これを単体で捉えるだけでなく、ITサービスマネジメントを構成する他のマネジメントプロセスにもITサービス継続性管理の要素を組み込み、ITサービスマネジメント全体の活動を通して有事システム品質の向上、ひいてはITサービス継続性の向上を実現しようと考えています。

　前章で紹介したとおり、当社では、変更管理でもなく、リリース管理でもない、サービスの設計からリリースに至るまでの一連の開発プロセスを、運用部門の立場でフォローする枠組みとして、「移管管理プロセス」を2001年から運営してきました（図6.2）。ITIL V3でいう"サービストランジション"です。当社ではこの枠組みを開発プロセスと融合させ、開発部門と協業し運営にあたっていますが、ITサービス継続性の観点からのチェックやレビューもこれに組み込んでいます。

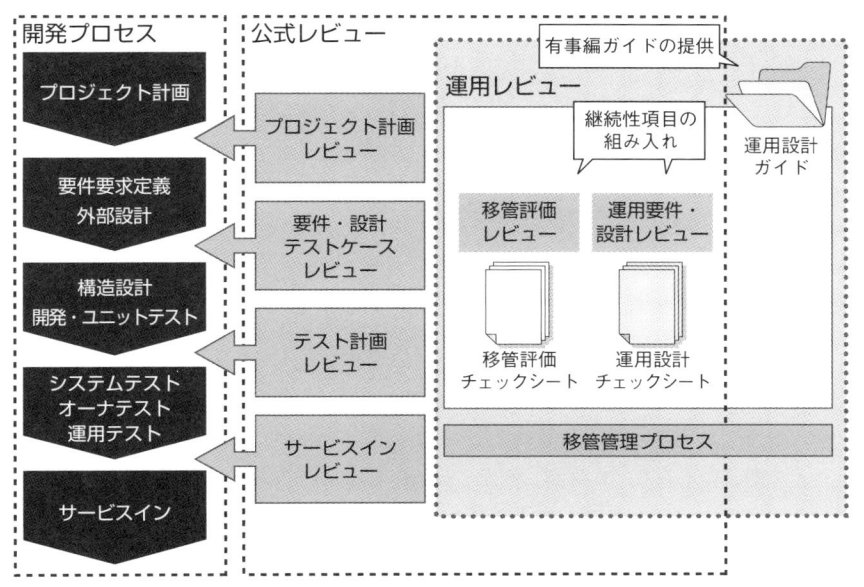

図6.2　移管管理におけるITサービス継続性の確認

○移管管理プロセスを構成するツール群

　移管管理プロセスでは「運用設計ガイド」、「運用設計チェックシート」、「移管評価チェックシート」といったツール群を開発部門へ提供しています。

　「運用設計ガイド」は、オンライン、バッチ、特殊運用、障害時運用、保守運用など12章から構成されており、この中に有事オンラインや有事バッチ等、ITサービス継続性に関するガイドとして、千葉データセンターの稼働環境、サービス復旧の優先順位、多摩データセンターとのデータベース同期方式や静止点の考え方を記載し、開発プロジェクトでは、外部設計の段階からこれを活用して設計を進めています。

　「運用設計チェックシート」は、非機能要件も含め、サービスイン後の安定稼働を考慮しているか、実効性があるか等、運用部門が長年にわたって蓄積してきたノウハウを集約したものです。サービスレベル、パフォーマンス、キャパシティ、セキュリティ、運用性、監視など約400個のチェック項目で構成され、可用性、継続性で約20個の項目があります。

　「移管評価チェックシート」は、システム利用者に対するITサービスを安定的かつ、効率的に行えるようにすることを目的に作成されたもので、サービスイン前に使用します。パフォーマンス、キャパシティに関するオーナ部門の合意状況、障害対応も含めた運用手順の策定状況、ヘルプデスク部門への操作手順連携など約30個のチェック項目に、有事システムの対応状況確認を含め、可用性、継続性関連項目を5つ盛り込んでいます。

○移管管理プロセスでのレビュー制度

　これらのツールを用いて、開発部門がセルフチェックした結果は、さらに運用部門が客観的に確認、評価します。これを当社では「運用レビュー」と呼び、要件・設計完了時に実施される「運用要件・設計レビュー」、サービスイン直前に実施される「移管評価レビュー」から構成されています。文書回付か会議形式いずれかの形態で、月間100〜150件のレビューが実施されており、継続性にかかわる項目については、千葉ITサービス部が中心になって確認、評価します。

　開発プロジェクトの期間が年々短くなる中で、「サービスインするまでが自分たちのミッション」と考えている開発担当者にとって、セルフチェックした後、さらに運用レビューに臨むのは面倒と捉えられることもあるかもしれません。それでも、運用レ

ビューを通過したシステムの安定稼働が続くことで、開発部門からの理解も深まってきました。プロジェクトの初期段階から、開発部門から運用部門に相談を持ちかけられたり、双方が合同でプロジェクト計画や設計に着手し、運用設計を作り込むケースが年々増えてきているのは、長年にわたり定着へ向け取り組んできた成果だと感じています。

●有事テストの運営

　動く有事システムを追求するために、有事システムを実際に稼働させ、検証するプロセスとして、1980年代から有事テストの運営に取り組んでいます。大規模な新規案件がサービスインする前には、あらかじめプロジェクト内で工数を確保し、業務シナリオやオペレーションなどの観点も含めた有事テストを実施するのです。

　また、それとは別に、月次、年次サイクルでの定例有事テストも継続的に実施しています。こちらも全体工数計画の中で、開発部門も含め要員工数を確保し運営しているのですが、これは個々人のタスクに埋もれることなく、組織レベルで品質を担保していくことを狙っています。月次サイクルでは個別システムを順次選定のうえでテストし、年1回のサイクルで大規模な全体有事テストを実施します。有事システムの機能検証や、有事システム運用メンバーの実践的なトレーニングを通して、ITサービスの継続性品質を向上させることを目的としています。

　有事テストでは品質向上に資する継続的改善もスコープに入れ、テスト実施後の振り返りや改善活動も含めて推進します。事務局である千葉ITサービス部がテスト終了後に、その分析結果と課題一覧をレポートにまとめ、社内公式レターで関連部門へフィードバックすると共に、関係者同士が課題解決を図っていく場として、前述した危機管理委員会配下の会議体となる有事システム連絡会を活用し、課題解決の進捗状況も確認していきます。こうした一連のPDCAスキーム（図6.3）が、有事システムの品質管理活動に持続性を与え、ITサービス継続の実効性を高めていくことに貢献していると考えています。

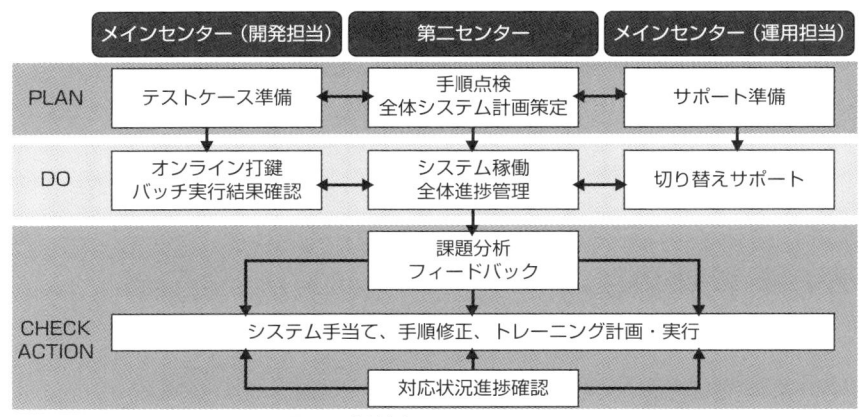

```
              メインセンター（開発担当）    第二センター      メインセンター（運用担当）
                         ┌──────────────┐ ┌──────────────┐ ┌──────────────┐
     PLAN                │ テストケース準備 │←│ 手順点検      │→│ サポート準備    │
                         │              │ │ 全体システム計画策定│ │              │
                         └──────────────┘ └──────────────┘ └──────────────┘
                         ┌──────────────┐ ┌──────────────┐ ┌──────────────┐
     DO                  │ オンライン打鍵  │←│ システム稼働    │→│ 切り替えサポート │
                         │ バッチ実行結果確認│ │ 全体進捗管理    │ │              │
                         └──────────────┘ └──────────────┘ └──────────────┘
                                          ┌──────────────┐
                                          │ 課題分析      │
                                          │ フィードバック  │
                                          └──────────────┘
     CHECK   ┌────────────────────────────────────────────────────────┐
     ACTION  │     システム手当て、手順修正、トレーニング計画・実行              │
             └────────────────────────────────────────────────────────┘
                                          ┌──────────────┐
                                          │ 対応状況進捗確認 │
                                          └──────────────┘
```

図6.3　定例有事テストのPDCAサイクル

●ツインセンター方式による本番運用

　当社が提供するITサービスの中で最もクリティカルなものが「TNet」の愛称で利用いただいている代理店オンラインシステムです。約60万ユーザから月間1億件超のトランザクションが実行される24時間365日稼働のサービスなのですが、これを月曜日から土曜日までは多摩、日曜日は千葉で稼働させるツインセンター運用で提供しているのです。ツインセンター方式の最も大きな狙いは、ITサービス継続性管理に組み込まれている有事業務プロセスを平時本番運用へ導入し、万全の状態で有事システム運用に備えることにあります。

　当社におけるツインセンターの歴史は、第二センターを千里に構えていた1999年までさかのぼります。それまでは、有事宣言が発動されない限り、有事システムは本番稼働しない状態でしたが、毎週日曜日に必ず本番稼働させる方式としたことで、第二センターを中心としたネットワーク、構成機器、プログラム資源、データベースの品質が保証されるだけでなく、有事の際も、日常運用を通して鍛え上げられた要員の手で、安定稼働を実現していく体制が整備されました。以降、次第に要員スキルやモチベーションの向上が図られると同時に、組織力の強化といった効果も得られるようになり、現在では千葉データセンターで働く千葉ITサービス部所属社員、パートナ企業メンバーを中心に、多摩データセンターのメンバーを含めたITサービス本部が一丸となって、この運用を支えています。

また、これを支える仕組みとして、IBM社の「GDPS/グローバル・ミラー」、富士通社の「SymfowareActiveDBGuard」などのパッケージ群で構成される同期管理システムが稼働し、両センターのプログラムや各種データ資源をミラーリングしています。一方のセンターが非稼働状態となっている時間帯を活用し、設置機器群の可用性を維持、向上させるための各種点検、整備作業を行うようにするなど、ツインセンター運用をベースにしたメンテナンス方式も確立できました。

Point!

- ▶東北地方太平洋沖地震により大災害が現実となった今、ITサービス継続性を担保することの重要性は極めて高くなっている。
- ▶平時のITサービスマネジメントにおけるサービスレベルや可用性を定める際の考え方をITサービス継続性管理にも適用し、BIA、BCP策定結果を基にして、有事のビジネスプロセス復旧支援のためのサービスレベルを段階的に用意している。
- ▶復旧オプションにかかわる情報は平時のITサービス継続性管理の一環として、サービス・カタログに記録・維持し、年に一度の棚卸しで再点検することで最新化を図る。
- ▶ITサービス継続性管理における最重要事項は、動く有事システムを追求することである。
- ▶そのために、ITサービス継続性管理の要素を、ITサービスマネジメントを構成する、他のマネジメントプロセスにも組み込み、有事システムの品質向上、ITサービス継続性の向上を実現する。
- ▶移管管理プロセス（サービストランジション）を開発プロセスと融合させ、ITサービス継続性の観点におけるチェックやレビューを組み込む。
- ▶移管管理プロセスでは、「運用設計ガイド」「運用設計チェックシート」「移管評価チェックシート」といったツール群を開発部門へ提供している。これらのツールを用いて、開発部門のセルフチェックした結果を、運用部門が確認・評価を行う。
- ▶動く有事システムの追求を目的に、有事システムを実際に稼働させ、検証する有事テストを行う。
- ▶有事テストはサービスインする前に工数を確保したうえで行い、さらに年次・月次サイクルで定例有事テストも行う。
- ▶ツインセンター運用として、平時から有事システムを日常運用することで、実際の有事にも安定稼働を期待することができる。

6.2 東日本大震災時のプロセスコントロール

　東北地方太平洋沖地震が発生した2011年3月11日の金曜日、14時46分、多摩、千葉両データセンター館内にほとんどの社員が在館していたこともあり、設置している全コンピュータ機器類、通信回線の稼働点検を迅速に進め、15時20分には一とおりの確認作業を完了しました。データセンターを構える東京都多摩市では震度5強、千葉県印西市では震度6弱を記録しましたが、両データセンターとも被災せず、センター機器は平常どおりに稼働していたことから、有事システム切り替え宣言も発動されることなく、ツインセンターからITサービスを提供し続けました。

　ITサービスを安定提供していく観点から、突発的事象に対して、冷静かつ柔軟に対応していくことがIT部門には求められます。手前味噌になりますが、今回の震災対応で、刻々と変化する状況に対して、当社は比較的タイムリーにかつ的確に対応できたと思っています。震災による混乱が落ち着いた時点で改めて振り返ってみると、当社が普段から実施しているITサービスマネジメントのプロセスが、震災という特殊状況下でも有効に機能していたといえるでしょう。

●ITサービス継続性管理を補完するITSMプロセス

　例えば、キャパシティ管理の観点からは、震災という特殊要因が、直後に控えた年度末決算ピークに与える影響を見極めるために、震災直後からBIA（事業影響度分析）に着手しました。具体的には、震災に伴うビジネスサイドの業務増加量から換算したトランザクション別の件数増加量と、決算ピークのシミュレーション結果をマージし、評価する作業です。該当トランザクションが通過する経路から対象機器を割り出し各基盤担当へ検証作業をアサインしたのですが、ここでは構成管理情報が役立ちました。

　各基盤担当では、機器単位の現行使用率に基づき、件数増加量予測を加味しながら、決算ピークへの影響をレポートにまとめ報告します。全体事務局でこれを取りまとめ、全体方針や対策、コンティンジェンシープランを立案しましたが、震災から9営業日後には一連の作業を終え、災害対策本部への報告を完了しました。

　この一連の流れは、普段からキャパシティ管理の一環として月例で実施している性

能リスク評価会（システム稼働情報の収集とリスク評価、報告）のスキームそのものです。各担当がこの管理プロセスに習熟していた基礎があったからこそ、震災対応の中でも、冷静に状況を観察し、柔軟かつ迅速に対応できたものと考えています。

インシデント管理の観点でも、ITサービス管理部で日常的に運営しているFFA活動（図6.4）が奏功しました。FFAとは、Fire Fighting Actionの略で、インシデントへの対応の初動を消火活動になぞらえ、当社ではこう呼んでいるものです。館内放送により、全ての部門の代表者がFFAルームに集合して情報をシェアすると共に、関連部門のメンバーはワークアラウンドに加わります。このFFA活動を通して形成してきた社内文化が、震災対応における課題管理、状況把握、情報共有を混乱なく進めるうえで、土台の役割を果たしました。

FFA活動を開始したのは今から12年前の2001年です。当初は、激増したトラブルへ速やかに対応するための強制的な業務プロセス、行動ルールとしてスタートしたのですが、粘り強く活動を続ける中で、緊急時に全員で同じ情報をシェアすることの大切さ、関係部同士が協業して対応に臨む一体感など、この活動の効果が次第に認知され、あたり前の行動要領として定着が図られていきました。こうした共通認識も、震災対応を統制していくうえで有効に機能したのだと思います。

また、顧客からサポートセンターへ寄せられる入電量、地震災害にかかわる社内事務量の急激な増加に対応するため、システム稼働時間の延長、ビジネスロジックの緊急修正など、震災発生から5月末までの間に約50件ものシステム変更を実施しました。ビジネスサイドの意思決定からサービスインまでスピード感を伴う対応が続きましたが、トラブルは1件もなく、着実にビジネス要求へ応え続けることができました。

> **用語解説** 「コンティンジェンシープラン」
> 有事の際に被害や損失を最小限にするための対応策や行動手順の計画のこと。

図6.4　FFA活動（イメージ図）

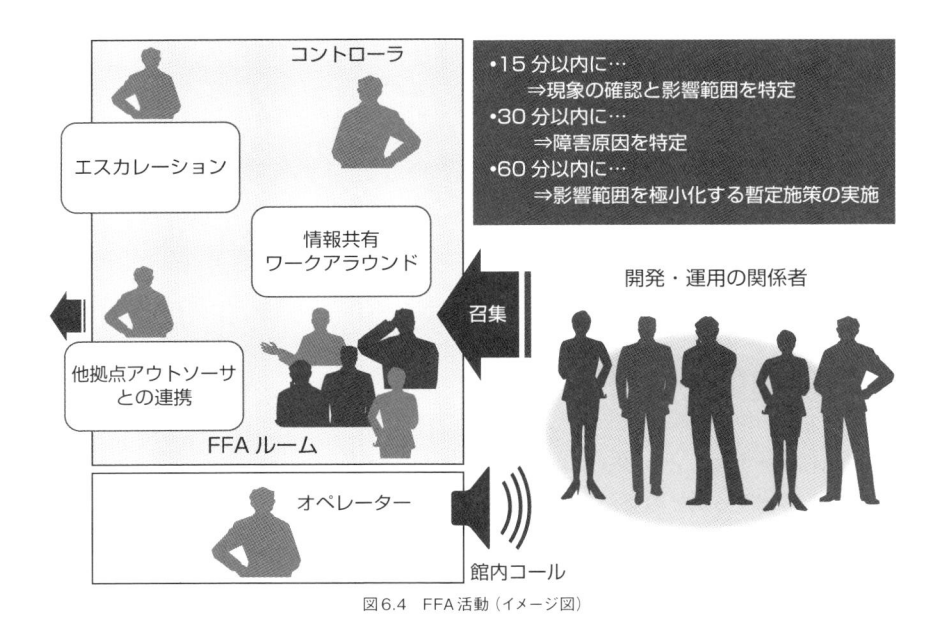

　当社の開発部門は、システムの機能品質だけでなく、運用部門視点の安定稼働品質も開発フェーズから作り込んでいくことをミッションとしています。前述したとおり、当社ではこれを「移管管理プロセス」と名付け、運用部門が主導し2001年から整備を進めてきました。以降10年にわたる継続的な活動を通して開発部門でも定着が図られ、ここで培ってきた安定稼働品質に対するこだわりが連続する緊急対応の中でも発揮され、安定したITサービス提供を継続できたと考えています。運用部門でも、移管管理プロセスで月間平均100～150件相当のシステム変更を担い、積んできた実績があったからこそ、連続する緊急リリースにも的確な対応を継続できたと考えています。

●IT技術が補完したITサービス継続性

　今回の震災対応で威力を発揮したIT技術の一つがシンクライアントでした。導入の目的はセキュリティ対策が主でしたが、クライアント側にデータを持たず、特別なセットアップを要さないことが強みとなり、震災発生から1週間で800台、1ヶ月で1,500台、最終的には1,800台のクライアントを被災地や新たなサポートセンターへ展開しました。

また、東京海上グループでは、のべ8,800人を全国から被災地支援に投入して業務復旧と継続にあたりましたが、被災地でも自分のオフィスの仕事を確認できるので、残した仕事に後ろ髪を引かれることなく、現地へ赴くことができました。

　当社では、2010年にNEC社の仮想シンクライアントシステム「Virtual PC Center」を導入するプロジェクトを手掛け、同年の夏から全国各地へ28,000台のシンクライアントを展開し、冬に完了を迎えたばかりでしたが、結果的にこれが震災へ備える格好となり、今回の対応へ大きな力をもたらしたと実感しています。

　TV会議システムも2010年冬に出張コストのスリム化を目的として、全国250拠点に一斉設置されたばかりでしたが、今回の震災で、あらゆる対応に正確性とスピード感を与える強力なツールであることを再認識しました。1995年の阪神・淡路大震災当時は、電子メールシステムの試行を開始したばかりで、情報伝達ツールを有効活用する段階になく、現地の状況を遠隔地から感じ取ることが極めて難かった経験があります。今回はTV会議システムを被災地と接続し、現地の様子、必要な物資や対応、業務遂行状況などを直接話している相手の顔を見ながら、文字や音声だけでは伝えにくいニュアンスも含め共有でき、現地とサポートオフィスで一体感のある対応を進めることができました。

●新たに見えてきた課題

　今回の大震災は、東北地方を中心に物流網へ大きな影響を及ぼしました。モノの動きが停止した中、当社では被災地宛て、福島原発避難地域宛てのシステムアウトプット類の発送コントロール、具体的には代替拠点への振替／振戻、返送郵便物への対応などに追われました。当社が提供するシステムアウトプットの印刷量は年間約2億枚に達し、発送量も膨大です。これまで、コスト削減、環境配慮施策、情報セキュリティ対策を中心にアウトプット類の削減、電子化やオンライン化を進めてきましたが、今後は業務継続性の観点も組み入れ、さらなる推進を図っていかなければならないと考えています。

　社会インフラの観点では、有線通信網に関する課題も再認識されました。当社では震災直後から被災地へ要員を投入し、シンクライアント、モバイル通信環境、モバイルバッテリーなどの現地展開、移動型オフィスによる代理店さんの業務復旧支援にあたると共に、通信不能となった被災地の支社にはモバイルルータを持ち込み、オフィス

ネットワークの復旧を進めてきました。これまではITサービス供給者の立場に立ってインフラの可用性や継続性を評価してきました。しかしこれからは、有線途絶リスクへの対策として、ITサービス利用者の立場から業務継続性を考えていくうえで、無線回線網の積極活用は大きなポイントになってくると思います。

　今回の震災を振り返る際に、東京電力福島原発事故に起因する電力供給問題を避けて通ることはできないでしょう。これに端を発し、全国各地の電力供給に関する懸念や課題も指摘されており、ITサービスを継続させていくうえでデータセンターのロケーションなどについても改めて議論し、電力供給に関する課題へ取り組んでいく時期にあると感じています。今日的には、データセンター全体レベルでの仮想化をはじめ、様々な分野で仮想化技術が進展を見せており、これらの実用性評価も踏まえて、今後のデータセンター像を描いていける状況です。また、こうした課題を「データセンターとITサービス部門」だけのものとせず、ビジネス、IT開発、ヘルプデスクなど各組織の物理配置も含め検証し、BCPの実効性を高める取り組みへつなげていくことも大切だと考えています。

Point!

- ▶普段から構成管理情報を整備しておいたため、災害後はそれを基に、全体方針や対策、コンティンジェンシープラン立案を迅速に立案できた。
- ▶立案までの流れは、普段から月例で行っている性能リスク評価会におけるリスク評価・報告のスキームそのものであり、習熟度が高く、有効に機能した。
- ▶インシデント管理の観点においても、普段のFFA活動（消火活動になぞらえた緊急対応態勢）が奏功した。
- ▶シンクライアントによって災害復旧時の応援要員が自身の業務を継続確認することができ、TV会議システムは被災地とのコミュニケーションに有効だった。
- ▶アウトプット類の電子化・オンライン化は、コスト削減、環境配慮対策、情報セキュリティ対策の観点に加え、業務継続性の観点も組み入れて推進を図るべきである。
- ▶インフラ観点では、シンクライアントやモバイル通信環境、モバイルバッテリーなど有線通信網に頼らない手段の活用も検討すべきである。

6.3 運用現場のサービス品質を上げるプロセス

　どれだけ綿密にサービス戦略を立て、どれだけ高度なサービス設計を実践しても、トラブルは必ず発生します。もちろん、サービス設計を確実に行い、それがシステムや運用手順に実装されれば、トラブルの件数は一定程度減りますが、運用現場のオペレーション品質が悪ければ、それまでの設計や実装時の苦労が水の泡になります。

　ここまで、サービスの上位概念から説明してきましたが、ITサービスマネジメントの取り組みの中で最も早く効果が表れるのが運用現場のプロセス改善であり、実は、ここから手をつける組織が多数あります。JUAS（日本情報システム・ユーザー協会）が毎年実施しているソフトウェアメトリックス調査の2009年版において、ITサービスマネジメント導入の目的についてのアンケート結果が公表されていますが、そこで一番多い回答が「信頼性向上」と「品質改善」でした。それまで運用部門の品質改善は徹底した手順化と教育が主な手段でしたが、オープン系のシステムが増え、技術や環境の変化が激しくなるにつれ、それだけでは立ち行かなくなったことに気付いた組織が多く、当社もまさにその一例でした。

　そこで、本節では当社の運用現場のプロセス構築について、運用品質の向上に大きく寄与したと思われる2つのプロセスについてご紹介します。

　1つ目は「問題管理」です。ITILでは「インシデント管理」と「問題管理」は別のプロセスとして定義されていますが、当社では両者を合わせた一連のプロセスを「問題管理」と呼んでいます。このプロセスについては、ITサービスマネジメントの取り組みには未着手だという組織においても、同様の管理を行っていることが多いでしょう。恐らく、トラブルの情報をデータベースや一覧表にまとめて、振り返りを実施するという組織も少なくないと思います。ただし、それだけで終わっていたら品質改善が目に見えるようにはならず、単にワークロードをかけているだけという評価を経営層から受ける可能性もあります。

　そこで必要なことが科学的アプローチです。つまりグローバルスタンダードのベストプラクティスを取り入れながら、プロセスそのものを見えるようにすることが重要なのです。品質向上の神様といわれたウィリアム・デミングが言うように、目に見えて測定できないものは改善できないからです。

　インシデント管理と問題管理の実効性を上げるためにはどうすればよいか、当社が

数年間かけて試行錯誤を繰り返してきた過程をご紹介しますので、参考にしていただけると幸いです。

2つ目は、「変更管理」です。ITIL V3ではサービストランジションの中に位置付けられるプロセスですが、当社では完全に運用現場の管理プロセスとして認識しています。なぜなら、システムの本番環境を変更するのは運用部門だからです。

当社は金融システムを扱う会社なので、開発と運用の分離について厳しく問われる環境にあります。開発部門と運用部門が牽制し合うことは重要ですが、それだけでは駄目です。ITIL V3が目指す方向性を考えると、むしろ、開発部門と運用部門はその境界線をなくして一体となった方が今日的であると考えています。アプリケーション開発者がインフラ技術や運用について知らなくてもシステムが構築できる時代ではないのです。

一方で、ビジネスの品質に直結する本番サービスの品質を確保し、データの完全性を保証することは、ミッションクリティカルなITサービスを提供する組織として必須のことです。そこで、システムの本番環境へのアクセスについては、責任と権限を明確にしたうえで厳格にコントロールすべきでしょう。したがって当社では、本番サービスのデリバリー責任を持った運用現場が本番環境の変更作業を担い、この管理プロセスを運営しているのです。

●会社を挙げた品質改善（問題管理）

SLAをベースにITサービスを可視化することが、利用部門や社会に対する説明責任を果たすことにもつながることは、既に述べました。説明責任という点では、システム障害などITサービスで発生した全てのトラブルを一元管理し、何がトラブルなのか、その原因は何で、どこに影響するのかなどを即座に認識できるようにする必要があります。これが、当社の問題管理です。過去のトラブルを徹底的に分析することは、SLMにもつながると共に、移管管理の精度を上げることにも役立つのです。

○漏れなくトラブルを把握する秘訣

ITサービスの実行には、アプリケーションやシステム基盤、運用の要素が複雑に絡み合います。そのため、把握すべきトラブルの種類は多岐にわたります。演算結果の誤りなどアプリケーションに起因するもの。ハードウェアやソフトウェア、ネットワークのト

ラブルやレスポンスの悪化。ディスクの容量不足などシステム基盤やインフラに関するもの。相手先に発送物が予定どおり届いていないといった配送に関するトラブルなど。当社は、こうした情報を全て「インシデント管理システム」（図6.5）に記録して管理しています。

図6.5 インシデント管理システムの画面イメージ

　課題は、いかに漏れなく情報を収集できるかです。その課題を克服するため、組織的にトラブル情報を集約できる体制を整えました。まず、どの組織、担当者、システムにトラブル情報が集まるかを明らかにしました。すなわち、"情報動線"の明確化です。例えば、サービスデスクには利用者からの声が、監視システムにはシステムからのメッセージが、稼働管理担当にはバッチ稼働情報が集まっていました。

　次に、集まったトラブル情報をデータベースに登録しなければなりません。この作業は担当者にとっては新しい負荷となり得るため、工夫が必要です。1つは、バッチ処理

が異常終了した時には、その情報が自動的にデータベースに取り込まれるなど、自動化を中心としたデータベース登録支援の仕組みを整えました。自動化が難しいトラブルについては、トラブルが発生した時点で「ファイアー・チケット」と呼ぶ紙を発行し、工程管理を行うことで登録漏れを防ぐようにしました。

最も重要なことは、ITサービスに携わるメンバーが「正常」と「異常」を見極め、障害を障害として認識することです。その指針として、お客様迷惑度指数に基づき、「ユーザや保険ビジネスのお客様に迷惑をかける恐れがある事象は、全てトラブルとしてカウントする」方針を明確にし、徹底しています。

○影響を極小化し、早期復旧させる

どんなにトラブルを管理して予防しても、トラブルが発生することはあります。そうしたトラブルを検知した際には、復旧を最優先に秒単位で対応する体制を確立しています。影響範囲を最小化して早期復旧を図ったうえで、再発防止策や予防につなげていくのです。この仕組みを、火災発生時の初期消火に例えて「FFA（Fire Fighting Action）」と呼んでいます（図6.4）。FFAでは、15分以内にトラブルの全容を明らかにし、影響範囲を特定することを目標にしています。そのために、あらかじめ緊急時の指揮命令系統や役割分担を明確にしています。

トラブルを検知したら即座に、館内放送を使ってアプリケーションやシステム基盤、運用などの関係者を招集します。並行して、リスク管理とビジネス上の混乱を緩和する目的から、トラブルの発生事象をシステム部門内や利用部門に携帯電話メールでブロードキャストします。送信先は、東京海上日動のIT部門担当役員を含む関係者約500人。迅速に正確な情報を共有することで、利用者からの問い合わせにも、組織的かつ確実に答えられる体制を取るのが目的です。

さらに30分以内にトラブル原因を特定し、60分以内にビジネスへの影響を軽減するための暫定復旧策を実行します。誤表示が出ているなら、その機能を停止します。冗長化サーバの1台が不安定になっているなら、そのサーバを切り離します。修正したプログラムに問題があるなら、これを元に戻す、といった具合です。TV会議や音声会議システムを使って複数の現場の状況を同時に確認しながら、その場、その場ですぐに判断し、実行に移すようにします。

FFAの体制がいつも完璧に機能するとは限りません。制限時間内に対処が終わらないこともあります。うまく機能しなかった点については、都度改善し、実効性のある危

機管理体制を維持することに努めています。

○難しいのは再発防止策

　問題管理では、トラブルの認知から問題解決、再発防止策、予防につながる一連のプロセスを確立し、PDCAサイクルを回すことが重要です。ISO 20000-1やITIL、COBITでも同様のことを求めています。当社でも、トラブルへの緊急対応が済んだ後は、原因になったプログラムの不具合やハードウェアの不良を修復するなどのエラーコントロールを実践しています。

　ただし、再発防止策の完全性を担保するのは難しいものです。トラブルの原因の背後に潜む課題を可視化することが困難だからです。実際、担当者が再発防止策を検討しても、これといった策が出てこないこともあります。直接利用部門に影響する可能性が少ないバッチ処理の異常終了など、重要度や優先度が低いトラブルについては、再発防止策が十分に行われていないこともありました。

　こうした問題を解決し、トラブル再発リスクをコントロールするために、現在、3つの施策を実践しています。1つは、「FTA（Fault Tree Analysis）」を取り入れ、トラブル原因の本質を究明することです。FTAとは、障害原因の潜在的な危険を論理的にたどり、それぞれの発生確率を評価する手法です。当社では社員への浸透を図るために「なぜなぜ分析」と呼んでいます。お客様迷惑度を基準に、利用部門などに迷惑をかけた一定規模以上のトラブルを対象に「なぜなぜ分析」で原因解明しています。

　2つ目は、再発防止策の妥当性について議論する「トラブル対策会議」を定期的に開催することです。会議の結果によっては、類似のトラブルが起きないよう、開発手順や移管管理、変更管理など他のプロセスやルールを変えることもあります。

　3つ目の施策は、全てのトラブルについて、根本的な問題解決や再発防止策が完了しているかどうかを定期的にチェックすることです。影響の大きさにかかわらず全トラブルを対象としたのは、たまたま今回は影響が少なくても、後で大きなトラブルにつながる危険性があるからです。

○責任を個人に押し付けない

　再発防止策を考えるうえで大切なのは、トラブルの責任を個人に押し付けないことです。失敗を組織の財産と捉え、未来に生かす仕組みと風土を作ることが重要です。当社ではその考えが浸透しています。

以前は、トラブルを発生させた当事者には、「報告させられている」感が強くありました。それが現在では、会社として真正面からトラブルに向かう姿勢が定着しています。トラブルの原因や課題を積極的に発信することで、全員が、その経験を生かしてトラブルを予防できるようにしようという動きが出始めています。

　さらにトラブルを予防する観点から、ニュースなどで報道される他社のシステム障害事例も参考にしています。ベンダーなどから情報を収集して原因や課題を分析し、「自社で同じことが起こらないか」、自身の身に置き換えて検証／確認し、必要に応じて対策を講じ、リスクの最小化を図っています。

●システム変更時に必ずトラブルは発生する（変更管理）

　サービスの継続性を阻害するリスクとして、新規サービス導入と併せて変更が挙げられます。変更箇所及び、変更が及ぼす影響範囲の特定、変更が有効に反映されたことの検証、変更が失敗した時のコンティンジェンシープランの確認。こういった変更時のリスクをコントロールするのがコントロールプロセスで定義する変更管理です。

○システム環境変更時のリスクを最小化する

　リリース後も継続的に、かつ適正なコストでサービスを提供できる燃費の良いシステムを作るためには、リリースプロセスで説明した移管管理が重要な役割を果たします。一方、システムの安定稼働の基礎となるOSやミドルウェアなどで構成されるシステム基盤の変更作業については、大規模なトラブルにつながりかねないため、確実な作業を行うための仕組みが必要です。

　過去の環境変更時に発生したトラブルや、確実な作業を進めるためのノウハウなどの情報を分析し、環境変更作業の標準化やレビューを徹底する、この環境変更時のトラブル発生を抑止するために行う作業が「変更管理」です。

○過去の苦い経験から変更時のリスクを認識

　当社では2000年前後、オープン系のシステムを大量にリリースし、それに伴ってサーバも大量に導入しました。システムをリリースしたら終わりではなく、特にオープン系のシステムは新規リリース後も頻繁にシステム環境を変更します。ソフトウェアバー

ジョンのサポート期間も短く、稼働サーバが数百台にもなると、常にどこかを変更しているという状態になります。

　それは安定稼働を脅かすリスクでもありました。過去のトラブルを分析してみると、月曜日にトラブルが多く発生していることが分かりました。週末に、OSやミドルウェアなどの基盤ソフト、またはハードウェアといった基盤環境を変更することが多いためです。週末だけでなく、その他の曜日についても大規模トラブルは環境設定のミスが要因であることが多くありました。例えば、基幹系サーバのミドルウェアのバージョンアップ作業を行った翌朝。一見問題なく作業は完了し、サービスをスタートさせたのも束の間、オンライントランザクションが一気に滞留し、事実上サービスが停止する状態に陥るといったトラブルが発生したこともあったのです。結局その日は、該当のオンライン機能を全日停止させるという最悪の結果となってしまいました。ソフトベンダーの技術者を招集することにも時間がかかり、環境を戻すことの是非、戻し方などについて議論している間に相当の時間を要し、結果的にリカバリーが夜間にまでずれ込んでしまったのです。

　このようなトラブルを経験することにより、変更作業に関するプランの重要さを痛感しました。アプリケーションプログラムのリリースによる影響は一定程度に限定されていますが、システム基盤の環境変更の影響は広範にわたっており、かつ失敗時のインパクトも極めて大きいのです。

　こうした苦い経験を踏まえて、当社はシステム基盤の環境変更を管理するプロセスを構築しました。

○全ての環境変更作業を一元管理、影響の大きなものは有識者の目でチェック

　2000年、基盤環境に対する変更を一元管理するための「変更管理データベース」（図6.6）を構築し、全てのシステム基盤環境変更案件を登録するようにしました。

　変更作業には、ハードウェアの物理的または論理的な構成の新設／増設／廃止／入れ替え、ハードウェアの設定値の変更、OSやミドルウェアの追加／削除／入れ替え／変更、監視基準の変更や、それに伴う設定の変更などが含まれます。これら変更作業の全ての案件について、概要、目的、スケジュール、作業内容、バックアップ体制、影響範囲、想定トラブルとその際の対処、レビュー指摘内容とその対応を記録するよ

うにしました。また、同データベースには、ワークフロー機能も付加し、担当者によって登録された変更案件は、管理職の承認なしには実施できない仕組みにしました。

　各変更案件については、各基盤担当内で管理職も含めてレビューを実施し、変更プランの妥当性を評価し、問題があればプランを変更します。中でも影響範囲が大きいもの、リスクが高いものについては、広く有識者を集めた会議形式のレビューを実施します。このレビューを「コントロール系レビュー」と呼んでおり、運用部門の該当システムの担当者、運用部門の管理職、基盤担当の有識者で構成しています（CAB会議）。レビューは変更管理データベースに記述した内容に沿って、ウォークスルー形式で実施し、1件あたり30分から1時間程度かけて徹底的にレビューします。プランが不十分なものや、リスクが大きいものについては、変更作業そのものを延期することもあります。

図6.6　変更管理データベースの画面イメージ

○失敗することを想定したコンティンジェンシープランが重要

　変更管理データベースには、「案件の識別（インパクトを示すカテゴリ）」「目的」「スケジュール」「作業手順、確認手順」「影響範囲」「想定されるトラブルと戻し手順」などを記録し、レビューします。ここでポイントとなるのは、変更作業が失敗した時の戻し手順（コンティンジェンシープラン）です。コンティンジェンシープランの発動のタイミングももちろん事前に確認します。

　変更作業中の担当者は、どうしても先に進むことを考えがちです。時間ギリギリまで粘って、問題を残したままリリースしたり、戻しの時間が足りなくなりサービス開始時間が遅れたりするものです。このようなリスクを最小化するため、戻しに入るタイミングと、判断基準を事前に明確にしておくことが重要でしょう。

　「○○時時点で、○○の確認ができていなければ、コンティンジェンシー発動で戻し作業に入る」、こういったことを作業担当者ではなく、組織的に客観的に判断できるようにすることが環境変更作業の透明性を上げ、リスクの最小化につながります。

　2000年に159件あった運用／基盤系のトラブルを、2005年には13件にまで減らしてきました。これは当社が構築してきたITサービス管理の様々なプロセスが有効に機能したことによるものといえますが、中でも変更管理の効果が大きかったと考えています。現在も、月間約60件の環境変更作業を実施していますが、これに伴うトラブルはほとんど発生していません。

> **Point!**
> ▶インシデント管理システムなどを使い、SLAをベースとしたインシデントの見える化を行う。これにより、説明責任を果たし、移管管理の制度も向上させられる。
> ▶変更管理により、システム環境変更時のリスクを最小化し、さらに失敗を想定したコンティンジェンシープランを内容に加えて、発動タイミングまで決めておくことが、品質改善につながる。

6.4 重要性が高まるアウトソーサとの関係を管理する

　当社が提供するITサービスの全てを当社が直接提供しているわけではありません。近年、システムの規模が大きく複雑になると共に、専門性の高いサービスの組み合わせにより成り立つサービスが増えています。

　全てのシステムを内製で開発し、自前で運用することは事実上不可能になり、エキスパティーズの必要性やコストメリットの観点で、システムの運用をアウトソースする案件、あるいは、XaaS [*1] などのクラウドサービスの利用案件が増えています。ISPやASPのような通信／情報処理のアウトソースから、印刷／整備／発送、データ入力／媒体変換など、当社も70社近いアウトソーサに運用業務を外部委託しています。

　外部委託しているからといって、当社顧客へのサービス提供をアウトソーサにお任せするというわけにはいきません。ITサービスを提供している当事者は当社ですので、当社が提供しているITサービスについては、アウトソーサに委託しているサービスも含めて、当社顧客との間にSLAを締結し、当社が責任を負っているわけです。しかしながら、アウトソーサに対してはサービス提供業務を委託しているので、そのプロセスの中まで当社が踏み込んで管理することはできません。アウトソーサに対しても、個々にSLAやサービス仕様を締結し、それに基づくモニタリングを行うことが求められるでしょう。

　こうしたことは、ISO/IEC 20000-1でも「サプライヤ管理」として定義されており、サプライヤやパートナが提供する、サービスの適用範囲、サービスレベル、コミュニケーションプロセスについて、SLAや他の文書で文書化し、関係者で合意することが求められています。併せて、アウトソーサに委託したサービスのパフォーマンスを監視し、レビューすることも求められます。

●委託先との連携、相互評価を組織的に実施

　移管管理を経て、いよいよシステム運用が始まります。その担い手として、大きな役割を担っているのがアウトソーサです。当社では現在、70社近くに運用業務を委託しています。委託業務は、用紙作成やパンチ入力処理、印刷、運送、媒体変換、サーバ運用、ネットワーク運用など多岐にわたります。システムの規模が大きく複雑になる中、

[*1] SaaS (Software as a Service)、IaaS (Infrastructure as a Service)などのサービスの総称。

「24時間365日、ビジネスが求めるITサービスを高品質かつ適正コストで提供し続ける」というミッションの達成は、もはやアウトソーサの専門性の活用なくしては成し得ません。したがって、アウトソーサの運用業務の品質向上は必須といえるでしょう。そのためにアウトソーサとの間で、連携と相互評価の関係を確立するのが「サプライヤ管理」です。

○「任せておけば大丈夫」から脱却

　サプライヤ管理は、委託先を決めるところから始まります。より高い専門性、より適切なコストを求めてRFP（提案依頼書）をベースに選定を実施します。こちらが要求するレベルを明確に提示すると共に、今後長きにわたってお付き合いするパートナとして、どの会社が最適かを「品質」「継続性」「セキュリティ」の観点で評価するためです。

　もちろん大前提として、そもそも業務委託は、価格競争力や特殊な技術／対応の必要性、自社での処理が不可能な場合など、特筆すべきメリットがある場合にのみ実施します。それは、外部委託では、品質や継続性、セキュリティを自分たちでコントロールできなくなるリスクがつきまとうからです。運用業務を委託した業者とはパートナとして連携し、円滑で効率的な共同作業を実現してきました。その仕組みは7年間近くの試行錯誤のうえに成り立っているのです。

　きっかけは2000年10月、東京海上と当社との間でITサービスの提供レベルについて保証するSLAを締結したことです。ITサービス全体を安定させるには、アウトソーサの運用業務品質を向上させることが急務でした。というのも、それまでの運用部門には「外部委託業務はアウトソーサに任せておけば大丈夫」という意識があったからです。委託業務に対するリスク認識が低く、トラブルが繰り返し発生していました。また、トラブル発生時の対応手順や責任体制も十分に確立されておらず、担当者間の"阿吽の呼吸"や"誠心誠意の対応"といった特定の個人に頼る状態が続いていました。

　そこで、2001年から2002年にかけて、各委託業者の経営者や管理職に当社が抱える課題と各委託業務の状況を開示しました。これを基に、各社に品質向上目標を明確に提示してもらいました。各社に組織力の発揮を呼びかけたのです。

　その結果、トラブル件数は飛躍的に減少しました。予防保守に関する提案や安定稼働に向けた機器構成の変更案など、前向きな提案が数多く挙がるようになり、障害時間も大幅に短縮しました。さらに2003年から2004年にかけて「連携から相互評

価へ」をキーワードに、業務委託先の専門性の発揮と内部統制機能の確立を目指しました。委託業務にかかわるリスクを評価し、リスクの最小化に向けた取り組みの状況を、「品質」「継続性」「セキュリティ」の3つのリスクの観点で相互に評価し、それを確認し合う体制を確立しました。片方の会社にしわ寄せを作らない、共に成長するWin-Winの関係を目指したのです。

○現場を見てSLAの遂行状況を確認

　Win-Winの関係を築く基本は、自社とアウトソーサとの役割分担を明確にすることにあります。そのため、契約書やサービス仕様書の中でアウトソーサの役割と、それが実現できているかどうかを測る指標を示します。いわゆるSLAを規定することが第一歩となるわけです。全てのアウトソーサとサービス指標を定め、定期的に、その遂行状況を委託先と相互に確認しています。そのために最低限、「監査権」「第三者委託の排除」「情報管理規定」について契約で定めています。特に監査権については、年に一度はファシリティ、セキュリティ、業務プロセスのポイントで、現場業務の実施状況やITサービスの管理状況を確認しています。実際の現場で決められた手順やルールが順守されてこそ、安定稼働は実現されると考えるからです。

　契約書や手順書などは会議で確認できますが、トラブルは「現場」で発生していることがほとんどです。そのため、現場担当者の生の声を聞くことが極めて有効です。実際、実地確認を行った際に、設計者から提示された手順書と現場担当者の説明が異なっていることも少なくはありません。

　なお、当社が考えるSLAは、関係者で合意した基準がきちんと守られているかを相互に評価し、改善プロセスを回し続けるためのものです。そのスパイラルが実効性高く回っているかを、継続的に確認し合うことを最重要視しています。

●内部統制で次のステージを目指す

　継続的かつ良好なパートナシップを維持するため、2004年度からは「安定稼働感謝の会」を催しています。安定稼働やセキュリティ強化に向けた日々の取り組みの結果、大きな成果を出していただいたアウトソーサに、感謝の意を表す会です。そこでは、今後のさらなる協力も期待して、感謝状を贈呈しています。毎年、数社に感謝状を贈呈しているのですが、アウトソーサ各社からは「大変励みになる」と好評をいただいてお

ります。

　また、経営者／管理者クラスの連携が欠かせないと考え、2005年からは年に一度、当社とアウトソーサ双方の経営層が出席する「年度の総括相互評価」も実施しています。アウトソーサ別の1年間の業務評価シートを作成し、業務評価の相互確認と実地確認を総括します。サプライヤ管理の基本方針である「品質」「継続性」「セキュリティ」に関する内部管理態勢について、経営者／管理者クラスで確認するのです。年に一度のことではありますが、双方の緊張感を維持するためにも有意義な場となっています。

　クラウドサービスが広がる中、今後ますます、外部のサービスを組み合わせて利用する機会が増えていくでしょう。一方で、外部委託業務にかかわる統制リスクの評価について、社会全体の意識も高まっています。監督官庁や監査法人が直接、外部委託先を監査する時代にもなっています。

　アウトソーサの業務の妥当性についても、「一層の説明責任」を果たす、次のステージを目指す時期に来ていると当社は考えています。特に、クラウドサービスについては、ガバナンス態勢についてまだ未成熟な部分が多いのは否めません。クラウドサービスのメリットを最大限に活かし、かつリスクを最小化するためにも、クラウドサービスに対するサプライヤ管理のあり方を整理することが急務であると考えています。

Point!

▶アウトソーサが提供するサービスも含め、自社顧客への責任を負わなければならない。
▶そのため、アウトソーサともSLAなどで合意をし、彼らの提供するサービスについてもパフォーマンス監視・レビューすることが必要である（サプライヤ管理）。
▶委託先とは相互評価を組織的に行うことでWin-Winの関係を目指し、改善プロセスを回し続ける。
▶定期的に総括の場を設けるなど、アウトソーサとのコミュニケーションを尊重することで、アウトソーサが提供するサービスも含めた説明責任に寄与することができる。

[第7章]
サービスマネジメントを実現するための5つのステップ
~ドラッカー流サービスマネジメント導入アプローチ[*1]

執筆：KVH株式会社　小渕淳二

　皆さんは、ITILのサービスマネジメントのアプローチと、ピーター・F・ドラッカーのマネジメントアプローチに類似性を感じたことはありませんか。ドラッカーは彼の著書である『マネジメント【エッセンシャル版】基本と原則』[*2]の中で、「事業の目的は顧客の創造であり、顧客にとっての価値・欲求・期待・現実・状況・行動からスタートしなければならない」と述べていますが、これはまさにITILのサービスマネジメントの基本コンセプトと合致するものです。

　これ以外にも多くの共通点がありますが、当社ではサービスマネジメントの導入において、この2つのマネジメントに関する考え方を統合したアプローチを取れないものかと考え、サービスマネジメントの「マネジメント」という意味を、単なる「管理」としての仕組みとしてではなく、「経営」における課題や問題、意思決定の基本原則として捉え、実践してみることにしました。

　そして最終的には、サービスマネジメントをコーポレート・ガバナンスの仕組みの一部として組み込むことを目標とし、5つのステップとして実行することにしました。ここでは、そのステップについて紹介します。

7.1　ITILサービスマネジメント導入の経緯

　当社では、ITIL V2ベースのプロセス導入を、2006年1月から8月までの8ヶ月の期間でプロジェクトとして実施しました。

　まず、「インシデント管理」「問題管理」「サービスデスク」からスタートし、続けて「変更管理」「リリース管理」「構成管理」「キャパシティ管理」「サービスレベル管理」「可用性管理」「サービス継続性管理」「財務管理」のプロセスを導入していき

[*1] このKVHの事例は、第5回itSMF Japan Newsletter Contribution Awardで最優秀賞を獲得し、さらに世界54ヶ国のitSMFが選抜した候補による2012 itSMF International Whitepaper Submission competitionにおいて第1位を獲得したものを、書籍化にあたり再編集・加筆したものです。
[*2] P. F. ドラッカー著、ダイヤモンド社発行、ISBN978-4-478-41023-3。

ました。

その後、組織横断的なCSI（継続的サービス改善）のための改善ワーキンググループを立ち上げ、ボトムアップ的なプロセス改善活動を行ってきました。具体的には、各プロセスと機能のKPIを設定し、目標達成のために顧客管理システムやCMDBなどのシステム導入、プロセスの改善、人材育成などを行いました。

ITIL V2をベースにしたプロセス志向のサービスマネジメントを5年間ほど継続した後、2011年からITIL V3をベースにしたサービス・ライフサイクル志向のサービスマネジメントにシフトしました。その過程で、顧客に対する「価値の提供」にフォーカスする組織になることを会社のミッションに掲げ、今回ご紹介する5つのステップで進めることになったのです。

> **Point!**
> ▶ ITIL V2ベースのプロセス導入を8ヶ月間のプロジェクトとして実施し、「インシデント管理」「問題管理」「サービスデスク」から着手した。
> ▶ その後、継続的サービス改善のための改善ワーキンググループを立ち上げ、ボトムアップ的なプロセス改善を行った。
> ▶ ITIL V2ベースのプロセス志向サービスマネジメントを5年間ほど継続した後、ITIL V3ベースのサービス・ライフサイクル志向サービスマネジメントにシフトした。

7.2　ステップ1：経営者のコミットメントを得る

ITIL V2の頃では、サービスマネジメントは運用部門の現場レベルでの改善活動のためという位置付けでしたが、ITIL V3では、特にサービス戦略が強化されたことで事業目標との密接な関連性ができたので、サービスマネジメントの導入においては経営者のコミットメントやサポートが欠かせません。そこで、当社ではITIL V3サービスマネジメントの導入に先立って、マネジメント（経営者）向けのITIL V3ワークショップを実施し（図7.1）、事業目標の達成のためにITIL V3をどのように活用するかを話し合いました。

その結果、当社のミッションおよび企業理念に「ITサービスを通じて顧客のビジネスに価値を提供する」という内容を盛り込むことになり、それを実現するための取り組みとしてITIL V3サービスマネジメント導入をプロジェクト化して進めることが経営者会議で決定しました。

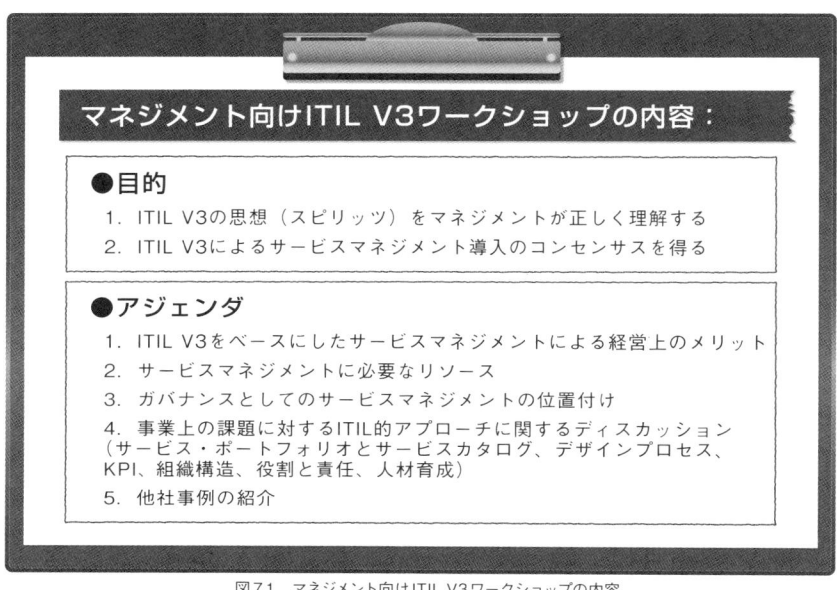

```
マネジメント向けITIL V3ワークショップの内容：

●目的
 1. ITIL V3の思想（スピリッツ）をマネジメントが正しく理解する
 2. ITIL V3によるサービスマネジメント導入のコンセンサスを得る

●アジェンダ
 1. ITIL V3をベースにしたサービスマネジメントによる経営上のメリット
 2. サービスマネジメントに必要なリソース
 3. ガバナンスとしてのサービスマネジメントの位置付け
 4. 事業上の課題に対するITIL的アプローチに関するディスカッション
    （サービス・ポートフォリオとサービスカタログ、デザインプロセス、
    KPI、組織構造、役割と責任、人材育成）
 5. 他社事例の紹介
```

図7.1　マネジメント向けITIL V3ワークショップの内容

　この最初のステップのポイントは、サービスマネジメントをマネジメントの視点に立ってスタートするということです（図7.2）。

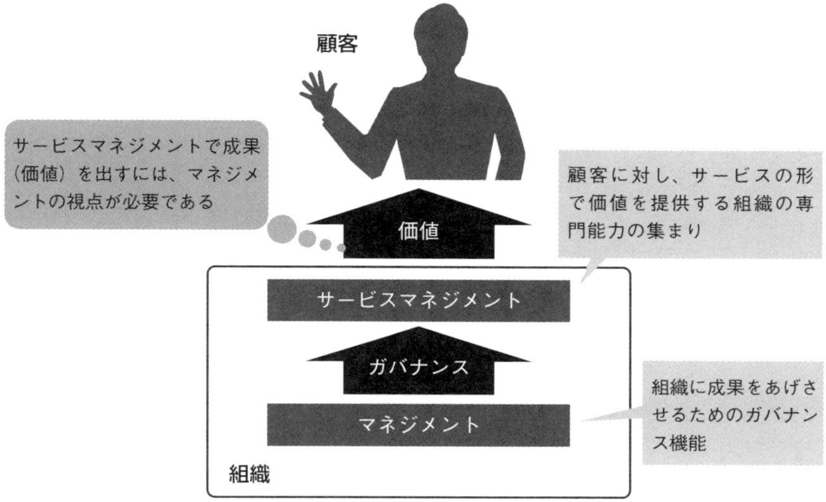

図7.2 サービスマネジメントにはマネジメントの視点が必要

Point!

▶サービスマネジメント導入で必要な最初のステップとして、マネジメント（経営者）の視点に立ってサービスマネジメントの目的と導入計画の案を作成し、マネジメントの理解と協力を得た。

7.3 ステップ２：マネジメントで必要なマイルストンをプロジェクトに盛り込む

　会社のミッションと企業理念の実現にITIL V3サービスマネジメントが組み込まれたことで、経営者の視点でプロジェクトを進める必要が出てきたため、ドラッカーのマネジメント論によるアプローチを取ることにしました。

　『マネジメント【エッセンシャル版】基本と原則』では、ドラッカーは経営者（マネジメント）として必要な5つの仕事について述べています（図7.3）。当社では、この5つの仕事を網羅する形で、経営者主導のプロジェクトとしてITIL V3サービスマネジメントを導入することにしました。

> **マネジメント（マネージャ）の5つの仕事：**
>
> ①目標を設定する
> ②組織する
> ③動機付けとコミュニケーションを図る
> ④評価測定する
> ⑤人材を開発する

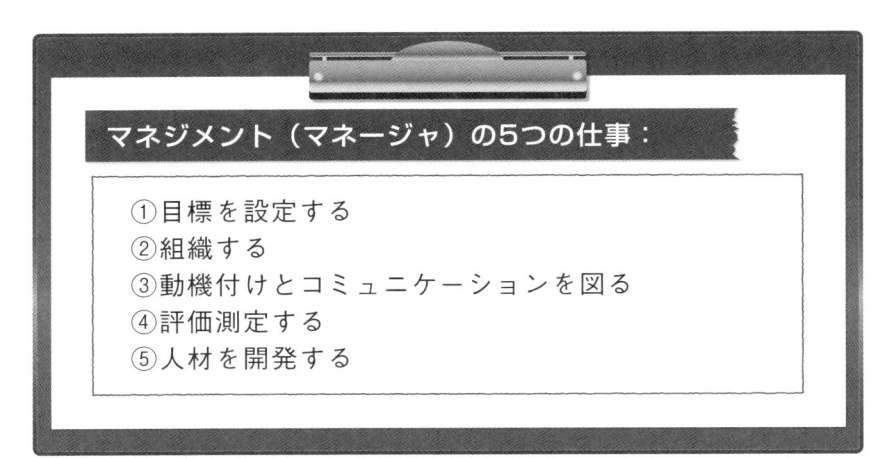

図7.3　マネジメント（マネージャ）の5つの仕事 [*2]

●①目標を設定する

　顧客への価値提供を軸足とする、会社のミッションと企業理念（図7.4）の実現に向け、現在の当社の実力を客観的に評価し、継続的に改善するための仕組みを作ることを目標としました。

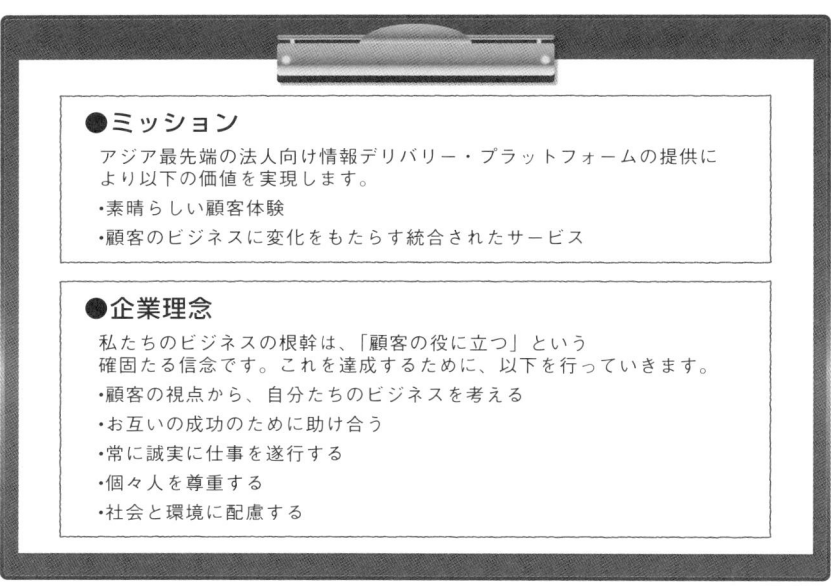

> **●ミッション**
> アジア最先端の法人向け情報デリバリー・プラットフォームの提供により以下の価値を実現します。
> ・素晴らしい顧客体験
> ・顧客のビジネスに変化をもたらす統合されたサービス
>
> **●企業理念**
> 私たちのビジネスの根幹は、「顧客の役に立つ」という
> 確固たる信念です。これを達成するために、以下を行っていきます。
> ・顧客の視点から、自分たちのビジネスを考える
> ・お互いの成功のために助け合う
> ・常に誠実に仕事を遂行する
> ・個々人を尊重する
> ・社会と環境に配慮する

図7.4　KVHのミッションと企業理念

[*2]『マネジメント【エッセンシャル版】基本と原則』から引用。

具体的には、「ITIL V3導入」「統合OSS/BSS」「自動化／コントロール／資産利用」「優れたウェブ・プレゼンス」「営業改革」「標準セキュリティ・モデル」「組織変更」「サービス・エレメント・ロードマップ」「サービス・ポートフォリオ合理化」「スキルベース／拠点シフト」というミッションと企業理念を実現するための10個のプロジェクト（10の実施すべき行動）を立ち上げ（図7.5）、それらの実行においてITIL V3のコンセプトを適用するというアプローチを取りました。

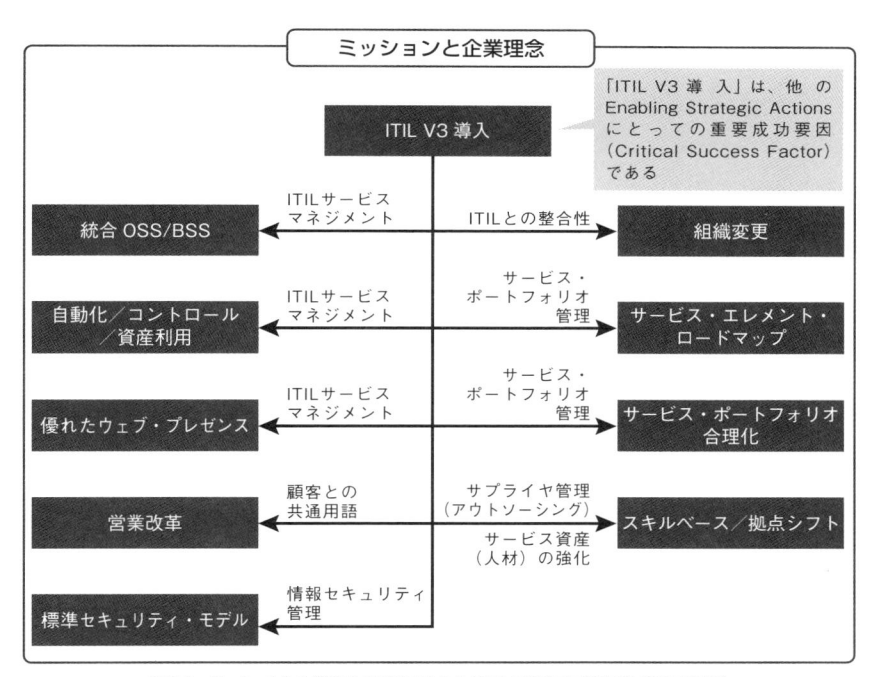

図7.5　ミッションと企業理念を実現するための10の実施すべき行動（2011年版）

●②組織する

　ITIL V3サービスマネジメントを効率よく遂行できる組織へ再編成しました。

　具体的には、2010年まではサービスのカテゴリごとにビジネスユニットを持つ組織でしたが、2011年にサービス・ストラテジー＆デザイン部、サービストランジション部、サービスオペレーション本部というように、ITIL V3のライフサイクルステージに沿っ

た組織に変更しました（図7.6）。

　この組織変更の主な目的は、顧客に対して全てのサービスを一貫性を持って提供できるようにすることと、ビジネスユニット間で重複していた機能やプロセスを排除して効率性の高い組織にすることです。

　この組織変更により、各部門の業務は対応するITIL V3のコアブックがベースとなりますので、おのずと各部門の役割と責任、実施すべき活動、改善すべきことが明らかになりました。

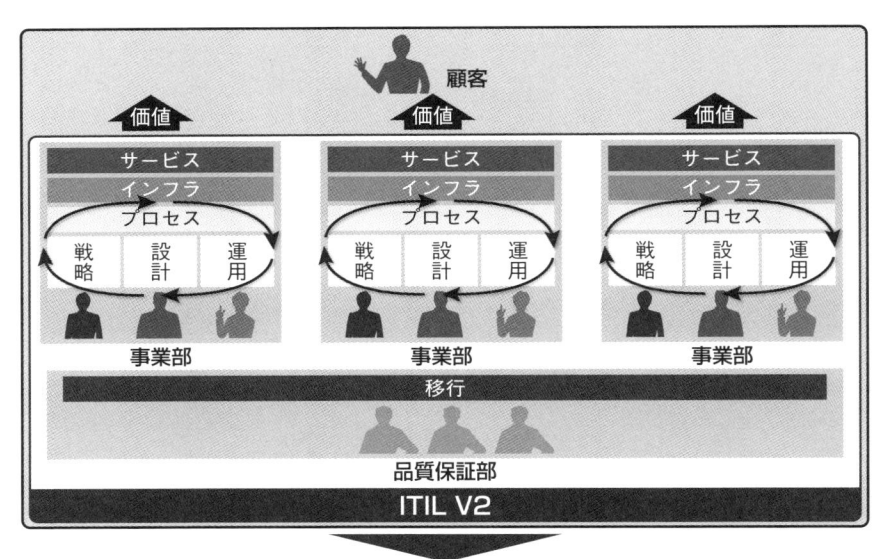

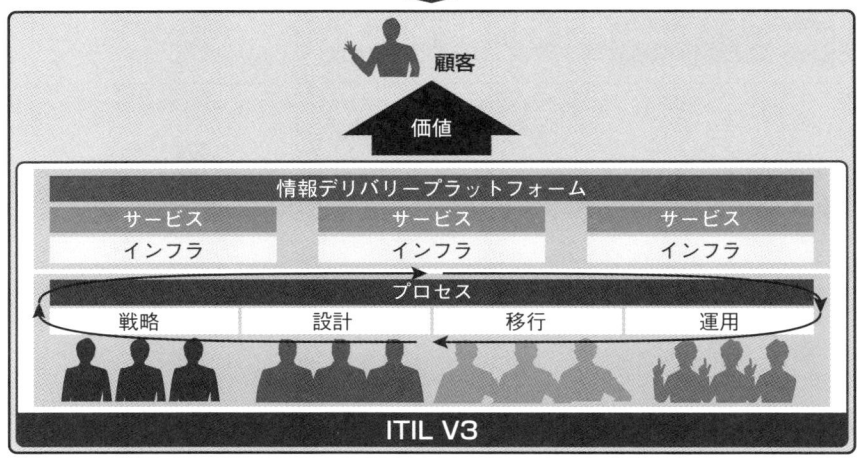

図7.6　ビジネスユニット組織からサービス・ライフサイクル組織への変革

●③動機付けとコミュニケーションを図る

　会社のミッションと企業理念に盛り込まれたということだけでは、社員の動機付けには不十分です。全ての社員がその目的を理解することが必要となります。

　そこで、CEOを含む全ての経営者、正社員、契約社員、派遣社員を含む全ての社員を対象としたITIL V3基礎研修（3時間）を実施し、ITIL V3の基礎知識をはじめ、ITIL導入の目的や、会社のミッションと企業理念の実現がITILサービスマネジメントとどのような関係があるのかを伝えました。

　さらに、当社が提供するサービスの一部として顧客が認識する全ての接点（タッチポイント）や提供するサービス体験全ての要素を意味する概念として、「サービスエレメント」という言葉を定義し、例えば、初期の営業段階で利用されるツール、コアサービスのインフラを利用して提供する各種機能、請求書、オフィスでの受付業務など、様々なサービスエレメントが含まれることを研修で伝えました（図7.7）。

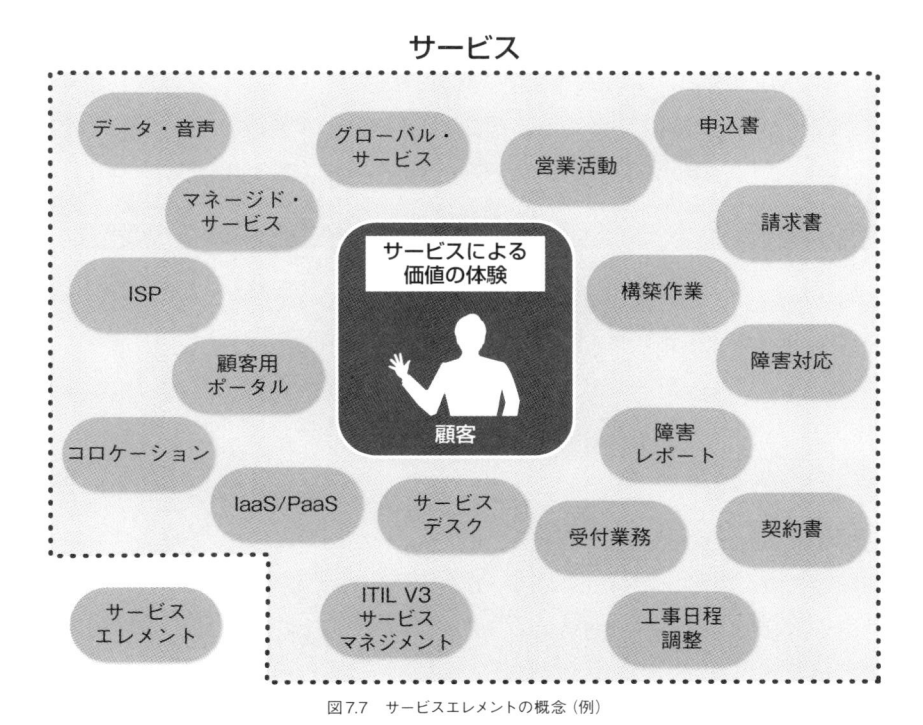

図7.7　サービスエレメントの概念（例）

> **用語解説**　「サービスエレメント」
> サービスを構成する様々な活動や成果物のことであり、ITILのコアサービスおよび支援サービスの全てを含むサービスの総称のことである。全ての社員が何らかの形で顧客への価値提供にかかわっているということを、サービスエレメントという概念で社員に伝えている。

そして、それらサービスエレメントを通じて、全ての社員が顧客に対する価値の提供に何らかの形でかかわっていることが認識できるよう、研修後に図7.8の質問を含む理解度確認テストを実施しました。また、テスト実施後に各社員の理解状況に合わせて個別にフォローアップを行い、理解の定着化を図りました。

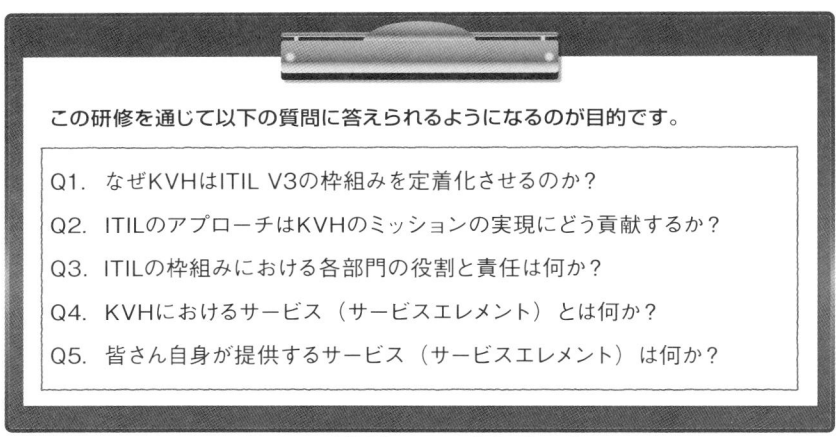

この研修を通じて以下の質問に答えられるようになるのが目的です。

Q1. なぜKVHはITIL V3の枠組みを定着化させるのか？
Q2. ITILのアプローチはKVHのミッションの実現にどう貢献するか？
Q3. ITILの枠組みにおける各部門の役割と責任は何か？
Q4. KVHにおけるサービス（サービスエレメント）とは何か？
Q5. 皆さん自身が提供するサービス（サービスエレメント）は何か？

図7.8　全社員向けITIL V3基礎研修の目的

全ての社員が同じ価値観を持つために、この研修は継続的に中途採用社員および新入社員に対しても実施しており、2011年から受講率100％を維持しています。

●④評価測定する

経営者の視点から、ITIL V3サービスマネジメントのプロセスが効果的かつ効率的に運用され、目的と成果が得られているかを評価するために、プロセスの成熟度を評価するためのアセスメント・フレームワークを導入することにしました。

まず、アセスメント・フレームワークに対する経営者の期待を整理しました（図7.9）。

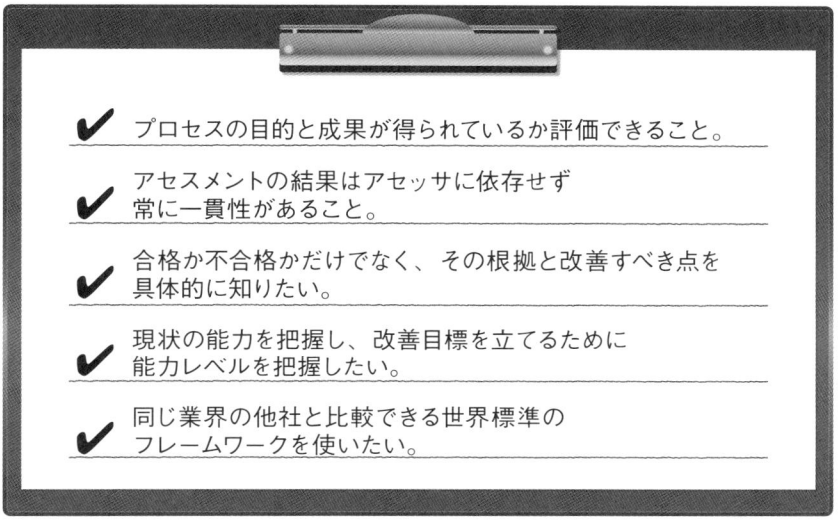

- ✔ プロセスの目的と成果が得られているか評価できること。
- ✔ アセスメントの結果はアセッサに依存せず常に一貫性があること。
- ✔ 合格か不合格かだけでなく、その根拠と改善すべき点を具体的に知りたい。
- ✔ 現状の能力を把握し、改善目標を立てるために能力レベルを把握したい。
- ✔ 同じ業界の他社と比較できる世界標準のフレームワークを使いたい。

図7.9 アセスメント・フレームワークに対する経営者の期待

　これらの経営者の期待を満たすものとして、当社ではITIL V3とプロセスアセスメントのISO標準であるISO/IEC 15504をベースにした「TIPA for ITIL」を採用しました。このアセスメント・フレームワークでは、プロセスにかかわる人に対するインタビューとエビデンスの確認を通じて、プロセスが6段階の成熟度レベルで評価されます。また、SWOT分析によりプロセスや組織の強み（Strengths）、弱み（Weaknesses）、機会（Opportunities）、脅威（Threats）をあぶり出すことができ、具体的な改善すべきことを導き出すことができます。

　「TIPA for ITIL」では、アセスメントの6つのフェーズ（定義、準備、アセスメント、分析、結果報告、クロージング）で必要な全てのツールが提供されます。そのツールを一度自社に合わせてカスタマイズすれば、それ以降のアセスメントでは若干の修正だけでツールを繰り返し利用できますので、効率的に継続的サービス改善のサイクルをまわすことができるようになります（図7.10）。

用語解説

「TIPA for ITIL」
TIPA（Tudor IT Process Assessment）は、ルクセンブルクに拠点を置くリサーチセンタCRP Henri Tudor社で7年間もの歳月をかけて製品化したフレームワークで、プロセス・アセスメントのISO標準であるISO/IEC15504とITIL V3をベースにした、ITサービスマネジメントのプロセスアセスメントのためのフレームワークである。

図7.10 TIPA for ITILによるアセスメントの流れ（6つのフェーズ）

インプット → フェーズ → アウトプット

インプット	フェーズ	内容	アウトプット
アセスメント提案書	① 定義	・プロセスの選定 ・アセスメントのスコープ定義	作業工数見積書 スコープ定義書
作業工数見積書 スコープ定義書	② 準備	・アセスメントの計画と体制 ・アセスメント用のプロセス定義書や質問票の準備 ・キックオフミーティング	アセスメント計画書 プロセス定義書 アセスメント質問票
プロセス定義書 アセスメント質問票	③ アセスメント	・面談 ・ドキュメントレビュー ・結果の集計 ・プロセスのレベル評価 ・成熟度の判断	面談メモ プロセス評価シート
面談メモ プロセス評価シート	④ 分析	・強み、弱み、機会、脅威（SWOT分析） ・改善提案	SWOT分析結果 改善提案書
SWOT分析結果 改善提案書	⑤ 結果報告	・アセスメントレポート ・経営者へのプレゼン ・関係部署へのプレゼン	アセスメントレポート 改善方針書
アセスメントレポート 改善方針書	⑥ クロージング	・クロージング会議	改善計画書

　TIPA for ITILによるアセスメントは、TIPA for ITILが提供するプロセス・アセスメント・モデル（PAM）をベースにしてアセスメント質問票を作成し、その質問票を使ってプロセスにかかわるスタッフとインタビュー形式でアセスメントを行います（図7.11）。

プロセス・アセスメント・モデル
- プロセスの目的
- 期待される成果
- 基本的な活動
- インプット
- アウトプット
- プロセスの能力指標（Level1 ～ 5）

アセスメント質問票
- 活動はされているか？
- 定義はされているか？
- 関係者に周知されているか？
- インプットはあるか？
- アウトプットはあるか？
- 役割と責任は決まっているか？
- 関係者は合意しているか？
- 測定指標はあるか？
- 測定されているか？
- リソースは足りているか？
- ツールは機能しているか？
- 改善は行われているか？
- 期待される成果は出ているか？

インタビュー

図7.11　TIPA for ITILによるアセスメントの流れ①

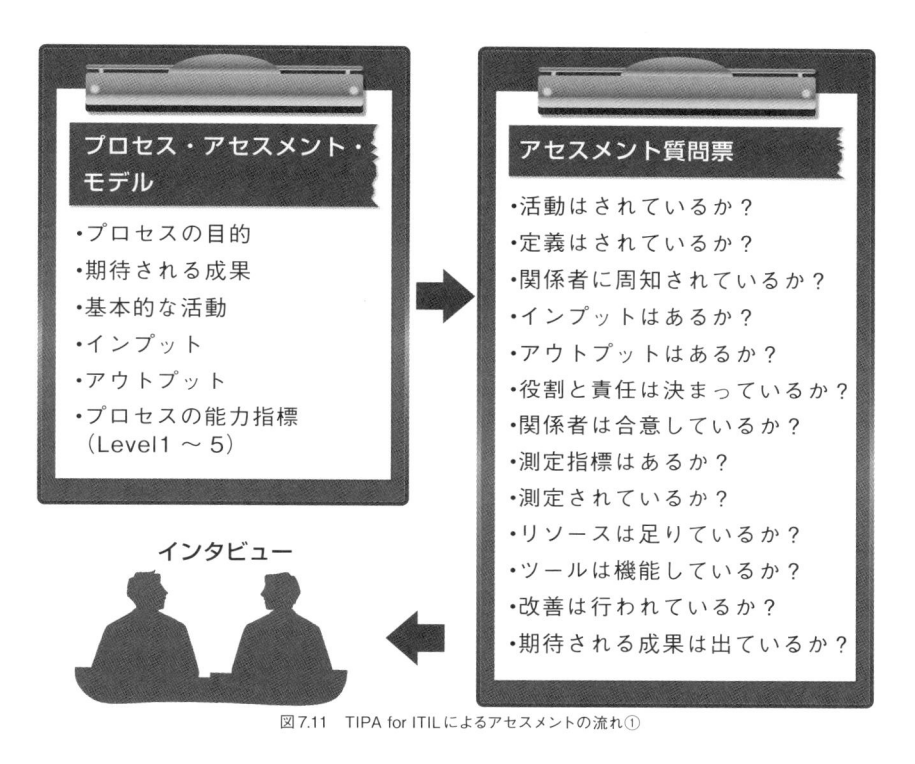

　全員のインタビューが終了した後、結果を集約してプロセス評価シートにプロセスの成熟度を出力し、SWOT分析結果と改善提案書にまとめます。
　そして、プロセス・オーナおよびプロセス・マネージャにアセスメント結果を報告し、アセスメントチームと合同で改善計画を含むアセスメントレポートを作成します。
　その後、シニアマネジメントに対してアセスメントレポートを提出し、改善計画の承認を得ます（図7.12）。

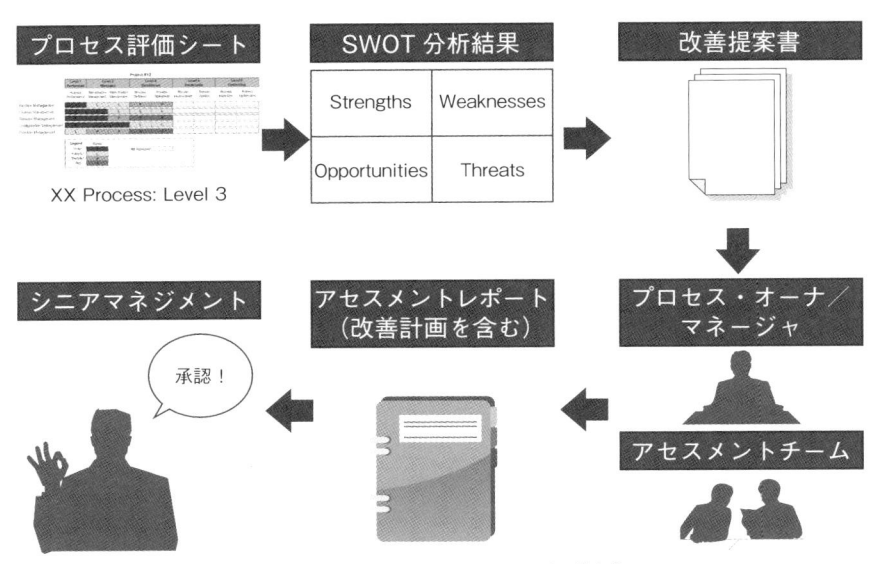

図7.12　TIPA for ITIL によるアセスメントの流れ②

このアセスメントを実施することにより、主に以下の効果を得ることができました。

- TIPAが提供するプロセス・アセスメント・モデル（PAM）により、プロセスのあるべき姿（ToBeモデル）を体系的に理解することで、具体的にどんなことを改善すべきか気付くことができた。
- インタビューを通じた気付きが自主的な改善につながった。
- アセスメント結果と改善提案に対する納得感が得られた。
- SWOT分析で"強み"（できていること）がプラス評価されることで、特にサービス運用部門のマネージャやスタッフのモチベーションが向上した。

●⑤人材を開発する

全社員向けのITIL V3基礎研修（3時間）に加えて、プロセス・オーナやプロセス・マネージャ、サービス・オーナといったプロセスの目的や目標達成の責任を持つ社員に対してはITIL V3インターミディエイト研修を、プロセスに従事する社員に対してはITIL

V3ファンデーション研修を実施しています。

　勤務形態によっては、業務上連続5日間あるいは3日間を研修のために都合することができない社員がいるので、時間の制約を補うためにe-Learningを使用した研修も選択肢に入れました。

　また、ITILの応用力を養うために、ITIL V3インターミディエイト研修をベースにした当社独自のカリキュラムで3日間のカスタマイズド研修を実施したり、特定のテーマに絞って現場のマネージャとスタッフに対して勉強会を実施しています（図7.13）。

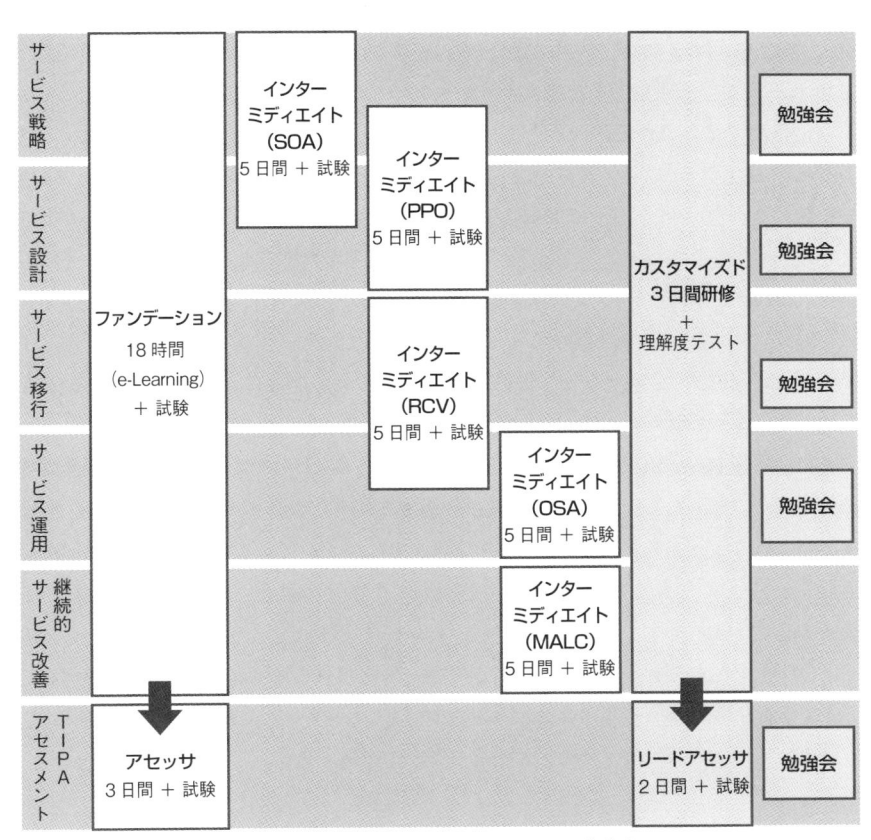

図7.13　サービス・ライフサイクルとITIL V3研修体系

　カスタマイズド研修では、まず冒頭の1時間程度を使ってサービスとは何なのか、サービスマネジメントは何なのかを説明し、その後で各プロセスの目的、達成目標、適

用範囲、インプット＆アウトプット、基本プラクティス、KPI、CSFを体系的に学べる内容にしました。そして、ITILのグッドプラクティスや、他社でのベストプラクティスを学び、自社でできていること、できていないことを認識し、どうすべきかを自分で考えることを目的としています。

　通常のインターミディエイト研修は5日間ずつに分けて実施されるため、深い知識を学ぶことができますが、ライフサイクル全体の流れを理解するには不十分であり、このカスタマイズド研修ではライフサイクル全体を3日間に凝縮したので、受講者は各ステージの重要なポイントを押さえつつ、ライフサイクル全体を把握できるのがメリットです。実際に参加者からは、ITILの知識を得ることに意義があったことに加え、ITILの思想（マインド）を理解できたのは大きかったという声があり、その気付きを得ることが非常に重要ではないかと思います。

　この研修では、ITILを実業務で生かせるようなカリキュラムにしたいと考え、研修の冒頭に行う自己紹介の中で参加者から業務内容や研修に期待することをシェアしてもらい、講義の中で講師から各参加者の業務に沿った解説をしてもらいました。そして研修の最後に、研修で学んだことをどう業務に生かすかを参加者全員に発表してもらい、さらに参加者同士で議論するということも行いました。特に参加者に「なぜ、ITILの考え方が必要なのか」「なぜ、変更管理プロセスが必要なのか」など「なぜ」を考える場にすることがカスタマイズド研修の意義であったと思います。

　また、勉強会は、ITILエキスパートを中心に、各部門がプロセスを構築したり改善を行う際や、インプットやアウトプットを定義する際に、具体的にどうすべきかを決めるために行っています。ITILでは、何をすべきかは書かれていますが、具体的にどんな活動をして、どんなものを作るかまでは書かれていませんので、そこは各組織において決める必要があります。しかし、各部門でバラバラに進めてしまうとライフサイクル全体としての最適化ができず、顧客に価値を提供できるサービスマネジメントを実現することができませんので、ITILエキスパートを中心とした「サービスマネジメントオフィス」（SMO）が全体を取りまとめる役割となることが有効です。

＊　＊　＊

　以上、①から⑤までの経営者として必要な5つの仕事をマイルストンとして、1年間にわたるITIL V3導入プロジェクトを計画しました（図7.14）。

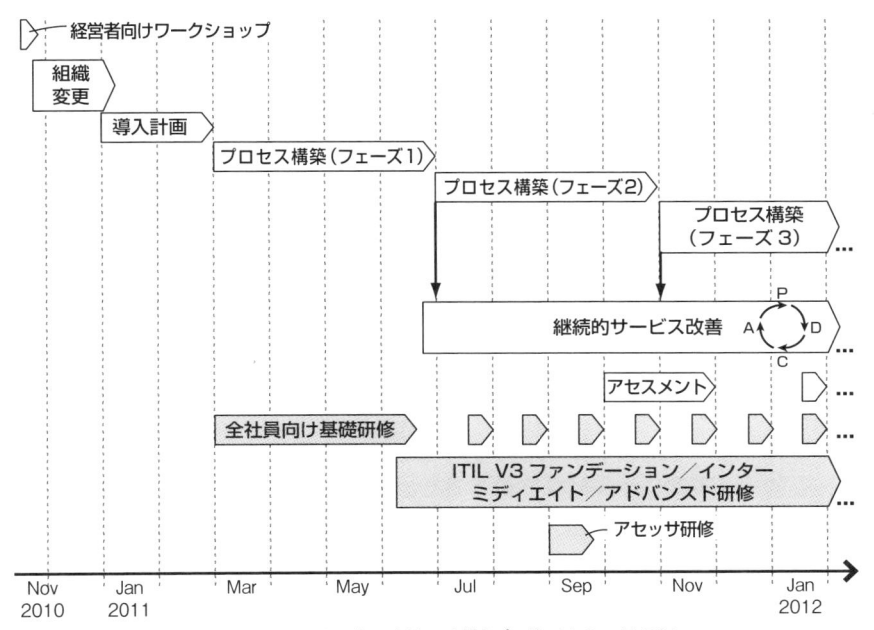

図7.14　ITIL V3サービスマネジメント導入プロジェクトのマイルストン

> **Point!**
> ▶ マネジメント（経営者）に必要な視点を全て盛り込むために、ドラッカーが提唱したマネジメントの5つの仕事を網羅する形でプロジェクトを構成した。
> ▶ サービスマネジメント導入の目的を組織のミッションと企業理念と関連付け、その目的を実現するための具体的な目標として10個のプロジェクトを立ち上げた。
> ▶ プロジェクトに参加する社員が、常にその目的と向かうべき方向を意識できるよう工夫をした。
> ▶ 従来のサービスカテゴリごとに分かれていたビジネスユニットを、ITILのライフサイクルに準じた組織へと変更した。
> ▶ これにより、重複していた機能やプロセスを省き、効率よく、一貫性を持って顧客にサービス提供することを目指した。
> ▶ ITILという仕組みを説明することから始めるのではなく、なぜITILという枠組みを導入する必要があるのか、どんな価値があるのか、その目的を社員一人一人の目線で説明することから始めた。
> ▶ アセスメントを行う前に、まず本来あるべき姿を定義し関係者と合意することを行った。
> ▶ そのうえで、関係者と一人一人個別にインタビューを行い、あるべき姿に対する現状とのギャップについて一緒に確認を行い、どういう改善が必要かを話し合うことに十分に時間をかけた。
> ▶ これにより、押し付けではなく、関係者が改善すべきことに気付き自ら行動を起こすことにつながった。

7.4 ステップ3：プロセス構築の第一歩として全体的な情報の流れを整理する

　当社では、いきなり各プロセスの細部の作りこみに着手するのではなく、まずサービスのライフサイクルを通じた"情報の流れ"を整理しました。たとえるなら、人間の体は全ての器官が連携して機能することで健康な体を保つことができますが、もし、胃だけが元気で食べ物や飲み物をどんどん受け入れられても、小腸や大腸といった他の器官

が栄養や水分を十分に消化・吸収することができない状態だと、かえって体を壊してしまいかねません。これと同じように、サービスマネジメントでは各ライフサイクルステージのプロセスがお互いの状態を理解して連携しないと、ライフサイクル全体で一貫したサービスによる価値の提供ができなくなります。

そこで、まずサービス・ライフサイクル全体を通じた重要な情報を定義して、各プロセス間のインプットとアウトプットが円滑に流れるようにすることを目標にしました（図7.15）。

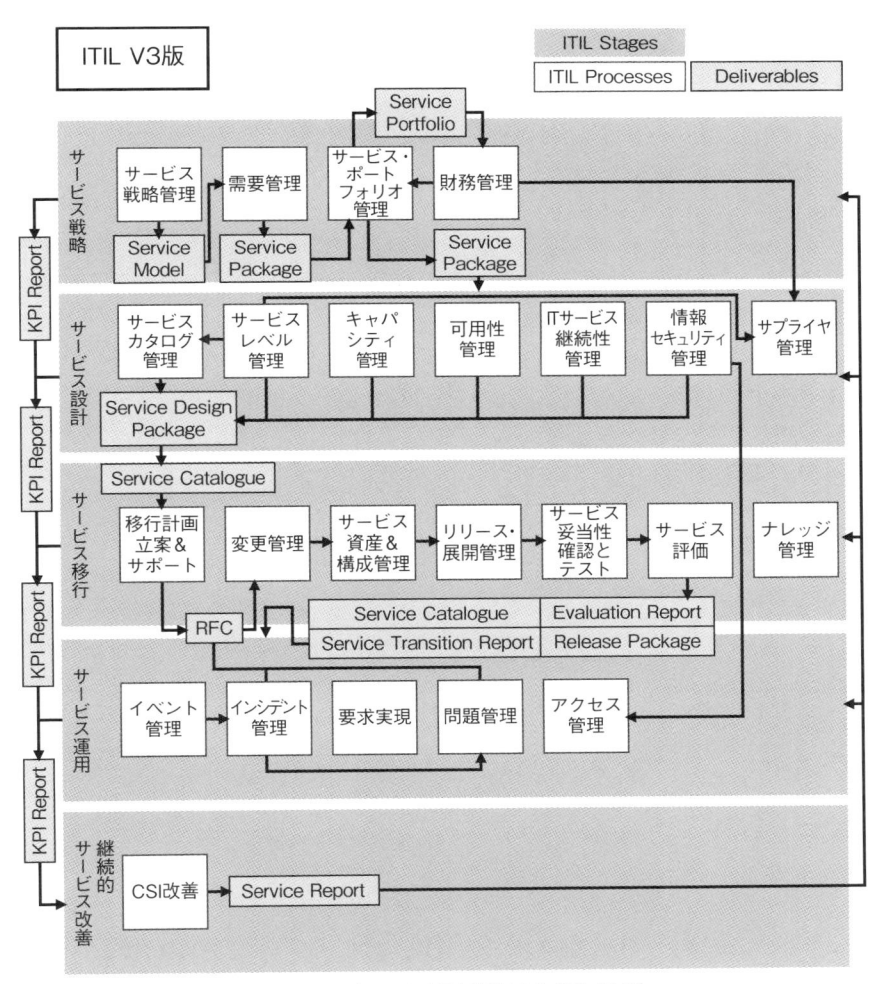

図7.15　ITILプロセスと主要な情報の流れ（ITIL V3版）

また、当社ではITIL V3の全プロセスを独立して利用するのではなく、管理上の効率性を考慮し、プロセス・オーナが同一のプロセスは1つのプロセスとして利用することにしました（図7.16）。

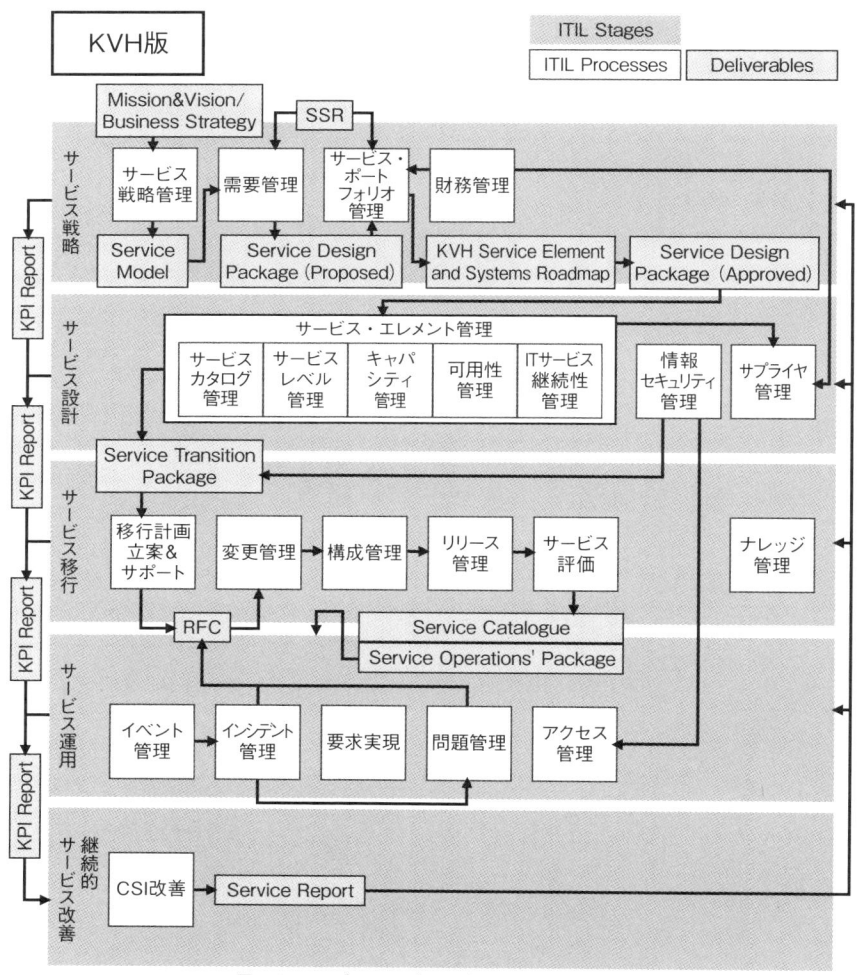

図7.16　ITILプロセスと主要な情報の流れ（KVH版）

　さらに、実際のサービス設計フェーズとサービス移行フェーズは、サービス開発プロジェクトとして進めますので、プロジェクト管理上の各フェーズにITILのプロセス管理

で必要な活動と情報をマッピングしました（図7.17）。

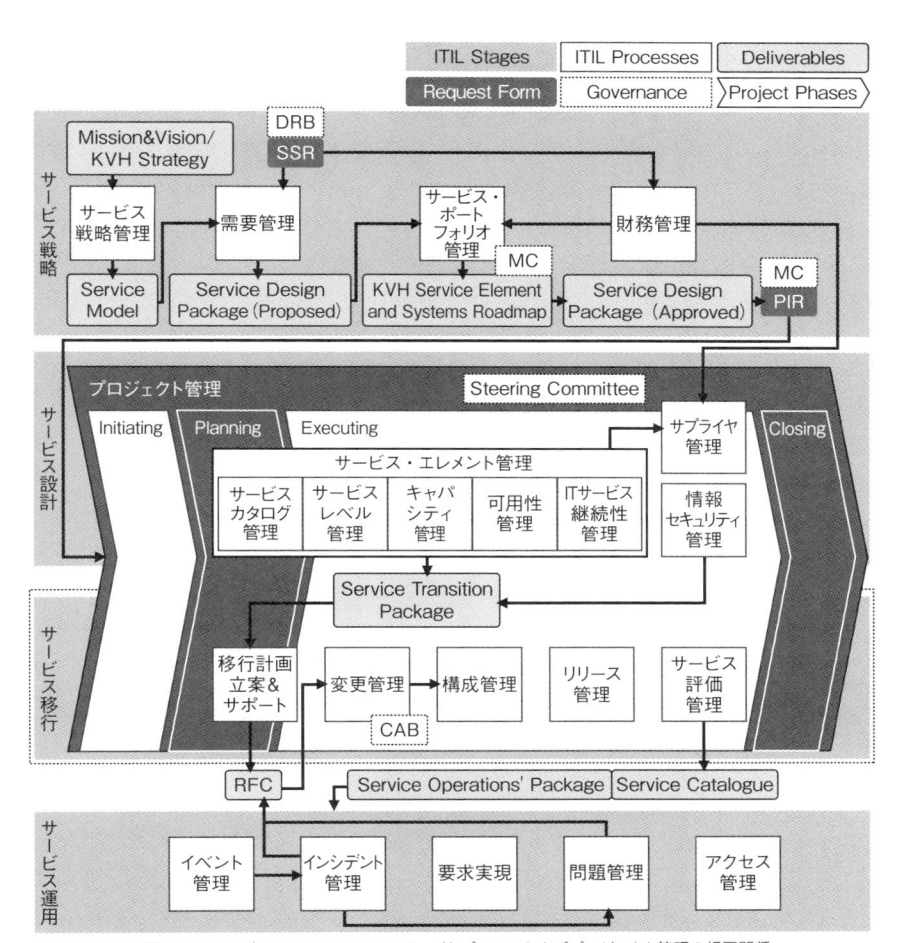

図7.17 サービス・ライフサイクルステージとプロセスおよびプロジェクト管理の相互関係

Point!

▶各プロセスの詳細設計に入る前に、サービスのライフサイクル全体を見渡し、把握することで全体最適化を図ろうと考えた。

▶ITIL V3のプロセスを情報の流れを軸に整理し、さらに自社の業務に合わせて重要な情報に絞り込むことで、プロセスの部分最適に時間をかけずにサービスのライフサイクルが回るようにすることができた。

7.5 ステップ4：体系的な人材開発プログラムでリーダーシップを発揮できる人を育てる

当社では、顧客に価値を提供するための仕組みとして、ITIL V3をベースにしたサービスマネジメントシステムの構築を進めていますが、その中で欠かせないのが、価値を生み出すための仕組みだけでなく、顧客に価値を提供できる素養を持つ人です。なぜなら、どんなに素晴らしい仕組みを作っても、その仕組みから得たい結果を手に入れるには、その仕組みを使う人の意志やモチベーションに依存するからです。

そこで、顧客に価値を提供できる素養を持つ人を、"リーダーシップを発揮できる人"として捉え、ITIL V3や技術的なことの知識やスキルだけでなく、誠実さや責任、正直、思いやりといった人格を持ち、左脳と右脳のバランスが取れた人を育成する人材育成プログラムを作りました。

そして、右脳の強化として必要な人格を築くための研修として、フランクリン・コヴィー・ジャパン株式会社が提供する「7つの習慣」を採用し、全社員に対して実施することにしました（図7.18）。

顧客に価値を提供できる素養を持つ人 ＝ リーダーシップを発揮できる人

知識やスキル
- ITIL V3研修・資格
- TIPA for ITIL研修・資格
- 各種技術系研修・資格
- ビジネス・スキル研修

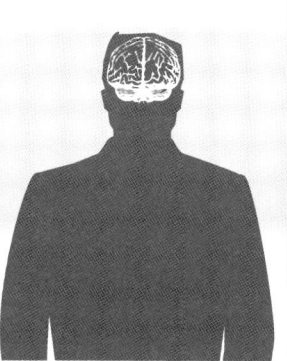

人格
（誠実さ、責任、正直、思いやり）
- 「7つの習慣」

※「7つの習慣」はフランクリン・コヴィー・ジャパン株式会社の登録商標です。

図7.18　体系的な人材育成プログラム

> **「7つの習慣」**
>
> 用語解説　スティーブン・R・コヴィー著、キングベアー出版発行。1990年に出版され、これまで世界中で3000万部を売り上げた書籍。この書籍を基に作られた「7つの習慣」研修では、個人が組織の中でリーダーシップを発揮するために、自分自身の信頼性を高め、組織や人間関係の中で信頼を構築しながら、長期的・継続的に望む結果を生み出すために必要な考え方や習慣を紹介している。それらを身に付けることによって、個人の「能力」と「人格」を高め、「自己リーダーシップ」の力を発揮し、組織における相乗効果を最大限に引き出していくことを目的としている。

社員一人一人が「7つの習慣」を実践できるようになることで、個人でもビジネスでも長期的かつ継続的に期待どおりの良い結果を出すことができるようになり、ひいては会社のミッションと企業理念を実現することができると考えています（図7.19）。

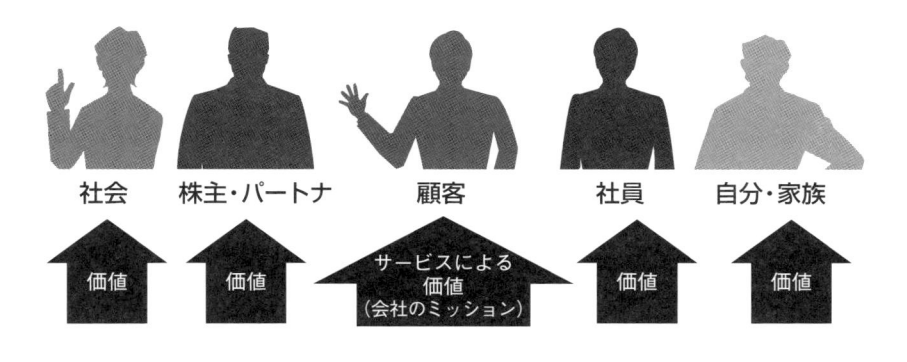

社会	株主・パートナ	顧客	社員	自分・家族
↑価値	↑価値	↑サービスによる価値（会社のミッション）	↑価値	↑価値

**顧客に価値を提供できる素養を持つ人
＝リーダーシップを発揮できる人**

**顧客に価値を提供するための仕組み
＝マネジメント・システム**

図7.19　KVHのビジネスにかかわる人全てに価値を提供する

Point!

▶サービスマネジメントシステムの構築には、知識やスキルだけではなく、リーダーシップを発揮できる人格を持つ人材が必要との考えから、リーダーシップ育成プログラムとして「7つの習慣」研修を取り入れた。

7.6 ステップ5：コーポレート・ガバナンスへ組み込む

これまでに取り組んできたプロセスをコーポレート・ガバナンスに組み込むに当たり、「コンプライアンス」と「事業の効率性」の2つの側面を考える必要があります（図7.20）。

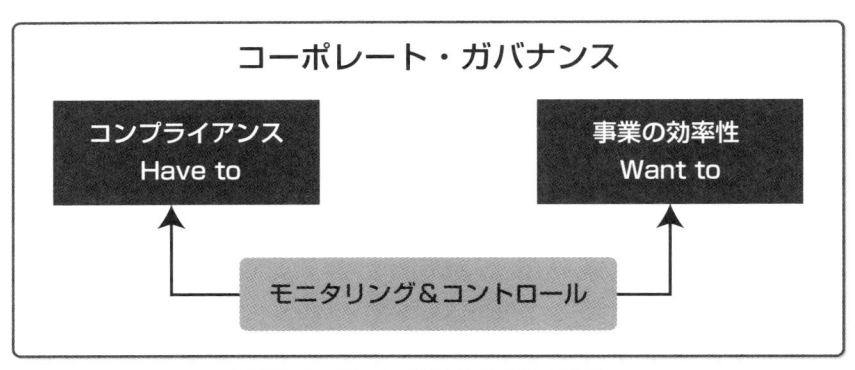

図7.20　コーポレート・ガバナンスで必要となる仕組み

当社ではその2つの側面をどのようにモニタリングし、コントロールするべきかを考えるために、まず"監査"と"アセスメント"という2つの違った方法について整理してみました（表7.1）。

表7.1　監査（Audit）とアセスメント（Assessment）の違い

項目	監査	アセスメント
目的	・認証のためのアプローチ	・改善のためのアプローチ
目標	・規程、基準、標準の準拠（コンプライアンス） ・第三者による審査 ・基準などに適合しているかを評価する	・有効性と効率性の向上 ・自分自身による審査（検査をする） ・プロセスの強み、弱み、改善点を特定する ・プロセスの目的と成果が達成できているかを確認する
判定	・合格か不合格かの判定	・評価尺度によるレベル判定
アプローチ	・トップダウンアプローチ ・コントロールされ強制力のあるアプローチ	・ボトムアップアプローチ ・自発的で参加型のアプローチ
関連フレームワーク	・ISO/IEC 27001、ISO/IEC 20000 ・SSAE16 ・COBIT ・システム監査	・ISO/IEC 15504 ・CMMI

「コンプライアンス」に関しては、法律、社内規定、会社の方針、投資家の方針などを遵守しているか管理し、リスクを管理し、監査で適合性を判定するというアプローチを取ることで、事業上必ずできていなければならないこと（Have to）を保証します。

また「事業の効率性」に関しては、ITIL V3のプロセスをベースにして、各プロセスの有効性と効率性を管理し、アセスメントでレベル判定を行うというアプローチを取ることで、事業上こうありたいという状態（Want to）に近付けていきます。

そして、その両方を組み合わせてコーポレート・ガバナンス・フレームワークに組み込むことにしました（図7.21）。

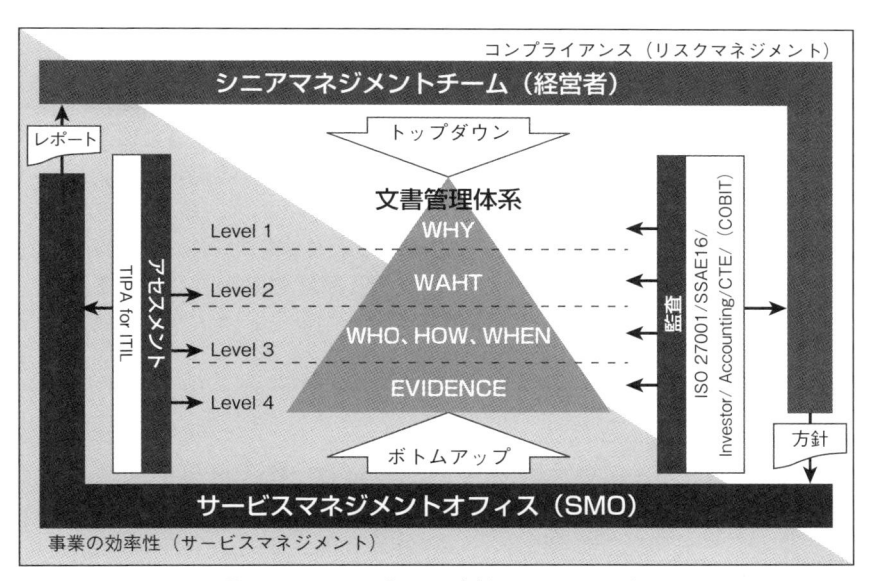

図7.21　KVHのコーポレート・ガバナンス・フレームワーク

なお、図7.21の中央にある「文書管理体系」は、ガバナンスの目的である事業をあるべき姿に継続的に維持するために管理すべき文書のことであり、各種基準や規程だけでなく業務プロセスや手順、記録を含めた文書体系です。管理すべき文書を定めることにより属人的仕事を排除し、業務品質を保証することができます。

コンプライアンスとしての経営者によるトップダウンの内部統制では、法律、社内規定、会社のミッションや企業理念、投資家の方針などが遵守されていることを、各種監査によりモニタリング＆コントロールし、リスクを管理します。つまり、事業上必ずでき

ていなければならないことを保証するための内部統制（コントロール）の仕組みとなります。

一方、事業の効率性に関しては、ITIL V3のプロセスをベースにして、各プロセスの有効性と効率性を管理し、アセスメントにより定量的かつ定性的にモニタリングしコントロールします。

ITIL V3では継続的サービス改善（CSI）において、プロセスの有効性と効率性を管理することになっていますが、当社ではCSIの推進機能としてサービスマネジメントオフィス（SMO）を作り、アセスメントのみならず定期的なサービスレポートによりプロセスの有効性と効率性をモニタリングし、コントロールしています。

> **Point!**
> ▶サービスマネジメントをコーポレート・ガバナンスに組み込むに当たり、「コンプライアンス」と「事業の効率性」という2つの側面から、その位置付けを整理した。
> ▶コーポレート・ガバナンスのモニタリングとコントロールの仕組みとして、コンプライアンスに関しては「監査」を、事業の効率性に関しては「アセスメント」を用いることとし、独自のコーポレート・ガバナンス・フレームワークを作成した。

7.7 ITILサービスマネジメント導入における重要成功要因

ITILという知識体系（Body Of Knowledge）は、どの組織においても有用であることは疑う余地はありません。しかし、ITILが示すものは「What」（何をすべきか）のみで、「How」（どのように実現するか）は組織によって異なるということを理解しておく必要があります。

そして、WhatとHowよりさらに重要なのは、「Why」（何のためにKVHという組織が存在するのか？　なぜITILを導入するのか？　ITILプロセスを導入する目的は？）を組織に浸透させることです。

組織のミッションと企業理念を「Why」の源泉とし、その「Why」を組織に浸透させ

るためのアプローチをドラッカーの教えから学び、「7つの習慣」により社員の具体的な行動につなげていくことが、当社のITILサービスマネジメント導入の重要成功要因であると考えています（図7.22）。

```
              フレームワーク
               ITIL
   What                          How

       マネジメント      正しい価値観
       ドラッカー       7つの習慣
                   Why
              ミッションと企業理念
```

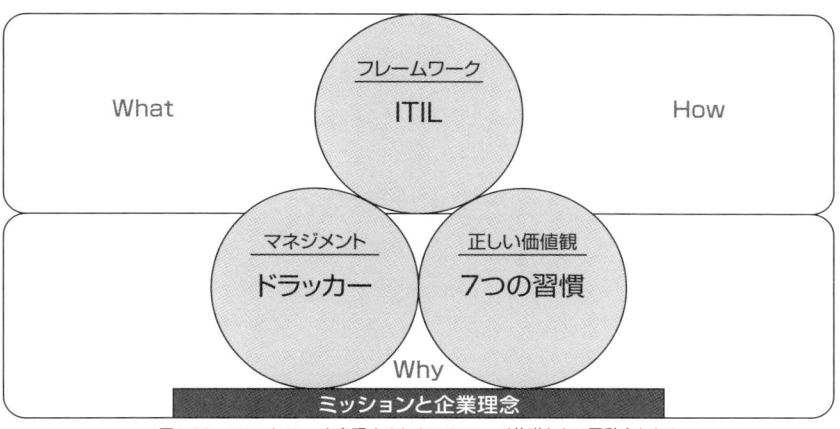

図7.22　WhatとHowを実現するためにはWhyが基礎となり原動力となる

当社では、この具体的な方法として全社員に対するITIL V3基礎研修（3時間）と理解度確認テストを実施しています。その中で特に重要なのは、一般論として理解するのではなく、自分自身にあてはめて考えることです。自分自身が提供するサービスは何なのか、誰に対して提供しているのか、その人に対してどんな価値を提供しているのか、そういう「Why」を考える機会を作ることが組織の目指すサービスマネジメントを実現するうえで必要であると思います。

Point!

▶ ITサービスマネジメント導入において、ITILによって示される「What」、それを実現する「How」、さらには前提となる「Why」が重要である。

▶ まず、「Why」を伝えることで「What」と「How」を導入することへの動機付けを行うことができるが、「Why」を考えさせるために、KVHではITIL V3基礎研修と理解度チェックを実施し、一般論ではなく自身の業務に落とし込む活動を行っている。

7.8 ITILサービスマネジメント導入効果と苦労したこと

　今回、ITIL V3をベースにしたサービスマネジメントの導入を、ドラッカー流のマネジメントアプローチに沿って実施してきましたが、以下にこれまでに得られた効果と苦労したことをまとめました。

●アセスメントの効果と苦労したこと

○効果

　ITIL V3およびISO/IEC 15504をベースにしたTIPA for ITILアセスメントでは、プロセスのあるべき姿（ToBeモデル）がプロセス・アセスメント・モデルとして提供されており、さらにプロセスの成熟度レベルに沿ったあるべき姿がインタビューを行う際の具体的な質問項目になっています。したがって、インタビューを受ける人は現状できていることと、できていないことを体系的に把握する機会となると共に、具体的にどんなことを改善すべきかを理解する機会となるため、自発的な改善活動につながりました。

　また、具体的なアセスメントによる継続的サービス改善としては、例えば以下のようなアクションがあります。

- サービス・ポートフォリオ管理のアセスメントの結果、それまで同一部門が持っていたサービス戦略とサービス設計の機能とプロセスを、サービス・ポートフォリオ管理を含むサービス戦略の機能とプロセスを切り出し、新たに独立した本部を作り割り当てることにした。これにより、顧客のニーズやマーケット動向を捉え、事業戦略とマッチしたサービス・ポートフォリオにすることができ、サービス資産を効果的に投入することができるようになった。
- 情報セキュリティ管理については、当社では以前より全社的に情報セキュリティマネジメントシステム（ISMS）をベースにした活動を行っており、ISO/IEC 27001 の認証も取得しているが、ITIL と ISO/IEC

15504のプロセス成熟度の視点で再評価してみた。その結果、プロセスの成熟度としては高いことが再認識されたが、ISMSは独立したプロジェクトであったので、ITILのプロセスとの整合性を強化すべきことが分かり、リスクアセスメントで使用するチェックシートをサービスデザインでの評価基準に加えるなどの改善を行った。
・キャパシティ管理では、各サービスのキャパシティ管理は個々に実施されているが、サービス・ポートフォリオ全体を考慮したキャパシティ計画の優先度付けやコントロールが十分ではないことが分かり、またキャパシティ不足へのコントロールはできているが、余剰キャパシティへのコントロールが弱いことから、サービス・ポートフォリオ全体のキャパシティ管理の役割と責任を特定の部門に割り当てた。

○苦労したこと

社員の中にはアセスメントにより自分自身の人事評価への影響を懸念する者がいたため、本当の問題や改善点をあぶりだせないことが想定されました。そこで、アセスメントを開始する前に、アセスメントの目的とアセスメント結果の使われ方について十分時間をかけて説明しました。また、アセスメントの担当者とアセスメントを受ける者との間でNDA（Non Disclosure Agreement：秘密保持契約）を結び、アセスメントで知り得た情報の情報源を明かさないことを約束することにしました。

●コーポレート・ガバナンスに組み込んだ効果と苦労したこと

○効果

サービスマネジメントにかかわる社員は、これまでプロセス活動という視点で自分たちの業務を捉えていましたが、コーポレート・ガバナンスのフレームワークの中での位置付けを理解したことで、事業活動というマクロの視点で業務を捉えるようになりました。結果としてプロセスの目標だけでなく、事業目標の達成を意識して業務を行うようになったことで、社員のモチベーション向上にもつながりました。

○苦労したこと

　組織横断的な機能となるサービスマネジメントオフィス（SMO）の立ち上げに際して、その機能が持つ意思決定の権限について経営者の理解を得ることに苦労しました。そのために、経営資源の変更を伴う改善に関する意思決定を経営者に集約することで理解を得ました。

●体系的な人材開発プログラムの効果と苦労したこと

○効果

　全社員にITIL V3基礎研修を実施したことで、日々の業務においても「自分が提供する価値」や「自分の業務の目的」を意識するというカルチャが社内に浸透してきました。

　また、日々の業務の中で発生する問題に対して、ITILというベースラインに回帰して考えるということが習慣化されてきました。

　「7つの習慣」研修では、受講を完了した社員はまだ一部ですが、参加した社員からは、「業務上でかかわる人とのコミュニケーションにおいて直面している様々な問題の解決の糸口になった」「意見が異なる人との付き合い方を変えるきっかけとなった」などといった感想が出ており、組織内への効果的なサービスマネジメントの実現が期待されます。

○苦労したこと

　「7つの習慣」研修で最も重要なことは、7つの習慣を知識として覚えることではなく、社員一人一人が実生活の中で習慣化して実践できるようにすることですが、外部の研修を受講しただけではなかなか実践に結びつきません。そこで、「7つの習慣」研修の社内講師を養成し、研修後も継続的に習慣化をサポートする体制を整えました。

●組織をITIL V3に合わせて再編成した効果と苦労したこと

○効果

　業務において何か課題や問題が出てきた場合、ITIL V3のプラクティスが判断基準（ベースライン）となることで、特定の人の意見に振り回されたり、意見がまとまらないということが減りました。

　また、ビジネスユニット組織からサービス・ライフサイクル組織に変革したことで、例えば以下のような効果を得ることができました。

- ビジネスユニット組織では、インシデント管理と問題管理を同じ本部で行っていたため、サービスの迅速な復旧と問題の迅速な解決という相反する2つの目標を持っていたが、サービス・ライフサイクル組織になり、問題管理の責任がサービス設計の部門に移管されたため、サービス運用の部門はインシデントの迅速な復旧に集中できるようになった。これにより、組織変更前と比較して平均サービス回復時間（MTRS）を短縮することができた。
- ビジネスユニット組織に分散していた変更管理機能を、1つの変更管理グループに集約したことで、変更にかかわる情報を一元管理することができ、迅速かつ的確な変更のスケジューリングと、全ての変更が視野に入ることで精度の高いリスク分析を行うことができるようになった。

○苦労したこと

　ITIL V3をバイブルや法律と同じで絶対に守らねばならないものと誤解している人がいたこと。そのような人に対しては、ITIL V3が言っていることを全てそのまま採用する必要はなく、自社の事業目標の達成のために取捨選択をし、必要であればカスタマイズして利用するというアプローチが重要であることを啓発しました。

●サービスマネジメント導入事例紹介の効果と苦労したこと

○効果

当社の顧客に対して、当社でのサービスマネジメント導入のアプローチを紹介するプライベートセミナーを実施させていただき、顧客の社内でのサービスマネジメント導入において参考になったと好評をいただきました。

○苦労したこと

当社でのサービスマネジメント導入のアプローチは、あくまでも当社でのベストプラクティスであり、単に当社での事例を紹介するだけでなく、顧客の事業において期待する結果を導き出すためのヒントにしていただけるよう、セミナー内容をカスタマイズするのに苦労しました。そのために、まず顧客の事業内容と期待する結果を理解することから始めました。

> **Point!**
> ▶アセスメントによって現状を体系的に把握でき、自発的な改善活動を行えるようになった。実施に伴い、NDAを結ぶなどして、アセスメントが人事評価に影響しないことを**十分に説明した**。
> ▶コーポレート・ガバナンスにサービスマネジメントを組み込んだことで、よりマクロな事業活動の視点を持てるようになった。**SMOの意思決定権限について、範囲を明確にして経営者の理解を得た**。
> ▶人材開発プログラムによって、日頃の意識に変化が表れた。「**7つの習慣**」研修では社内講師を養成し、継続的な習慣化をサポートする体制を整えた。
> ▶組織をITIL V3に合わせて再編成したことで、業務上の問題や課題への対応の判断基準が明確になった。ITILは絶対的なものではなく、取捨選択やカスタマイズして利用することの重要性を啓発した。
> ▶顧客の事業内容や期待に合わせてカスタマイズした自社のサービスマネジメント導入事例を紹介するセミナーを行い、好評を得た。

7.9 まとめ

　サービスマネジメントの取り組みに終わりはありません。なぜなら、サービスはビジネスの目標を達成する手段であり、目まぐるしく変化するビジネスの目標に合わせてサービスマネジメントも柔軟に変化していく必要があるからです。日々変化する顧客の期待、ビジネスの期待をどのように捉え、どのようにサービスマネジメントに反映していくか、それが今後の課題です。

　その課題を克服するためには、顧客のビジネスを理解し、顧客の声に耳を傾けることも必要ですし、ITILを紐解いてじっくりサービスマネジメントのあるべき姿を考えてみることも必要でしょう。

　また、クラウドサービスのように、ビジネス上で必要な資源を外部から調達する「アウトソーシング」の活用が進む中、どのようにガバナンスを機能させるかが課題となっています。そこで、アウトソーシングの知識体系である「OPBOK」（Outsourcing Professional Body Of Knowledge）や「ソーシング・ガバナンス」という日本ではまだ新しい考え方を学び、当社のサービスマネジメントに生かしていこうと考えています。

> **Point!**
> ▶ビジネス目標の変化に応じて、サービスマネジメントも柔軟に変化していく必要がある。
> ▶アウトソーシングのクラウド化に伴い、ガバナンスがますます重要になる。OPBOKやソーシング・ガバナンスなどの新しい考え方を学び、サービスマネジメントに生かしていく。

[第8章]
ITサービスマネジメントシステムの構築／活用による運用サービス品質改善

執筆：パナソニック インフォメーションシステムズ株式会社　松尾和世司

　パナソニック インフォメーションシステムズ株式会社（以降、当社）では2011年2月、「顧客満足度の高い"真の運用サービス"提供」の方針の下、ITサービスマネジメントシステムを構築し、データセンターサービスにおいてISO 20000認証を取得しました。この取り組みにより、サービス運営状況を"見える化"し、継続的な改善活動（PDCA）を組織に定着させ、障害件数の40％削減などを実現することができました。

　本章では、取り組みを行うに至った背景、当社ITサービスマネジメントシステムの特徴や、今後の展望などについて述べます。ITサービスの運用課題に直面している情報部門の担当者や、当社と同様にITサービスマネジメントシステムを運用している企業の担当者にとって、活動の一助となれば幸いです。

8.1　当社の概要

まずは、背景となる当社の概要からご説明いたします。

●成り立ち（2013年現在）

　当社の成り立ちは1999年、当時の松下電工株式会社（現パナソニック株式会社）の情報システム部門が独立した、情報システム子会社です。「ユーザフレンドリーの追求、ハイテク・マインドの徹底、チャレンジ精神とスピード感あふれる行動により新しい価値の創造に邁進」するという経営理念の下、親会社向け情報システムの構築／運用で培ったノウハウを活かし、グループ企業のみならず、外部の企業向けにもビジネ

スを展開しています。

当社のビジネスモデルは図8.1のとおりです。顧客のニーズに合わせたソリューション提案及びシステムの開発、それに伴うシステム機器類の販売やネットワーク工事（①システムソリューション）と、導入したシステムの保守／運用（②システムサービス）、この2本が当社事業の軸となっています。安定的な収益をもたらす「②システムサービス」は当社売上の67.7%を占めており[*1]、当社ビジネスを支える重要な位置付けとなっています。

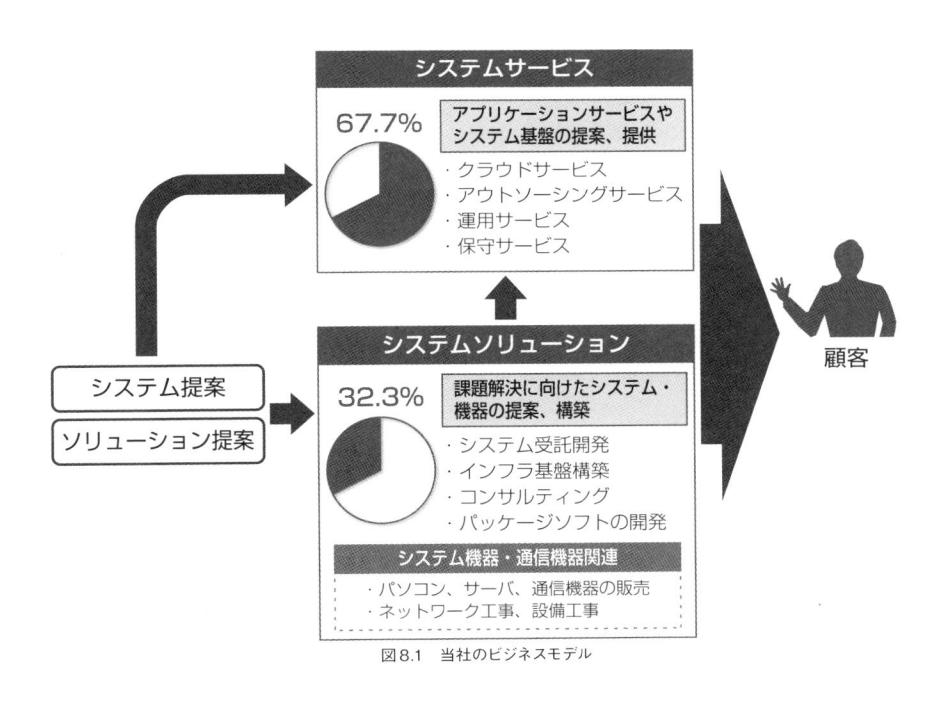

図8.1 当社のビジネスモデル

当社の組織体制は、「①グループ会社（ES社）向けサポート部門」「②アプリケーション開発・保守部門」「③インフラ構築・運用部門」の大きく3つに分かれており、本章では「③インフラ構築・運用部門」（以下、運用部門）におけるITサービスマネジメントシステム（以下、ITSMS）構築活動について述べたいと思います。

[*1] 2014年3月期第1四半期末時点。

●ISO 20000認証取得の経緯

　当社の運用部門では従来から「障害事例のデータベース化による問題管理強化」「変更作業の一元管理／リスク把握による変更管理強化」などを組織的に行い、障害件数の削減に取り組んできました。それらによって一定の効果を得られた一方、顧客に多大な影響を及ぼす重大障害、とくに作業ミスやルール違反などの人為的障害は横ばいの状況でした。

　そこで当社の品質保証部門と協力し、組織課題の深掘りを行った結果、明らかとなったのが以下の3つの課題です。

- **関係者間における役割認識の齟齬**
  関係者間の役割認識にズレがあり、障害発生の一因となっていた。
- **運用の個人依存／標準プロセスの不足**
  サービス運用における業務プロセスが明文化されておらず、個人依存の運用となっているうえ、ルールも順守されていなかった。
- **運用ツールの不便さ**
  共通の運用ツールがなく、最適化もされていないため、担当者間の情報連携／組織的な情報分析の妨げとなっていた。

　これらの課題に対応するため、運用部門において2009年、ITSMSの構築およびISO 20000認証取得を決意し、組織的な改善を行うこととなりました。

　ISO 20000認証取得を目標とした主な理由は、以下の3点です。

- **PDCA サイクルによる継続的改善**
  ISO 20000 の大枠である PDCA サイクルにより、改善活動を継続的に行えること。
- **フレームワークの活用による網羅的なプロセス定義**
  既存のフレームワークに業務を当てはめることにより、抜け漏れなく効率的なプロセス定義が行えること。
- **目標を掲げることによる意識の統一化**
  認証取得という明確な目標を掲げることにより、組織内の意識統一が可能になること。

> **Point!**
> ▶システム運用部門において、組織的な改善を行ったが、人為的障害がなかなか減らない状況であった。
> ▶さらなる組織的改善を行うため、ITSMS構築及びISO 20000取得を決意した。

8.2 ITSMS構築プロジェクトの発足

前述の課題(関係者間における役割認識の齟齬、運用の個人依存/標準プロセスの不足、運用ツールの不便さ)を解決するため、ITSMS構築プロジェクトを発足し活動を開始しました。ここではポイントとなったプロジェクトの進め方について述べます。

●活動方針の決定

ITSMS構築の方向性を固めるため、まずは活動方針を「顧客満足度の高い"真の運用サービス"提供」と定めました(図8.2)。具体的な内容としては、「品質向上」と「コスト削減」の両立化により、サービス品質と価格を高いレベルでバランシングし、「顧客満足度の向上」を目指すことで、「真の運用サービス」を提供するというものでした。

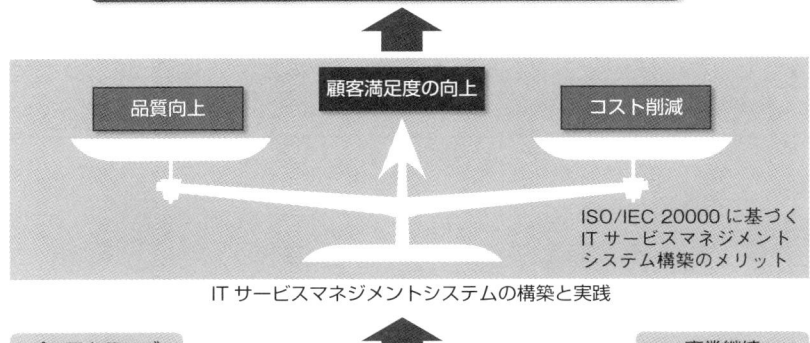

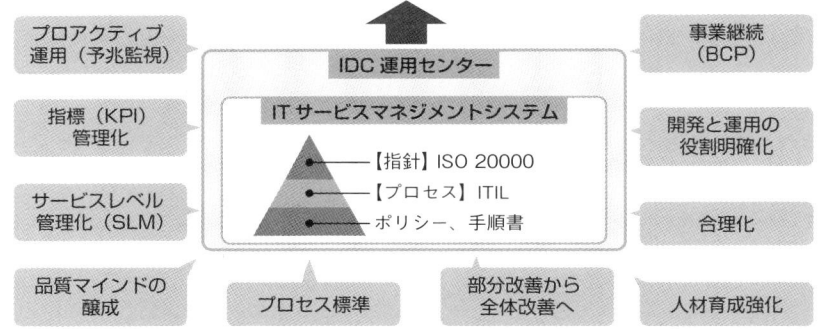

図8.2 活動方針

○プロジェクト推進スケジュールの設定および推進体制の確立

活動の企画から認証取得までの期間は、約15ヶ月と設定しました。プロジェクト体制を確立し、推進するにあたっては、他社事例などを参考にしたうえで、以下の3点について意識しました。

- **経営層のコミットメント**
  現場の改善活動には少なからぬ変革を伴うため、現場の理解を得にくいケースが発生しかねない。そこでまず始めに、担当取締役に活動主旨を説明し、理解を得た。経営層が活動への理解を深めることで、トップダウン式に意思決定が行えるようになり、活動のスピードアップを実現できるようになった。
- **要求事項に対する理解度**
  ISO 20000 は網羅的にプロセスが定義されている反面、記述内容が難解

である。そこで標準策定メンバーを中心とし、約半年を掛けて十分なISO 20000要求事項の勉強会を行った。

・**注力すべきプロセスの選定**
ITSMS構築のような改善活動においては、目に見える効果がなければ経営層や現場への理解を得られにくく、展開活動の推進力低下を招くおそれがある。そこで、確実に改善効果が見込めるプロセスとして、「変更管理プロセス」に注力し、当面の活動を推進することとした。

スケジュールと体制の詳細は、図8.3、図8.4のとおりです。当社では、この15ヶ月という期間での実現に向けて、上記に挙げたように事前の勉強会に十分な時間を割き、さらにサンプルサービスによる仮運用期間を設定し、手戻りを防止するなど、スケジュールを引き延ばさない工夫を行いました。

またプロジェクト推進にあたり、主要メンバー4名を任命したうえで、各サービスからキーマンを選出し活動を行いました。ITSMS構築は、通常業務と並行しての活動であったため、業務負担は小さいものではありませんでした。しかし、経営陣のコミットメントを得てトップダウン式に活動を展開したことで、組織全体の理解を得て進めることができました。

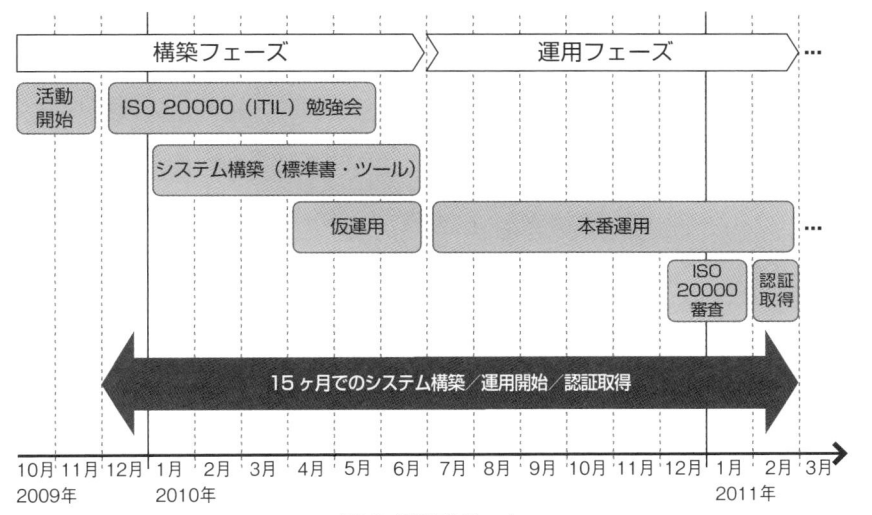

図8.3 活動スケジュール

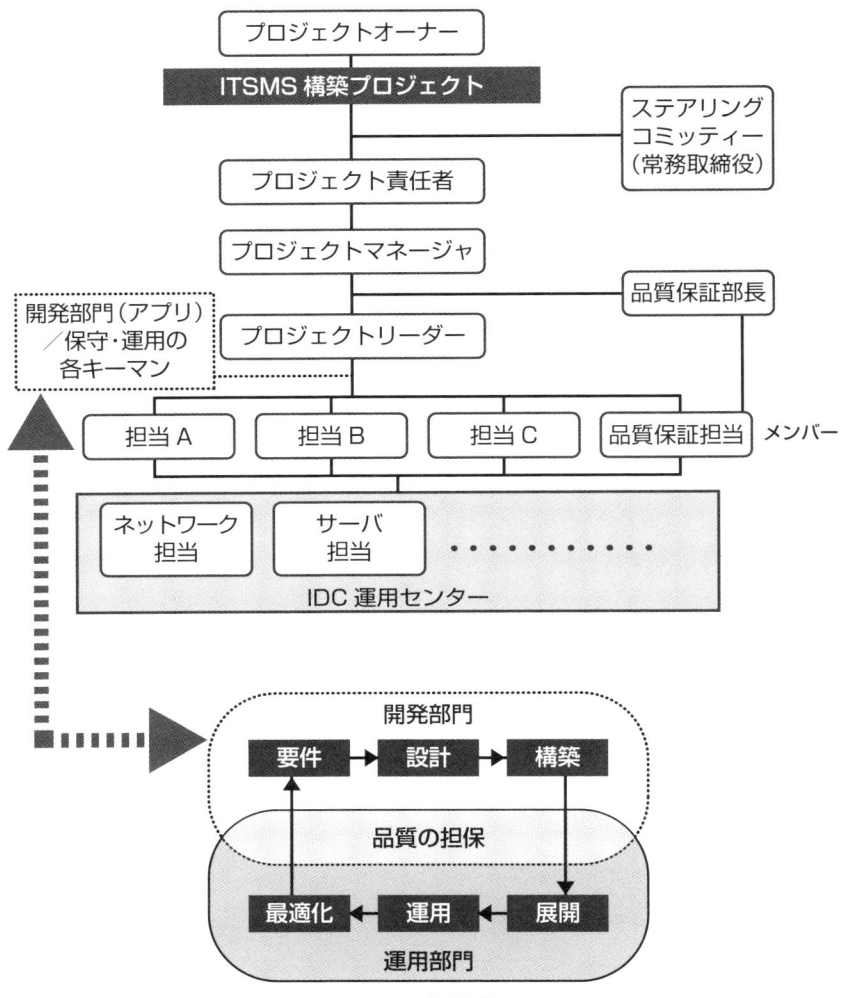

図8.4　推進体制

●ISO 20000認証取得

　活動開始から約1年経過後の2011年1月、当社はISO 20000認証審査を受審しました。ITSMS構築に際し、入念な準備と現場浸透を図った結果、重大な指摘を受けることなく、2011年2月に当初計画どおりISO 20000認証を取得することができました。

認証を取得した後も、年次サーベイランス（更新審査）を受審し認証を継続しています。

> **Point!**
> ▶経営陣のコミットメントを得て、トップダウン式に活動を展開した。
> ▶事前の勉強会をしっかりと行い、メンバーの理解度を向上させることを目指した。
> ▶改善効果が明確な「変更管理プロセス」に注力し活動を推進した。
> ▶2011年2月に無事、ISO 20000認証を取得した。

8.3 当社ITSMSの構成

本節では当社ITSMSの主な構成要素について説明します。ポイントは以下の5点です（図8.5）。

①サービスリーダ制度／プロセス責任者制度
②サービスマネジメント標準
③テンプレート／チェックリスト
④KPIによる目標管理
⑤サービスマネジメントDB

前述した組織課題の1つ目、「関係者間における役割認識の齟齬」を解決するために制定したものが「①サービスリーダ制度／プロセス責任者制度」です。2つ目の課題「運用の個人依存・標準プロセスの不足」に対しては「②サービスマネジメント標準」の策定、「③テンプレート／チェックリスト」の作成と共に、「④KPIによる目標管理」を行うことで対応しました。3つ目の「運用ツールの不便さ」の解決には「⑤サービスマネジメントDB」を構築し対応しました。

```
          組織課題                    ITSMS構成要素

  ┌─────────────────────────┐      ┌──────────────────────────────────┐
  │関係者間における役割認識の齟齬│─┬─→│①サービスリーダ制度／プロセス責任者制度│
  └─────────────────────────┘  │   └──────────────────────────────────┘
                                │   ┌──────────────────────────────────┐
                                ├─→│②サービスマネジメント標準          │
  ┌─────────────────────────┐  │   └──────────────────────────────────┘
  │運用の個人依存／標準プロセスの不足│┼─→│③テンプレート／チェックリスト   │
  └─────────────────────────┘  │   └──────────────────────────────────┘
                                └─→│④KPIによる目標管理                │
  ┌─────────────────────────┐      └──────────────────────────────────┘
  │運用ツールの不便さ         │───→│⑤サービスマネジメントDB           │
  └─────────────────────────┘      └──────────────────────────────────┘
```

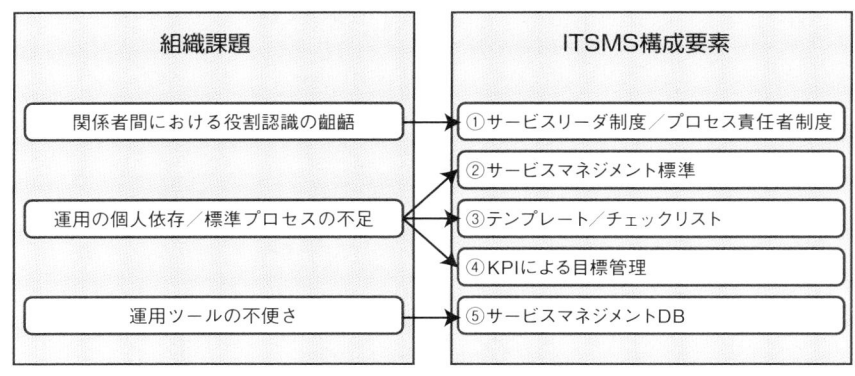

図8.5　組織課題とITSMS構成要素の関係

●①サービスリーダ制度／プロセス責任者制度

　当社の組織課題「関係者間における役割認識の齟齬」に対する施策として、「サービスリーダ制度／プロセス責任者制度」を制定しました。

○サービスリーダ制度

　「サービスリーダ制度」とは、従来の組織内において定義が不明瞭だった「サービス」を明確に定義し、各サービスにそれぞれ「サービスリーダ」を任命し、彼らにサービスの実行責任を持たせるようにしたものです。また併せて、「サービス責任者」を任命し、こちらはサービスの説明責任を持たせました。

　サービスの実行と説明の責任範囲を明確に分離することで、各担当者が業務に集中でき、改善活動が確実に行われる体制を確立しました。

○プロセス責任者制度

　「プロセス責任者制度」とは、ITILに定義されている主要な3プロセス（変更管理、問題管理、構成管理）において、プロセスを軸とした改善活動に責任を持つ「プロセス責任者」を職制化したものです。

　プロセス責任者の主なミッションとして、①変更作業の事前レビューによる業務リスク分析、②課題の水平展開による障害未然防止、③構成監査（8.5節にて後述）の実施による構成情報の陳腐化防止等があります。

これらの活動をサービス横並びで行うことにより、サービス間の各種プロセスを高いレベルで平準化することを可能としています。

●②サービスマネジメント標準

続いて2つ目の組織課題「運用の個人依存／標準プロセスの不足」に対して用意した「②サービスマネジメント標準」について述べます。サービスマネジメント標準（図8.6）を策定した際の大きなポイントは、以下の2つです。

- **ISO 20000の要求事項を189の観点に分解し、漏れなく盛り込んだこと。**
- **従来から組織において行われていた変更管理などのノウハウを分析し、標準を策定する際の参考情報としたこと。**

その他のポイントとして、ISO 20000の要求事項を正しく理解するため、事前に20回以上にわたる勉強会を開催したことが挙げられます。

方針

【全社規程】システム運用管理規程

- 4.5　SMSの確立および改善
- 4.5.2　SMSの計画（Plan）
- 4.5.3　SMSの導入および運用（Do）
- 4.5.4　SMSの監視およびレビュー（Check）
- 4.5.5　SMSの維持および改善（Act）

(A01) ITSMS方針
　4.1　経営者の責任
(A02) ITSMSマニュアル（PDCA）

(B01) 標準管理基準
4.3　文書化に関する要求事項
(B07) ITSMS適用範囲宣言書

マネジメント基準
- (B02) 教育管理基準
- (B03) 職務基準
- (B04) 内部監査実施基準
- (B05) マネジメントレビュー実施基準
- (B06) 是正・予防処置基準

サービス提供プロセス
- (C01) サービス開始標準
- (C02) サービス管理標準
- (C03) サービス提供標準

関係プロセス
- (C04) 顧客関係管理標準
- (C05) 供給者管理標準

解決プロセス
- (C06) インシデント管理標準
- (C07) 問題管理標準

統合的制御プロセス
- (C08) 構成管理標準
- (C09) 変更・リリース管理標準

プロセス標準

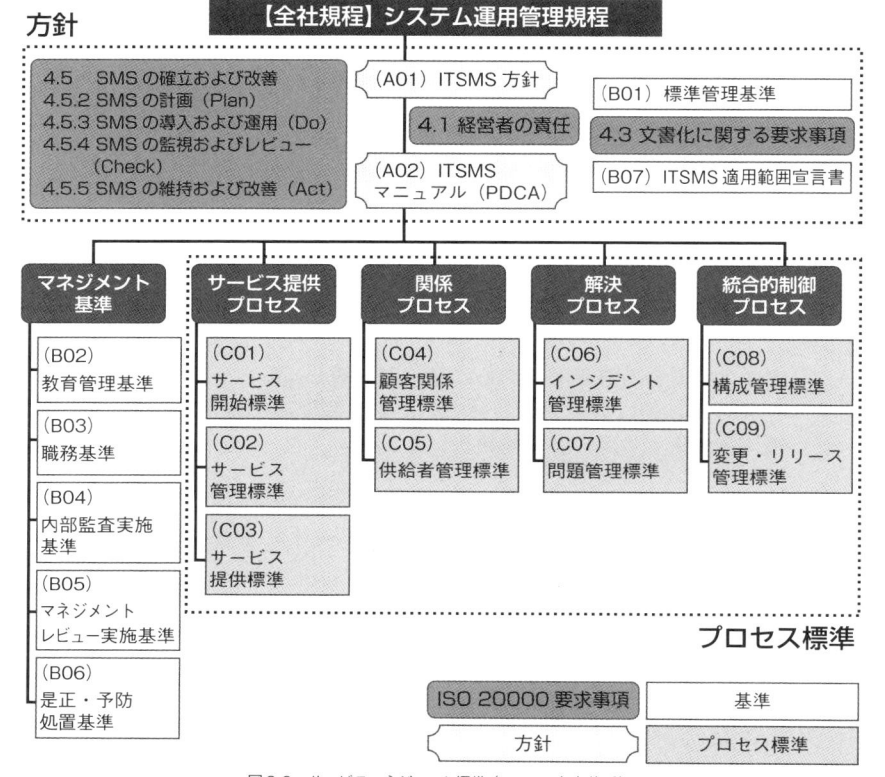

凡例：ISO 20000要求事項／方針／基準／プロセス標準

図8.6　サービスマネジメント標準（ITSMS文書体系）

標準策定にあたり、特に注力したのが変更管理プロセスです。具体的には「作業リスクに基づく最終承認者のレベル分け」「イレギュラー対応の基準明確化」「事前レビューの徹底」において、これまでの組織ノウハウを盛り込み、プロセス標準としました。

○作業リスクに基づく最終承認者のレベル分け

変更手順の標準度や作業周期性を基に、変更区分を「非定型（手順が標準化されていないもの）」「定型（手順が標準化されているもの）」「定例（定型の中で実行周期が定まっているもの）」の3つに定め、作業リスクに応じて最終承認者をレベル分けしました。

標準化されていてリスクの低い「定型」「定例」作業はサービス責任者までの承認を得ることで実施できますが、リスクの高い「非定型」作業についてはさらに部門長による承認を必須とし、重点的にチェックする体制としています。

○イレギュラー対応の基準明確化

通常スケジュールで実施する変更作業を「標準」とし、緊急性の高いものを「緊急」「至急」と定義しました。

「緊急」とはサービス可用性に影響をおよぼす障害復旧を行う変更作業のことです。これらの作業は特に即時の対応が求められるため、変更作業前の承認ワークフローを事前の口頭承認までとし、作業後に記録として対応履歴を残すよう定めています。

一方、「至急」とはユーザ要望に基づくルール逸脱申請であり、部門長承認を必須としました。ルール逸脱とは、例えば、受付期日を超過した作業申請などです。受付期日は「正規の手順を踏んだ際、作業に必要な期間」を基に定められており、これを超過することは正規の手順を逸脱する可能性があることを意味しています。短納期での対応を行った結果、事前レビュー不足などの作業リスクを高めることとなります。以上のような観点から、ルール逸脱状況を把握すると共に、ルール逸脱に歯止めをかけるため、部門長承認を必須としています。

○プロセス責任者による事前レビューの徹底

リスクの高い「非定型」作業については、プロセス責任者の事前レビューを必須としました。このように定めた目的としては、作業計画の粒度を平準化すると共に、プロセス責任者へノウハウを蓄積し、組織内へ水平展開することで作業計画のレベルアップを図るためです。

●③テンプレート／チェックリスト

「テンプレート／チェックリスト」も、2つ目の組織課題「運用の個人依存／標準プロセスの不足」に対して用意したものです。このテンプレート／チェックリストは日々追加／改善を行っていますが、主なものは以下の3つです。

○業務フロー

　サービスごとに作成する業務フローの記述レベル平準化を目指し、業務フローのテンプレートを作成しています。テンプレートには、業務フローに使用できる記号や、記述の際の作法などを記述例として盛り込んでいます。また、業務フローで記載すると煩雑となる詳細なステップについては、付随する情報として別途記述するようにし、冗長なフローが作成されることを防止しています。

○開始チェックリスト

　顧客へサービスを提供する際の考慮漏れ事項などを排除するため、確認必須事項などを盛り込んだものが「開始チェックリスト」です。このリストを作成する際は、過去に発生したトラブルの分析内容などを盛り込み、「可用性」「性能／拡張性」「体制／役割」など様々な観点で全50のチェック項目を設けています。

　また、サービスイン後、構築部隊から運用部隊へ引き継ぐ際に用いるため、「業務引継チェックリスト」も作成し、トラブルを未然防止できるようにしています。

○サービスレベル合意書

　顧客とのSLAを取り決める際の抜け漏れを予防するため、「サービスレベル合意書」のテンプレートを作成しています。SLA締結の際に重要となる「対象システム」「提供時間」「目標値」「報告方法」「目標未達成時の対応」などを盛り込んだテンプレートを作成することで、サービス提供を円滑に行う地盤を固めています。

●④KPIによる目標管理

　当社では、ITSMSによる改善効果を明確にするため、サービスごと／プロセスごとに様々なKPIを以下のとおり策定しています。これも2つ目の組織課題である「運用の個人依存／標準プロセスの不足」への対応策です。

○稼働率

　合意済みサービス時間の内、障害などでサービス停止となった期間を除いた割合のことです。稼働率測定の母数を「合意済みサービス時間（例えば平日9〜17時など）」

とすることで、ユーザへ与えた真の影響を明らかにします。

○障害発生数

運用不備や機器トラブルなどによりユーザへ影響を与えたケースを1件の障害として規定し、根本原因の特定や再発防止策の徹底を行います。また障害の主原因を細分化し、「人的要因」「その他要因」などのカテゴリー分けをすることで、全体分析や目標管理を容易とする取り組みも行っています。

○品質ロス工数

障害により発生した工数を測定し、「品質ロス工数」として集計しています。「品質ロス」とは「障害の結果として発生した工数」として定義しており、サービス復旧に要した工数や、顧客への報告に費やした工数のことです。「品質ロス」には「本来実施すべきだった対応を行わなかったために障害発生に至った」場合の対応工数を含んでいません。このように「本来実施すべき対応の工数」と「障害の結果として発生した（本来発生しなかったはずの）工数」を明確に区別することで、障害が経営に与えるインパクトを明確化できます。

○変更成功率

変更作業のリリース結果を「成功」「一部成功」「失敗」のいずれかで評価し、「失敗」を除いた変更作業の割合を「変更成功率」として測定します。「失敗作業」を「当社起因により失敗し、業務影響を与えた作業」と定義することで、改善が必要な事象を明確にしています。

○ルール順守度

変更管理プロセスにおいて、最終承認を得ずに作業を実施し障害に至ることを防ぐため、ルール順守度を測定し、ルールを逸脱した者に対し徹底的な指導を行っています。

○標準化度合い

作成した業務カタログにおける項目整備の度合いをサービスごとに集計し、標準化度合いとしてKPI化することで、具体的な業務手順の品質を"見える化"しています。

●⑤サービスマネジメントDB

最後に、3つ目の組織課題である「運用ツールの不便さ」に対して用意した「サービスマネジメントDB」という統合管理システムについて述べます。サービスマネジメントDBの構築にあたっては、従来から運用部門で利用していた変更管理の仕組みである「作業管理DB」に、機能拡張する形式で効率的に構築しました。

サービスマネジメントDBの構成要素は、以下の4つです。

○ (1) サービスカタログ

サービス運営に必要な全ての情報を、サービスごとに"見える化"するためのDBです。「サービス目標」や「サービス提供時間/メンテナンス時間」「サービスメニュー/仕様書」を明示することでサービスの運営状況が把握できる状態にし、「役割と責任」「障害対応方針」「顧客情報」「供給者情報」など、サービス内外の関係者が即時アクセス可能なナレッジベースとしての機能も持たせています。

○ (2) 業務カタログ

各サービスの具体的な業務手順を保管するDBです。業務手順の管理方法を一元化することで担当者間の情報連携を円滑にすると共に、サービスごとの標準度合いを明確にしています。

○ (3) RFC

サービスの変更要求(Request For Change)を管理するDBです。変更作業の際に考慮すべき項目を定め、作業計画時にこれらの項目を確認することで、リスクを低減します。具体的には、作業手順の他に以下のような項目を定めています。

- **サービス停止の有無**
  作業に伴いサービス停止が発生するかどうかを確認し、顧客影響を確認する。
- **顧客影響の有無**
  変更に伴う顧客影響の有無を確認する。影響がある場合は、顧客へ事前に連絡のうえ、了承済みであるかどうか確認する。
- **変更実績の有無**
  実績ある作業かどうかを確認し、事前に必要な対策を講じる。

- **作業者の経験**
  作業ミスなどのリスクを把握するため、作業者の経験値を明らかにする。
- **事前検証結果**
  検証環境における事前検証結果を確認する。
- **切り戻し判断基準／切り戻し手順**
  作業後の検証において不備を発見した場合に、作業前の状態に戻し、業務が継続できることを保証するため、切り戻し作業を行う際の判断基準を明らかにすると共に、切り戻し手順を事前に準備しておく。

○ (4) インシデント

サービス提供時に発生したインシデントの情報を記録し、進捗管理を行うDBです。当社のITSMSではインシデントを下記3つの区分に分類し、サービスの運営状況を管理しています。

【インシデントの分類】
- **障害**
  ユーザからの報告、または監視システムからの自動通報に基づく、システム停止トラブル、およびそれが予見される事象。
- **サービス要求**
  ユーザからの変更要求、サービス申し込みなど。
- **問合せ**
  ユーザからの情報の要求、システム利用方法の質問など。

また、発生したインシデントへ可能な限り迅速に対処し、通常のサービス提供状態に復旧することに主眼を置き、ビジネスへの影響を最小限に抑え、サービスの品質と可用性を維持することを目的として、以下のような管理項目を定めています。

【管理項目】
- **優先度**
  重大度と緊急度の組み合わせで決定される対応優先度（図8.7）。インシデントが複数発生した場合は、優先度が高いものを優先的に対応することで、重大な事象の対応優先順位を誤り、影響が深刻化することを防ぐ。

- 対応経緯
  インシデントの対応を進めるたびに、対応内容と共に対応日時や対応者、対応時間を記載し、情報共有を行う。
- 課題
  インシデント対応中に顕在化した課題を記載することで、問題を共有し改善へ向けた糸口とする。

「重大度」
【重大】：全社または複数拠点でサービス利用できない状況
【中】：単独拠点でサービスが利用できない状況
【なし】：サービス要求や問い合わせなど

「緊急度」
【緊急】：サービス停止、重大なバグ発見
【急ぎ】：サービス不安定
【なし】：サービス影響なし

重大度	緊急度		
	なし	急ぎ	緊急
なし	標準	―	―
中	優先	優先	最優先
重大	優先	最優先	最優先

図8.7 インシデントの対応優先度

なお、先に述べた「(3) RFC」と「(4) インシデント」は当社ITSMSにおける定義です。一般的な定義についてはITIL書籍を参照してください。

Point!

▶「サービスリーダ制度」＆「プロセス責任者制度」により役割を明確化した。
▶「サービスマネジメント標準」により個人依存で基準のない運用から脱却を目指した。
▶「テンプレート」により標準化を推進した。
▶「KPIによる目標管理」でサービスの改善効果を"見える化"した。
▶「サービスマネジメントDB」により日々の運用を効率化した。

8.4 現場への定着活動

これまでに当社のITSMSについてのポイントを紹介してきました。しかし、これらを制定しても現場で活用できなければ意味がないため、様々な定着活動も行っています。

●現場教育

ITSMSを現場に定着させる活動として最も力を入れているのが、種々の現場教育です。

- **集合教育**
  ITSMS構築が完了した後、現場への展開活動の一環として、運用部門の全メンバー（社員、ビジネスパートナ含む）に対し、数回に分けて集合教育を実施している。その際に使用する教育資料では、それまでの現場で馴染みが薄い各種プロセス標準などの説明を充実させ、終了後に簡単な理解度テストを行うことを事前に告知し、各メンバーの緊張感を高めることによって、教育効果を高める取り組みを行っている。

- **Eラーニングによる継続的教育**
  プロセス標準やルールの継続的な定着を主な目的とし、運用部門の社員、ビジネスパートナを含む全メンバーに対し、Eラーニングを用いた教育を定期的に実施している。集合教育と比較すると、各々の都合に合わせた時間を選んで受講できるため、業務負荷を軽減できるメリットが大きいと考えている。

- **ITILファンデーション研修**
  各サービスの若手社員を主な対象とし、ITILファンデーション取得を目指した研修を開催している。ITSMS構築の基礎であるITILについての理解を深めることで、各種プロセス標準に対する知識を蓄え、日頃の運用品質向上につなげる狙いがある。

- **サービスリーダ／責任者教育**
  各サービスの実行責任／説明責任をそれぞれ負うサービスリーダ／責任者については、より高いレベルのITSMSへの理解が求められる。そのため、組織体制変更などにより、これらのメンバーが入れ替わる場合は、個別に教育を実施している。各サービスのキーマンに対し、ITSMS構築の背景や活動目的などを正しく理解させることで、ITSMS構築時の考えを風化させず、

運用部門全体のレベル維持を実現できている。

●ITSMS個人カードの配布

ITSMSの現場浸透を補助するツールとして、「ITSMS個人カード」(図8.8)を作成し、社員やビジネスパートナなど全メンバーへ配布しています。この個人カードは携帯が容易な名刺大のサイズで作成しており、活動方針、組織目標、ITSMS運用心得、FAQなどの内容を盛り込んでいます。

個人カードを用いて朝会などの場で唱和する活動を行い、現場への浸透を促進しています。

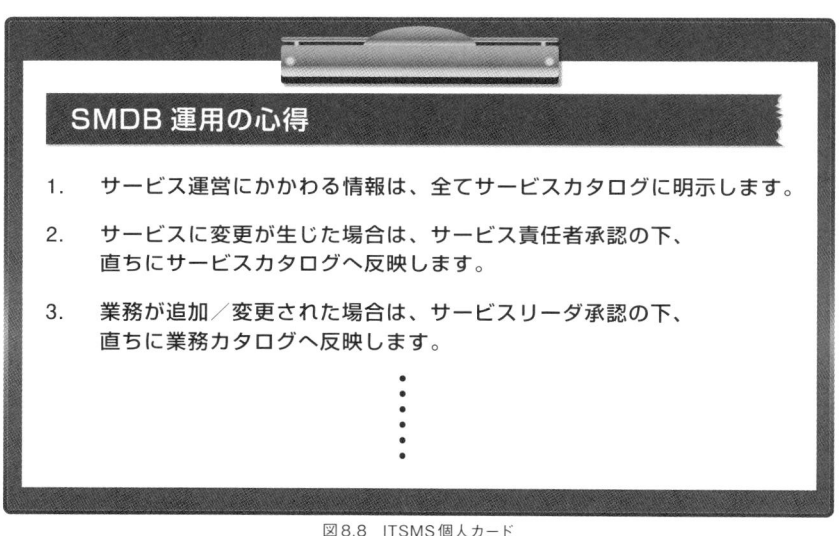

SMDB 運用の心得

1. サービス運営にかかわる情報は、全てサービスカタログに明示します。
2. サービスに変更が生じた場合は、サービス責任者承認の下、直ちにサービスカタログへ反映します。
3. 業務が追加／変更された場合は、サービスリーダ承認の下、直ちに業務カタログへ反映します。

図8.8 ITSMS個人カード

●内部監査

ISO 20000の認証審査に先立ち、要求事項への適合性をチェックするため、内部監査を実施しました。要求事項に対応したチェックリスト(表8.1)を事前に作成すると共に、当社の品質保証部門に監査を依頼することで、運用部門とは離れた第三者視点による厳しい監査となるよう心がけました。

その後も内部監査は年次で実施しており、プロセス準拠度の維持や各種情報の陳腐化を防止する役割を担っています。

表8.1 内部監査チェックリスト

No.	項番	プロセス	チェック項目	関連チェック項目	事務局への具体的な質問
1	3.1	経営陣の責任	経営陣のコミットメントはどのように示されているか	特に重要な考え方は、どういったところにあるのか	—
2	3.1	経営陣の責任	サービスマネジメント方針／計画は定められているか	・計画の中で、何が重荷と考えているか ・計画は、本部方針との整合が図られているか	今期の方針・計画活動書の有無
3	3.1	経営陣の責任	サービスマネジメント目的達成の重要性／継続的改善の重要性の周知が十分になされているか	具体的にどのような形で周知しているか	周知の証跡
4	3.1	経営陣の責任	顧客要求の目的適合性は担保されているか	最も重要な顧客要事項は何か	—
5	3.1	経営陣の責任	ITSMS委員長の明示／体制図はあるか	ITSMS委員長、事務局、サービス責任者の役割は、どのように定義されているか	体制図、プロセス責任者、サービスレベルマネージャの役
6	3.1	経営陣の責任	経営資産（人・物・金）管理の状況は適切か	—	サービスリーダ／責任者の稼働状況
7	⋮	⋮	⋮	⋮	⋮
⋮	⋮	⋮	⋮	⋮	⋮

●マネジメントレビュー

ITSMSの組織浸透に欠かせないのが、経営層のコミットメントであることは先に述べたとおりです。そのため、当社では経営層に対する定期的な活動報告の場として、月1回の「マネジメントレビュー」を実施しています。

マネジメントレビューにおける主な報告事項は、以下の4点です。

- サービスごと／プロセスごとのKPI実績報告
- 改善活動や年度計画の進捗報告
- 半期ごとの活動総括報告
- その他、重大トピックの報告

これらの報告を定期的に行うことで、活動の方向性確認と是正を繰り返し、継続的な改善活動の原動力にしています。マネジメントレビューにはサービス責任者も出席することとし、情報共有の場としても活用しています。

> **Point!**
> ▶数々の教育を行い、現場への定着化を図っている。
> ▶ITSMS個人カードの配布により現場浸透を促進している。
> ▶内部監査では第三者視点に基づく厳しい監査を実施している。
> ▶マネジメントレビューにより活動の方向性を確認し、是正している。

8.5 ITSMS導入による効果

　ITSMS導入により得られた効果は以下のとおりです。

●障害件数の削減

　ITSMS導入後、本格的に運用を開始する前後（2010年度と2012年度）の障害件数を比較したものが表8.2です。

表8.2　障害件数の削減率（ITSMS本格導入前（2010年度）との比較）

原因区分		2011年度	2012年度
人的要因	作業ミス／ルール要因	－12％	－40％
	レビュー不足	－29％	－29％
その他の要因（製品バグなど）		－9％	－9％
総計		－14％	－23％

　ITSMSを活用した結果、本格導入前の2010年度と比較すると、2012年度は作業ミスおよびルール違反に起因する障害が40％削減できました。これは、サービスマネジメ

ントDBによりサービス運営に関する情報を"見える化"したことで、手順書等を精緻化したことが大きいと考えています。ルール違反削減には、事前レビュー等において継続的な周知活動を行ったことが寄与したものと考えられます。

また、レビュー不足による障害を29％削減しました。この要因として、「変更管理プロセスにおける重要な考え方／ルールを組織内に浸透でき、品質向上に寄与したこと」が挙げられるでしょう。「変更作業前に必ずリスク分析／レビューを実施する」「必ず責任者の承認を得たうえで変更作業を行う」という運用を徹底したことがポイントです。

製品バグなど、当社起因でない障害も含めた全ての障害件数については23％の削減効果が得られており、運用品質が確実に向上していることが分かります。

●その他の改善効果

定量的に表せない改善効果としては、改善すべきサービス・プロセスが明確になったことが挙げられます。サービスマネジメントDBにおいてサービスの運営状況を"見える化"したことにより、標準化度合いが低いサービス、強化すべきプロセスが明確になり、効率的な改善が行えるようになりました。

定期的に改善ポイントを洗い出し、PDCAサイクルを回すことにより、継続的な改善活動が行える体制が構築できたといえます。

> Point!
> ▶ITSMS導入により、作業ミス／ルール違反による障害を40％削減（2012年度）できた。
> ▶ITSMSを活用することで、改善すべきサービス・プロセスが明確化できた。

8.6 継続的改善活動

当社ITSMSの概要はこれまでに述べたとおりですが、これらの品質向上活動に終わりはなく、日々の改善が欠かせません。そこで本節では、継続的サービス改善（CSI）に位置付けられる、日々の改善活動について述べようと思います。

●各種情報の陳腐化防止

活動中に得られた情報は、時間が進むにつれ陳腐化してしまいます。当社では、各種情報の陳腐化防止を目的に、以下のような取り組みを行っています。

○サービスカタログ／業務カタログ棚卸

サービスに関する情報を保管するサービスカタログ、サービスの具体的な業務手順を記した業務カタログは、常に最新の状態に保つことが品質向上に直結します。そこで、これらのカタログについては「棚卸」の形式で年2回、定期的な見直しを実施しています。

- **サービスカタログ棚卸**
  サービスカタログは各サービスの中心となる重要な情報であるため、特に重点的に全項目の最新状態をチェックする。各項目の差分を記載するために棚卸チェックリストを作成し、変更点を明確にしている。
- **業務カタログ棚卸**
  業務カタログに記載されている具体的な業務手順の最新化は、作業品質向上に直接影響する重要事項である。業務カタログの総数はITSMS全体で2,000以上にのぼるため、網羅的なチェックは困難である。そこで重点チェックを行う対象を抽出し、定期的な棚卸を実施している。
  対象を選定する際の判断基準として、半期ごとの各作業の実施回数を集計し、回数が多く頻繁に利用される業務カタログを優先してチェックするようにした。これにより、効果の高い棚卸が行えるよう工夫している。

○構成監査

サービスの構成情報について最新化を保証することで、作業のたびに最新状態を

確認する手間がなくなるため、効率的にサービスを提供できます。そのため、「構成監査」を実施し、最新情報の維持を図っています。

構成監査のポイントとしては、構成変更が発生しうる変更作業に焦点を絞り、構成管理プロセス責任者がRFCの証跡を確認することで、効果的な活動となるよう工夫しています。

＊　＊　＊

これらの活動の他にも、前述の内部監査などを定期的に実施することで、サービス提供に必要となる情報の陳腐化を防止するようにしています。

●事業目的志向のKPI策定

ITSMSによる改善効果を明確にするため、サービスごと／プロセスごとに様々なKPIを定めたことは既に述べたとおりです。活動を続けていくうちに現場や経営層から「KPI測定によるサービスの改善具合が見えづらい」という声が上がってきました。

そのためのKPI見直し施策として、2012年度に「事業目的に即したKPI策定」を掲げ、全面的な見直し活動を行いました。具体的には、サービス運営の目標を、組織目標でもある「顧客ビジネスへの貢献」とし、これを実現するために「達成目標」→「目標を達成するための重要成功要因（CSF）」→「具体施策の効果測定のための目標（KPI）」の順で目標を分解することで、組織目標とKPIとのギャップを埋めることを目指しました。

見直しのポイントとしては、「QCS3つの観点」（Quality＝品質・Cost＝コスト・Speed＝対応の素早さ）を用いて多角的な目標設定を行ったことにあります（図8.9）。

図8.9 KPI策定プロセス（例）

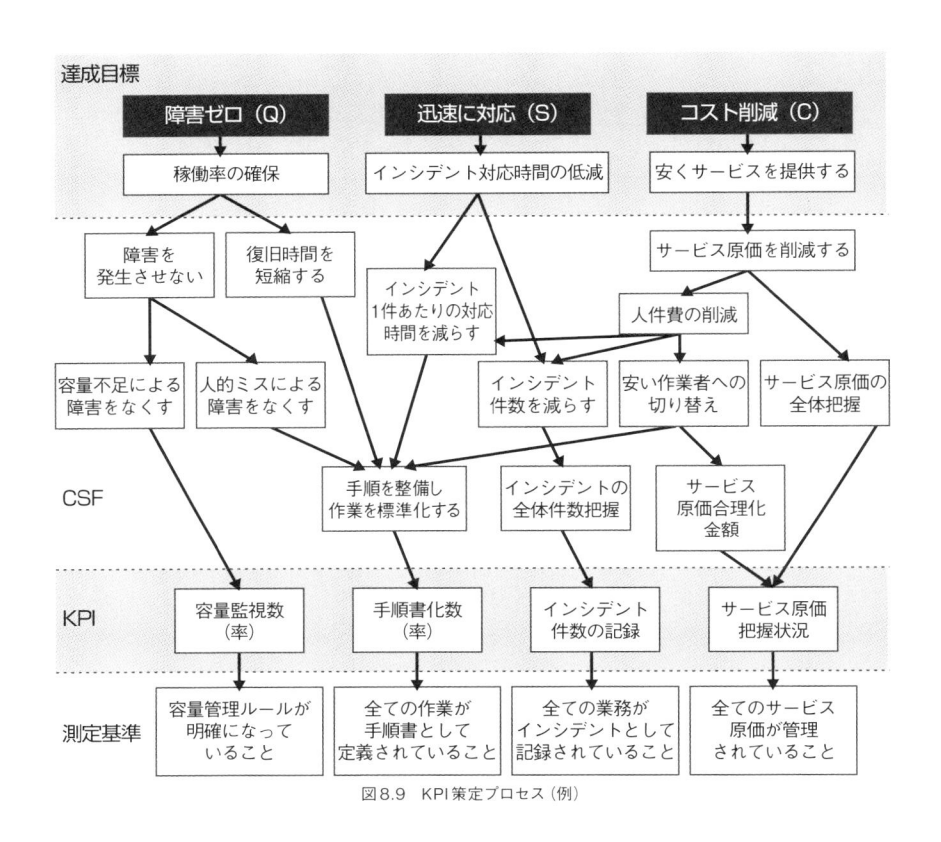

●障害原因区分の精緻化

　障害の再発防止徹底を目的とし、全社的に「カスタマーレポートDB」による障害管理を行ってきたことは前述しました。当初は、障害の直接原因を分類するため「作業ミス」「レビュー不足」など13の区分を用いましたが、障害分析を強化し障害管理プロセスのレベルアップを図るため、これらの原因区分を精緻化する活動を2012年度に行いました。

　精緻化のポイントとしては、「主たる原因」ごとに「改善を要するプロセス」と「責任主体（内部または外部）」を定義することで、サービスにおいて改善すべきプロセスを明らかにし、効果的な改善活動が行えるようにしたことにあります。

　精緻化にあたっては、「カスタマーレポートDB」を管理しており、当社障害管理を

統括的に行う品質保証部門へ協力を仰ぎ、全社的な取り組みとして推進しました。

経済産業省が発行した「情報システムの信頼性向上に関するガイドライン」等を参考としつつ、過去の障害傾向、詳細分析などを行った結果、従来13個としていた「直接原因」を23個の「主たる原因」へと再定義しました（図8.10）。

BEFORE	AFTER		
直接原因	主たる原因		改善を要するプロセス	責任主体

BEFORE	主たる原因		改善を要するプロセス	責任主体
レビュー不足 →再定義	要件の誤り		要件定義	内部
	変更管理プロセスの問題	事前レビュー／承認なし	変更管理	
		手順なし		
		手順誤り／不足		
	運用作業標準化の問題	手順なし	設計	
		手順誤り／不足		
	テクニカルスキルの不足		変更管理	

（その他、全23の「主たる原因」を再定義）

図8.10 「直接原因」から「主たる原因」への再定義

●新規サービス開始時の品質向上へ向けた取り組み

ITSMS導入により既存サービスの運用品質は向上しましたが、運用に至るまでのサービス企画／構築フェーズにおける検討不足が招く問題は依然として発生しています。これらの課題を解決するため、現在CMMIに準拠した開発標準策定に向けた活動を推進しています。

既に当社ではアプリケーション開発部門においてCMMI準拠の開発標準を策定しており、これらの手法を踏襲しつつルールを検討しています。

> Point!
> ▶定期的な棚卸、監査により情報の陳腐化を予防している。
> ▶事業目的に即したKPIを設定し、顧客主体のサービスへ転換した。
> ▶障害原因区分の精緻化により分析能力を強化した。
> ▶新規サービス開始時の品質向上へ向けた取り組みを推進している。

8.7 おわりに

　ITサービスは「動いて当たり前」の世界です。しかし、それを実現するために考慮すべきこと、行わなければならない活動は非常に多岐にわたるため、システム運用の当事者にとっては「当たり前」の一言で片付けられるレベルではありません。

　この「当たり前」のことと「当たり前でない」こととのギャップを埋めるため、また「当たり前」のことを「当たり前」に実践していることを客観的に証明するための仕組みとして、ITSMSやITILの考え方は非常に役に立つものであると筆者は実感しています。

　筆者がITSMSを担当する前は、システムの運用に従事していました。そんな元・運用担当者がITSMSに対して思うところは、「ITSMSのような統制活動が面倒だと思う人にこそ、ITSMSを薦めたい」ということです。

　例えば、変更作業にあたって詳細な手順書を作成するなど、入念な準備を施すことは、作業者にとっては「面倒だ」と思えるかもしれません。しかし、障害を削減できれば、復旧作業やトラブル報告にかかる工数が減らせるし、詳細な手順書を作れば他のメンバーが対応でき、自身の負担も軽減できるのです。

　極論になりますが、面倒くさがり屋にこそITSMSはふさわしいと言えるかもしれません。

　本章をご覧になった皆さんが少しでもITSMSに興味を持ち、理解を深めることで、サービス品質向上に貢献することができれば幸いです。

> Point!
> ▶当たり前のことを当たり前に実践していることを客観的に証明するための仕組みとして、ITSMSやITILの考え方は有効である。
> ▶ITSMS導入により、運用担当者の負担を減らすことができる。

IT Service Management
Implementation Guide

第3部
これからの
ITサービスマネジメント

［第9章］DevOps 〜 開発と運用のランデブー
［第10章］サービス・ポートフォリオとサービスカタログの進化

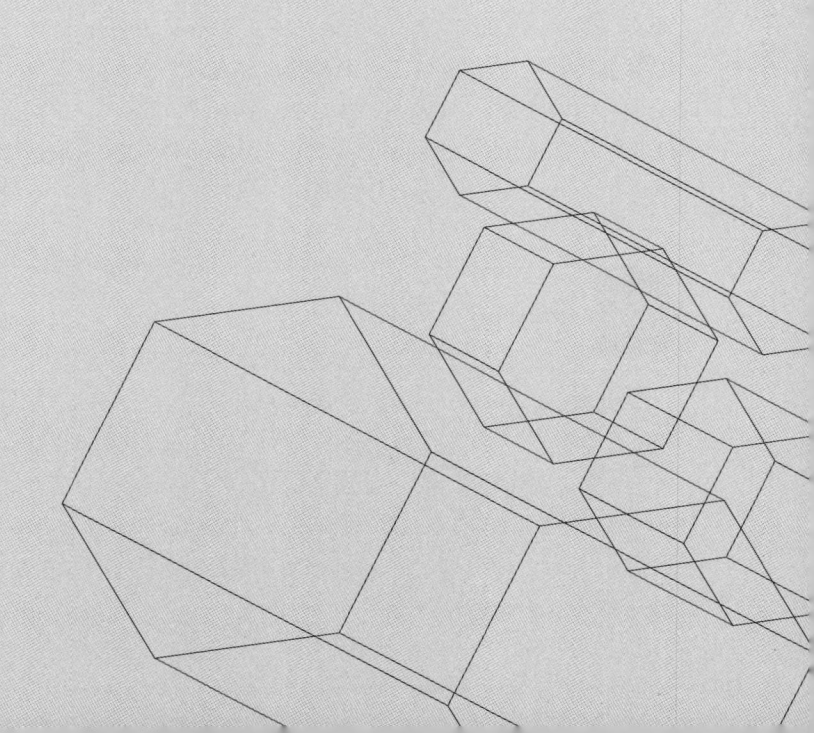

[第9章]
DevOps
～ 開発と運用のランデブー

執筆：日本アイ・ビー・エム株式会社　糸居淑子／永田誠／岩村郁雄

　WebアプリケーションによるブラウザベースのITサービスは、主軸となる機能から先に提供して、ユーザや市場の動向に応じて柔軟にアプリケーションを変更／機能拡張するアプローチがポピュラーとなっています。このようなWebアプリケーションの変更や展開とリリースは、アプリケーション開発者自らが実施することも多いでしょう。また彼らは本番稼働後も、Webサーバの様子を見ながらリソースの調整を行う操作＝Webオペレーションによって、快適なパフォーマンスを保つ努力を続けています。Webサーバの本番運用を開発部門に近い担当者が行うこと、つまりWebアプリケーションの「開発と運用の融合」という視点で「DevOps（デブオプス）」という造語が登場しました。

　Webアプリケーションに特化した開発と運用という意味で、DevOpsの"Ops"は従来のIT運用と同義ではありません。しかしながら、DevOpsのアプローチが多くの成功事例を生み、DevOpsにITILやCMMIなどのサービスマネジメントのプラクティスを取り入れる動きや、ITサービスの提供全般にDevOpsのアプローチを適用する動きも出てきています。本章では、従来のIT運用において、DevOpsがどのように影響し、何を変えていくべきなのか考えてみます。

9.1　DevOpsとは

　DevOpsは、Development（開発）の「Dev」とOperation（運用）の「Op(s)」を連結した造語です。「Velocity 2009」イベントのFlickrの講演がDevOpsの発祥とされています。その内容は、ネット企業でWebアプリケーションを運営するための手順を共有する取り組みから生まれた、開発チームと運用チームが協働するための方法論です。ガートナーの用語集 [*1] では、次の特徴を持つとされています。

[*1] Gartner IT Glossary - DevOps - 〈http://www.gartner.com/it-glossary/devops/〉。

- 多くの大手パブリッククラウドのサービスプロバイダが、初期段階でITサービス提供を俊敏に行う必要性から用いた手法。
- 人（と文化）を重視し、運用と開発チーム間のコラボレーションを改善する（アジャイルマニフェスト）。
- より良い技術を利用しようと試みる。特に自動化ツールの技術は、一層のプログラマブルかつダイナミックなインフラストラクチャの利用を促進する。

　WebアプリケーションによるITサービスにおいて、インフラにクラウドを用い、アジャイルで開発するケースがDevOpsの典型ですが、新しいサービスを迅速に市場投入するために、ITシステムの開発部門と運用部門が相互に協力する必要があり、このような動向を表す言葉としてもDevOpsは広く注目されるようになってきています。

Point!

▶「DevOps」とは、開発チームと運用チームが協働するための方法論である。
▶新しいサービスを迅速に市場投入するために、ITシステムの開発部門と運用部門が相互に協力する動向を表す言葉としても注目されている。

9.2 開発方式による変更の特徴

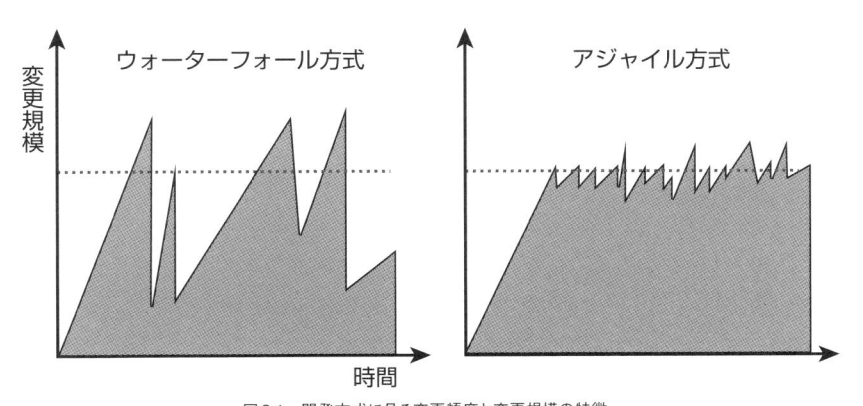

図9.1　開発方式に見る変更頻度と変更規模の特徴

DevOpsにおいて従来のITサービスと比較される点に、その開発方式があります。従来のウォーターフォール方式による開発は、設計書と工程管理に基づき「手戻り」させないことを目標としています。これに対しDevOpsは、アジャイル方式と呼ばれる手法をベースとして、主軸となる部分から素早く反復的に開発することを目標とします。

　ITサービスのライフサイクルにおいて、変更頻度と変更規模の大きさは相関関係があり、一般的に変更頻度が低いほど、変更の規模は大きくなります。従来からのウォーターフォール方式で開発されたITサービスは、変更要件をある程度の数、期間、工数で累積することで、比較的大きめの変更を数ヶ月から数年単位で実施する傾向があります。一方、DevOpsで用いられるアジャイル方式は、変更頻度を高く、反復的に改善する方式であり、極端な例では小さな変更を日に何度も実施しているサービスも実在します（図9.1）。

　ウォーターフォール方式とアジャイル方式による開発と、その後の変更には表9.1のような特性があります。

表9.1　開発方式と本番稼働後の変更に関する特性の比較

特性	開発方式	
	ウォーターフォール方式	アジャイル方式
実装までの期間	中長期	短期
変更の頻度	数ヶ月～数年	日に何度も
変更の規模	大きい	小さい
変更のリスク	大きい	小さい
展開のタイミング	定期的	定常的
利用者からのフィードバック反映	定期的	定常的
開発容易性	難儀	容易
開発継続性	断続	連続
開発と運用の連携	分離	緊密

> **Point!**
> ▶ DevOpsではアジャイル方式をベースとして、素早く反復的に開発することを目標とする。
> ▶ ITサービスのライフサイクルにおける変更頻度と変更規模の大きさには相関関係があり、一般的に、変更頻度が低いほど、変更規模が大きくなる。
> ▶ アジャイル方式により、変更頻度を高くすることで、変更規模を小さく抑えられる。

9.3 「DevOps」に対する「従来のIT運用」の課題と短期的な対応要件の整理

　従来のIT運用は、ITサービスの運用管理プロセスを確立し、ITILなどのベストプラクティスに基づいたフレームワークを利用してITサービスとその運用管理プロセスの改善に取り組んできました。DevOpsのような頻繁な本番変更に対応するには、従来のIT運用の観点では、変更管理プロセス、リリース／展開管理プロセスに大きな影響があることが想定されます。

　仮に従来のIT運用がDevOps方式によって開発されたアプリケーションを運用することを想定すると、各種の課題が発生することが予想されます。表9.1で述べた特性に沿って、予想される目下の課題とそれに対応するための短期的な運用要件を整理してみましょう。

●課題1：変更の規模やリスクは小さいが、頻度が高いので、変更のための一連の手続きが煩雑になる

　DevOps方式による実装は、変更要件が発生してから数日あるいは即日で開発し、本番環境に変更を反映します。変更は場合によっては、日に数回といった頻度になることもあります。このため、従来のIT運用で実施している変更管理プロセスにおいて、変更要求（以降RFC）[*2]の対応をスピードアップし、サイクルを短くする必要があります。ITILでは、「通常の変更」「標準的な変更」「緊急の変更」という3種類の変

[*2] 変更要求とは、行うべき変更についての正式な提案のこと。RFC（Request for Change）とも呼ばれ、変更実施を要求する際に要求部門が起票する。

更種別を定義していて、RFCの特性に合わせた変更管理プロセスで処理することを提唱しています。例えば「通常の変更」の場合は、最初にRFCを起票し、優先度を付け、変更計画に組み入れられるかどうかを評価し承認する一連の影響評価手続きを実施します。DevOps方式の実装では、変更内容の規模やリスクが小さく、頻度が高くなります。このような変更を「通常の変更」で実施しようとすると、同じような影響評価と承認を繰り返し行うことになり、評価と承認作業が負担となって実装までの時間がかかることになります。このような場合、ITILでは「標準的な変更」という変更種別にすることができないか、検討することを推奨しています。例えばユーザからのパスワードのリセットも変更の一種ですが、変更によってもたらされる影響が一定の範囲内であり、リスクも想定される範囲内と判断できます。このような変更を「標準的な変更」として事前承認し、RFCの記票も省略できるようにします。これによって、変更の影響評価手続きを簡略化もしくは省略することができます。具体的なアプローチは後述しますが、従来からのIT運用の変更管理プロセスで、DevOps方式の実装に応じた変更を実現するためには、この「標準的な変更」の適用を進めることが必須といえるでしょう。

●課題2：本番リリースが頻繁すぎて、運用受け入れ要件を満足しているか判別しづらい

　本番リリースによって、運用手順が変更／追加される場合、従来のIT運用では「運用受け入れ試験」を実施し、運用部門が受け入れ可能であることを確認してから本番リリースを実施しています。

　DevOpsでは、このような本番リリースを「デプロイ」と呼び、従来の運用受け入れ試験のような手続きがあると到底実現できない頻度でデプロイを実施することが想定／期待されています。DevOps型サービス実装のデプロイは、変更の規模やリスクが小さいこともあり、多くの場合は基本的に従来のIT運用における運用手順に影響を及ぼすような変更になりません。このため、前述の「標準的な変更」の延長として、「標準的なデプロイ」といったリリース種別を定義し、本番投入に関する手続きを簡略化する必要があります。

　ただし、DevOps型サービス実装のデプロイが既存の運用手順に及ぼす影響の評価は、開発部門だけで判断することはできないので、運用部門による新しい評価基準

の策定とチェックが必須となります。DevOps方式のWebアプリケーションは、「Webオペレーション」といったサイト運用のテクニックもあり、サービス稼働中に何らかの手動操作が伴うこともあります。これらの手動操作の評価基準に加えて、策定する評価基準には、起動、停止、再起動、バックアップ、リストア、障害時対応などの各種運用手順に変更や追加がないか、網羅性のあるチェックリスト形式になっていることが望ましいでしょう。

●課題3：内部統制との対立要素

内部統制の観点では、適正な財務報告のために、開発と運用の役割と権限を分離することが推奨されています。開発と運用の役割を兼務したり、2つの権限を同一人物が行使できるようにしたりすると、適切な財務報告を妨げる要因になる恐れがあります。このような課題に対して、前述のようなDevOps方式での実装要件を満たすことができるよう、変更管理プロセスとリリース管理プロセスに事前承認の考え方を促進することで、本番稼働前の開発と本番稼働後の運用の役割と権限を分離するアプローチを継続させることができます。開発と運用の接点における各種の手続きを、自動化、プロセス高度化によって簡略化することは、従来のIT運用におけるプラクティスの適用と応用に他なりません。

Point!

- ▶ DevOpsの実装では、変更規模が小さい代わりに変更頻度が高いため、変更管理プロセスを工夫する必要がある。
- ▶ ITILでは「通常の変更」「標準的な変更」「緊急の変更」という変更種別を定義している。「標準的な変更」では、影響が一定範囲内でリスクも想定内と判断できる変更を事前承認することで、変更頻度の高さに対応しやすくなる。
- ▶ DevOpsの実装では本番リリース（デプロイ）が頻繁になり、運用受け入れ要件を満足しているか判別しづらい。そのため、「標準的なデプロイ」といったリリース種別を設けることで、本番投入の手続きを簡略化する必要がある。
- ▶ 変更管理プロセスとリリース管理プロセスに事前承認の考え方を促進することで、本番稼働前の開発と本番稼働後の運用の役割と権限を分離するアプローチを継続できる。これは内部統制の観点からも必要である。

9.4 DevOps対応への具体的なアプローチ

　従来のIT運用は、ITIL V3のサービス・ライフサイクルに見られるように、戦略、設計、移行、運用、改善のフェーズに則した各種プロセスを確立しています。これらプロセスの中でDevOps方式の変更、リリース要件に対応するべき対象エリアは、サービストランジション、つまり移行フェーズに色濃く表れています（図9.2）。

　DevOps方式の実装に対応するために、すぐにでも取り掛かることができる変更管理プロセスと、リリース管理プロセスを自動化、高度化するための具体的なアプローチについて、以降で述べていきます。

継続的サービス改善
- P：7ステップの改善プロセス
- P：サービス測定
- P：サービス報告

サービストランジション
- P：移行の計画立案およびサポート
- P：変更管理
- P：サービス資産管理および構成管理
- P：リリース管理および展開管理
- P：サービスの妥当性確認およびテスト
- P：評価
- P：ナレッジ管理

ITIL V3

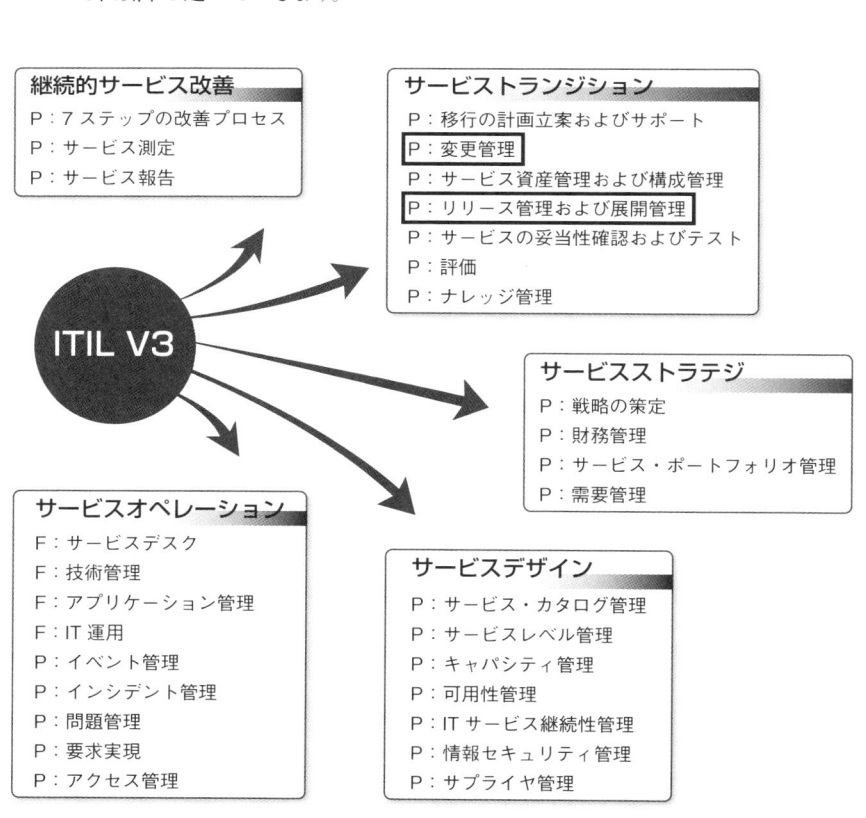

サービスストラテジ
- P：戦略の策定
- P：財務管理
- P：サービス・ポートフォリオ管理
- P：需要管理

サービスオペレーション
- F：サービスデスク
- F：技術管理
- F：アプリケーション管理
- F：IT運用
- P：イベント管理
- P：インシデント管理
- P：問題管理
- P：要求実現
- P：アクセス管理

サービスデザイン
- P：サービス・カタログ管理
- P：サービスレベル管理
- P：キャパシティ管理
- P：可用性管理
- P：ITサービス継続性管理
- P：情報セキュリティ管理
- P：サプライヤ管理

図9.2　DevOps方式に影響を受けるITILプロセス

●短期的な施策 — 変更管理プロセスの自動化/高度化

　変更を実施したことが原因で、サービス品質が低下する、これは多くのIT運用で経験済みの現象であり、様々な取り組みによりこの現象を回避する方法が考えられてきました。ITILが提唱する変更管理プロセスは、このような取り組みの中で特に成功したケース、すなわちベストプラクティスを紹介し、適用することを推奨しています。ITILの変更管理プロセスでは、ビジネスへの影響、リスク、コストなどの要素により、変更を以下の3つのタイプに分類し、それぞれのタイプごとに手順を定義して順守することをガイドしています。

- 標準的な変更（Standard Change）：事前承認済みの変更。RFC 起票不要。
- 通常の変更 （Normal Change）： 事前承認処理 （必要に応じて変更諮問委員会） が必要な変更。RFC 起票が必要。
- 緊急の変更 （Emergency Change）： 緊急の承認会議 （緊急変更諮問委員会） が必須の変更。RFC 起票が必要。

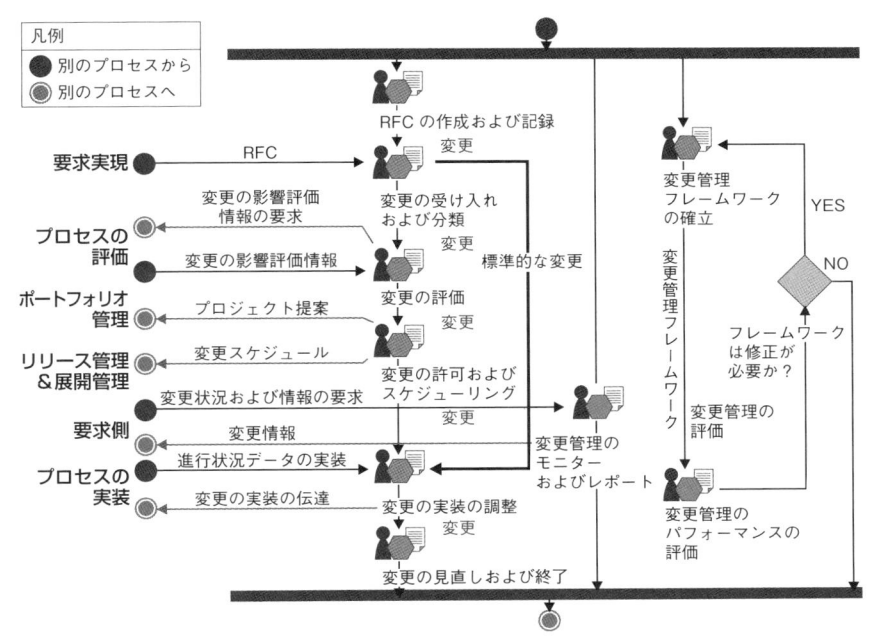

図9.3　変更管理プロセス [*3]

[*3] 出典：ITUP = IBM Tivoli Unified Process (http://www-06.ibm.com/jp/press/2009/04/1501.html)。ITサービスマネジメントに関する各種情報をWebブラウザで参照可能にした、ITILに準拠した無償のIBM提供ツール。

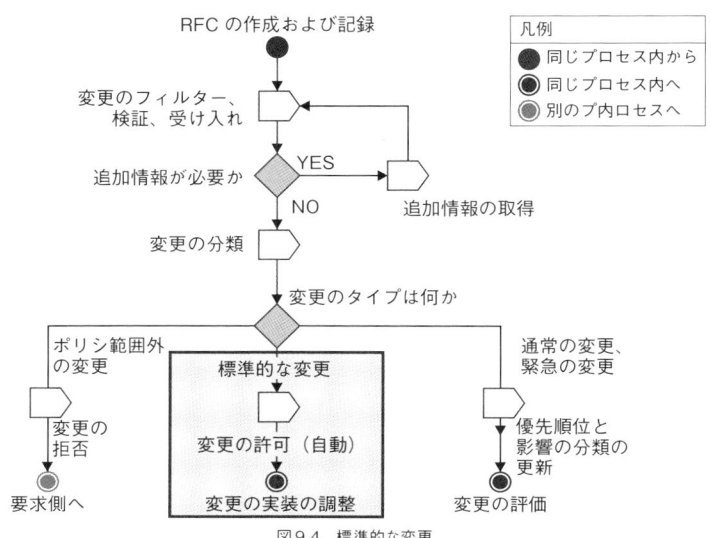

図9.4　標準的な変更

　図9.3は、変更管理プロセス全体のワークフローを表しています。この中の「変更の受け入れおよび分類」では、図9.4のように、起票されたRFCを前述の3つの変更タイプに合わせて大きく3つの手順に分岐し、受け入れおよび分類しています。変更のタイプを分類する際の左側の分岐は、「変更ポリシ」の許容範囲外であるために拒否される際の手順です。また、RFCが必要な「通常の変更」と「緊急の変更」は受け入れと分類の時点では同じ手順で処理され、右側の分岐で優先順位付けと影響の評価を行います。本題である中央の分岐に記載された「標準的な変更」は、変更が自動的に許可され、図9.3にある影響評価やスケジューリング、要求側との情報交換を省略して一気に「変更の実施の調整」を実施していることが分かるでしょう。

　DevOps方式で起きる頻繁な変更要件に対し、日々の運用に影響がない変更は、開発部門と運用部門が協議し事前承認することで、「標準的な変更」にすることができます。影響がゼロではない変更についても、初回から数回は一連の承認プロセスを実施する「通常の変更」で変更を実施し、影響範囲が限定的で、安定的な成功実績を積むことができれば、それを「標準的な変更」に移行することもできるでしょう。このように、DevOps方式の変更について「通常の変更」から「標準的な変更」に順次移行すれば、頻度の高い変更要件を満たせるようになり、変更の一層の成功率向上や迅速なビジネス要件への対応を促進する効果があります。

●短期的な施策
― リリース管理プロセスの自動化／高度化

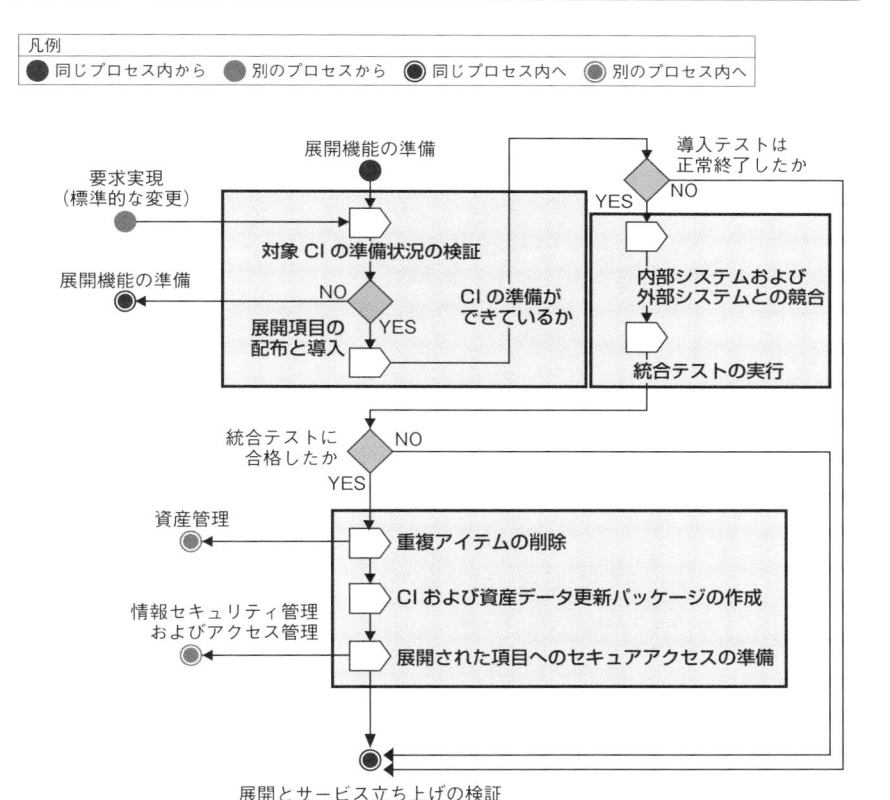

凡例
- ● 同じプロセス内から
- ● 別のプロセスから
- ◉ 同じプロセス内へ
- ◉ 別のプロセス内へ

図9.5 パッケージ展開手順の標準化／自動化候補

　変更管理プロセスの「標準的な変更」適用促進に伴い、実際に変更を適用するためのパッケージ展開（デプロイ）を迅速化する必要があります。ITUPツールの「展開の実行」ワークフローでは、ITILの「リリース管理および展開管理」に準じ、実際に変更を行う対象CI [*4]が準備できていることの確認に始まり、本番でのサービス立ち上げの直前で行う展開パッケージに対するアクセス権限の付与に至るまで、一連の展開手順が定義されています（図9.5）。

　こちらも変更管理と同じく、展開とリリースを確実に実施すること目的として、段階

[*4] Configuration Item（構成アイテム）。ITサービスの提供のために管理する必要がある、あらゆるコンポーネントまたはその他のサービス資産のこと。出典：「ITIL日本語版用語集、v1.0、2011年10月13日」

的に展開を実行できるように手順化されていますが、次のようなテクノロジーを活用することで、DevOps方式の実装における展開手順を標準化、自動化することが可能となってきています。

- 多数の展開対象へのパッケージ一斉自動展開技術（ソフトウェア自動配布）
- 機能テスト、回帰テスト、負荷テストおよび統合テストを効率化するテスト仮想化、自動化技術
- CPU、メモリ、ディスク、ネットワーク、OS、ミドルウェアなどを、ユーザがサービスカタログ形式で選択的に要求できるようにし、要求されたITリソースをオンデマンドで自動的に割り当てるプロビジョニング技術
- バックアップ、スナップショットなど、展開やリリース失敗時の即時ロールバックやリストア技術

DevOps方式の実装では、デプロイは類型化され反復的に行うため、特に図9.5の太枠網掛け部分などは、前述のテクノロジーを活用して、手順を標準化、自動化し、高頻度で成功率が高いデプロイを実現することができます。

●「DevOps」に対する「従来のIT運用」の長期的な施策立案のアプローチ

DevOps方式のサービス実装に対応した短期的な施策として、従来のIT運用で実施している「変更管理」と「リリース管理」プロセスを自動化、高度化するアプローチを述べました。一方、長期的な施策を立案するには、従来のIT運用業務を体系的に分類して、個々の運用業務に対するDevOps方式のサービス実行の影響を評価するアプローチを推奨します。

まず、従来のIT運用業務の模範例として、複数のITシステムに対してメニュー形式で運用業務をサービス提供するために、運用プロセスやツールを標準化、共通化、汎化することでサービスカタログとして提供できるようにしているケースを想定します。

カテゴリ	機能	詳細機能
監視系		
	ログ監視	・シスログ監視 ・AIXエラーログ（errpt）監視 ・アプリケーションログ監視 ・Oracleログ監視 ・MQログ監視 ・ストレージメディアエラー監視 ・クラスタ製品ログ監視 ・イベントログ監視
	リソース監視	・ファイルシステム監視 ・DBテーブルスペース監視 ・改ざんチェック処理
	稼働監視	・プロセス監視 ・DB接続監視
	ネットワーク監視	・ルータ監視 ・SNMPトラップ通知
	監視機能の監視	・監視クライアント監視 ・モニタリング製品稼働監視 ・監視サーバ機能監視 ・イベント通知数監視 ・イベント受信状況確認
	監視機能の運用	・バックアップ ・イベントキャッシュのクリア処理 ・定期イベント出力 ・フラグファイルによる監視の制御 ・イベントデータベースの再編成
	監視機能の起動と停止	・ノードアップ・イベントの送信 ・ノードダウン・イベントの送信
	上位監視システムとの接続（MoM: Manager of Manager）	・MoMシステム連携 ・システム別稼働状況確認 ・MoMシステム・メッセージ通知 ・システム別監視サーバの稼働状況監視
	監視系共通機能	・イベント送信機能 ・重複メッセージのMoM通知 ・重複イベント表示の抑制 ・障害回復のメッセージ通知 ・イベント送信元業務システムの識別 ・業務計画停止制御 ・サーバ計画停止制御

カテゴリ	機能	詳細機能
運用系		
	ID管理	・認証インタフェース ・ID情報管理 ・アカウントロック連携
	監査	・ログ収集処理 ・ログ転送処理 ・ログ編集処理 ・ログ保管処理 ・帳票出力処理 ・リカバリ処理 ・随時印刷処理 ・改ざんチェック処理
	統計情報取得	・ログ処理収集 ・ログ転送処理 ・ログ編集処理 ・性能情報保管処理 ・性能情報転送処理 ・性能情報再転送処理 ・個別処理
	バックアップ	・ストレージ製品の障害通知 ・隔地保管用のメディア持ち出し ・テープ装置のクリーニング ・テープメディアのラベル付け ・テープライブラリ管理
	一般ログ転送	・ログ配置処理 ・一般ログ転送処理（本番環境） ・一般ログ転送処理（開発環境） ・一般ログ随時転送処理 ・ログ削除処理 ・個別処理
	自動運用	・スケジューラ
	簡易操作	・遠隔タスク
	ジョブ監視	・バッチジョブ監視 ・定点監視
	時刻同期	
	プログラム引き継ぎ／ライブラリ管理	
	ユーザID／ソフトウェア点検	・ユーザID点検機能 ・ソフトウェア点検機能
	プリンタキュー管理	
	ログ運用	

図9.6　運用業務の分類／サービスカタログ化

カテゴリ	機能	詳細機能
サービスデスク系		
	インシデント報告	・サービス障害の報告対応 ・クライアントPC障害の報告対応 ・ネットワーク障害の報告対応 ・アプリケーション障害の報告対応
	サービス要求	・システム照会 ・リソース要求 ・進捗照会
	苦情・改善要望	・苦情対応 ・改善要望の記録と反映

　図9.6のように、既存のIT運用業務が、大きく「監視系」「運用系」「サービスデスク系」に分類され、個々の運用業務はサービスカタログとして整理されています。このような環境で、新たに追加されるDevOps方式のITシステムを運用する要件が登場したと仮定すると、まず、それぞれの運用業務に対してDevOps側からの要件による直接的な影響が想定されます。同時に、既存IT運用側からの要件として「標準化、共通化、汎化」を進めるうえでのDevOps側への影響も想定されます。各運用業務でDevOps方式のITシステムを運用する際の関連性を評価することで、適切な優先度を付けて各種施策を立案することができます。具体的には図9.6の各運用業務に対し、図9.7〜9.9のようにDevOps側の要件を「○」、IT運用側の要件を「●」のマークとして「密」「中」「疎」の3段階で関連性を評価します。また、両者の関連性が明らかにないものについては「無」にマークするようにします。以下、この3つのカテゴリーでDevOpsが顕著に関連する運用業務を考察していきます。

○監視系

カテゴリ	機能	詳細機能	密	中	疎	無
監視系						
	ログ監視	・シスログ監視			○	
		・AIXエラーログ(errpt)監視			○	
		・アプリケーションログ監視	○			
		・Oracleログ監視		○		
		・MQログ監視		○		
		・ストレージメディアエラー監視				◎
		・クラスター製品ログ監視			○	
		・イベントログ監視			○	
	リソース監視	・ファイルシステム監視			○	
		・DBテーブルスペース監視		○		
		・改ざんチェック処理			○	
	稼働監視	・プロセス監視	○			
		・DB接続監視		○		
	ネットワーク監視	・ルータ監視				◎
		・SNMPトラップ通知				◎
	監視機能の監視	・監視クライアント監視			●	
		・モニタリング製品稼働監視			●	
		・監視サーバ機能監視			●	
		・イベント通知数監視			●	
		・イベント受信状況確認			●	
	監視機能の運用	・バックアップ		○		
		・イベントキャッシュのクリア処理			●	
		・定期イベント出力			●	
		・フラグファイルによる監視の制御			●	
		・イベントデータベースの再編成				◎
	監視機能の起動と停止	・ノードアップ・イベントの送信			●	
		・ノードダウン・イベントの送信			●	
	上位監視システムとの接続 (MoM:Manager of Manager)	・MoMシステム連携				◎
		・システム別稼働状況確認				◎
		・MoMシステム・メッセージ通知				◎
		・システム別監視サーバの稼働状況監視				◎
	監視系共通機能	・イベント送信機能		○		
		・重複メッセージのMoM通知				◎
		・重複イベント表示の抑制				◎
		・障害回復のメッセージ通知				◎
		・イベント送信元業務システムの識別				◎
		・業務計画停止制御		●		
		・サーバ計画停止制御		●		

図9.7　監視系運用業務とDevOpsの関連性

　まず、監視系の運用業務では、ログ監視の実装面で、DevOps側からの要件が既存IT運用に密に関連します。特に図9.7に示したようにアプリケーションログの監視要件については、DevOps側からの監視要件が大きく影響することが想定されます。逆に既存IT運用で監視の利便性や品質向上のために実施している各種の施策、例えば監視機能の監視など、既存IT運用側からの監視要件をDevOps方式のシステムに適用する場合、DevOps方式のシステムに対して、何らかのモジュール追加やコマンド実行の仕組みを入れ込む必要がある可能性があり、DevOps方式のシステム側へ影響する場合があります。

○運用系

カテゴリ	機能	詳細機能	DevOps関連性 密	中	疎	無
運用系	ID管理	・認証インタフェース ・ID情報管理 ・アカウントロック連携		● ●		◎
	監査	・ログ収集処理 ・ログ転送処理 ・ログ編集処理 ・ログ保管処理 ・帳票出力処理 ・リカバリ処理 ・随時印刷処理 ・改ざんチェック処理	○ ○	○	○ ○	◎ ◎ ◎
	統計情報取得	・ログ処理収集 ・ログ転送処理 ・ログ編集処理 ・性能情報保管処理 ・性能情報転送処理 ・性能情報再転送処理 ・個別処理	○ ○ ○	○ ○	○	◎
	バックアップ	・ストレージ製品の障害通知 ・隔地保管用のメディア持ち出し ・テープ装置のクリーニング ・テープメディアのラベル付け ・テープライブラリ管理				◎ ◎ ◎ ◎ ◎
	一般ログ転送	・ログ配置処理 ・一般ログ転送処理（本番環境） ・一般ログ転送処理（開発環境） ・一般ログ随時転送処理 ・ログ削除処理 ・個別処理				◎ ◎ ◎ ◎ ◎ ◎
	自動運用	・スケジューラ	○			
	簡易操作	・遠隔タスク	○			
	ジョブ監視	・バッチジョブ監視 ・定点監視				◎ ◎
	時刻同期		○			
	プログラム引き継ぎ／ライブラリ管理		○			
	ユーザID／ソフトウェア点検	・ユーザID点検機能 ・ソフトウェア点検機能		○ ○		
	プリンタキュー管理					◎
	ログ運用					◎

図9.8　運用系運用業務とDevOpsの関連性

　次に運用系の既存IT運用ですが、こちらについてもログの取り回しでDevOps側からの運用要件が大きく関連することが想定されます（図9.8）。いつ、どのログをどのように収集／監査するか、などDevOps方式以外のシステムで利用している手法が使えないことも考えられ、個別の対応が必要になる場合が想定されます。また、それらの処理のトリガーは既存IT運用ではジョブ管理ツールで実装することが多く、DevOps方式のシステムにも一元的にジョブ管理ツールを導入して管理することによる相互の影響が少なからず予想されます。

○サービスデスク系

カテゴリ	機能	詳細機能	DevOps関連性 密	中	疎	無
サービスデスク系						
	インシデント報告	・サービス障害の報告対応		○		
		・クライアントPC障害の報告対応				◎
		・ネットワーク障害の報告対応			○	
		・アプリケーション障害の報告対応	○			
	サービス要求	・システム照会			○	
		・リソース要求			○	
		・進捗照会				◎
	苦情・改善要望	・苦情対応				◎
		・改善要望の記録と反映				◎

図9.9　サービスデスク系運用業務とDevOpsの関連性

　カテゴリーの3番目としてサービスデスク系の既存IT運用があります。DevOps方式のITシステムに対するインシデント管理やサービス要求の処理を、サービスデスクの担当者が実施するうえで、新たなDevOps方式のITシステムから発生するインシデントの対応方法を文書化し、連絡先を決定し、ユーザからの照会事項への調査方法などの情報をDevOps側から提供する必要があります（図9.9）。

＊　＊　＊

　このように、従来のIT運用を分類して影響を評価することで、DevOpsにより変革が必要になることが予想される運用業務を明確にすることができ、長期的な施策の立案に役立てることができます。

Point!

▶ ITILのサービス・ライフサイクルにおいて、DevOps方式に対応すべき対象エリアは主にサービストランジション（移行フェーズ）である。
▶ 短期的なDevOps対応では、変更管理プロセス、リリース管理プロセスを自動化／高度化する必要がある。
▶ 長期的なDevOps対応としては、従来のIT運用業務を体系的に分類して、個々の業務に対するDevOps方式のサービス実行の影響を評価すると良い。

9.5 従来のIT運用とDevOps ― 今後の展望

　DevOps方式のサービス実装と従来のIT運用との接点は、従来から議論されている開発と運用の接点と本質的に同一であり、ITILの「キャパシティ管理」「構成管理」「インシデント管理」「問題管理」「サービスレベル管理」は、DevOps方式のサービス実装サイクルとスピードに対応した変革が求められることになります。

　また、仮想アプライアンスのように「サービスを提供するインフラストラクチャとその上で稼働するアプリケーション、さらにその運用までも、あらかじめDevOps方式のサービス実装に最適化して1つのサービスとして提供するモデル」も登場しています。これらのモデルによるサービス提供が従来のIT運用と完全に切り離して運用できるのであれば、当面は従来のIT運用とDevOps方式のサービスの運用を並存させる選択肢も考えられます。その後、DevOps型サービスが成功実績を積み、既存サービスがDevOps型サービスへ移行できるようになれば、従来のIT運用をDevOps型の新しいサービス提供モデルへ統合するアプローチが必至となることも予想できます。

　いずれにしても、サービス管理プロセスの標準化、高度化、改善を継続的に実施することは、どのアプローチやサービス実装手法でも欠かせないものであり、サービス提供による価値創出のために、サービスマネジメントのベストプラクティスを活用する機会はますます増えることでしょう。

Point!

▶ DevOps方式のサービス実装と従来のIT運用との接点は、従来から議論されている開発と運用の接点と本質的には同一である。

▶ サービス管理プロセスの標準化、高度化、改善を継続的に実施することは、どのアプローチや手法でも必須のことである。

[第10章]
サービス・ポートフォリオと
サービスカタログの進化

執筆：日本アイ・ビー・エム株式会社　糸居淑子／永田誠／岩村郁雄

簡単そうで難しいサービスカタログの構築。この章では、サービス・ポートフォリオとサービスカタログについて、導入のポイント、どのように進化させていったらよいのかを考えたいと思います。本章の最後にはクラウドを中心としたサービス化のトレンドに触れ、ITサービスプロバイダはどう備えていくべきか考えます。

10.1　サービス・ポートフォリオとサービスカタログとは

　本題に入る前に復習しておきましょう。ITILではITサービスを企画／開発から提供、さらに終了に至るまでのライフサイクルとして管理することを提唱しています。サービス・ライフサイクル全体を管理するものが「サービス・ポートフォリオ」です。サービス・ポートフォリオにはまだ顧客に提供されていないITサービス、提供中のITサービス、さらに終了したITサービスが含まれています。このうち、「現在提供されているITサービスの一覧」がサービスカタログと呼ばれるものです。

　サービスカタログは次の2つに分けられます。

- **ビジネス・サービスカタログ**
  顧客視点で記述されたサービスカタログ。顧客にとって選択可能なサービスの一覧です。例えば、「オンラインバンキングサービス」などが挙げられます（図10.1）。
- **技術サービスカタログ**
  ビジネス・サービスを支援または下支えするITサービスのカタログ。例えば、「インフラストラクチャーサービス」「ネットワークサービス」、さらにはその下位の「バックアップサービス」などが含まれます。

サービスカタログとして定義されたITサービスは、顧客と内容を合意し、サービスレベル管理の対象となっていきます。言い換えれば、サービスレベル管理はサービスカタログがあって初めて効果的に行うことができるのです。

サービス・ポートフォリオとサービスカタログを適切に維持管理していくことによって、サービスプロバイダは顧客のニーズに合ったITサービスを中長期的な計画の下で提供することができます。さらに、重要なITサービスに経営資源を重点的に配分することで、コスト最適化を図ることも可能になります。

サービスカタログをそれ単体だけで考えていると、「カタログ」というモノを作ることに重点が置かれてしまいがちになります。是非とも、顧客が必要としている価値を届けるというサービスマネジメントの活動の一部であることを忘れないでください。

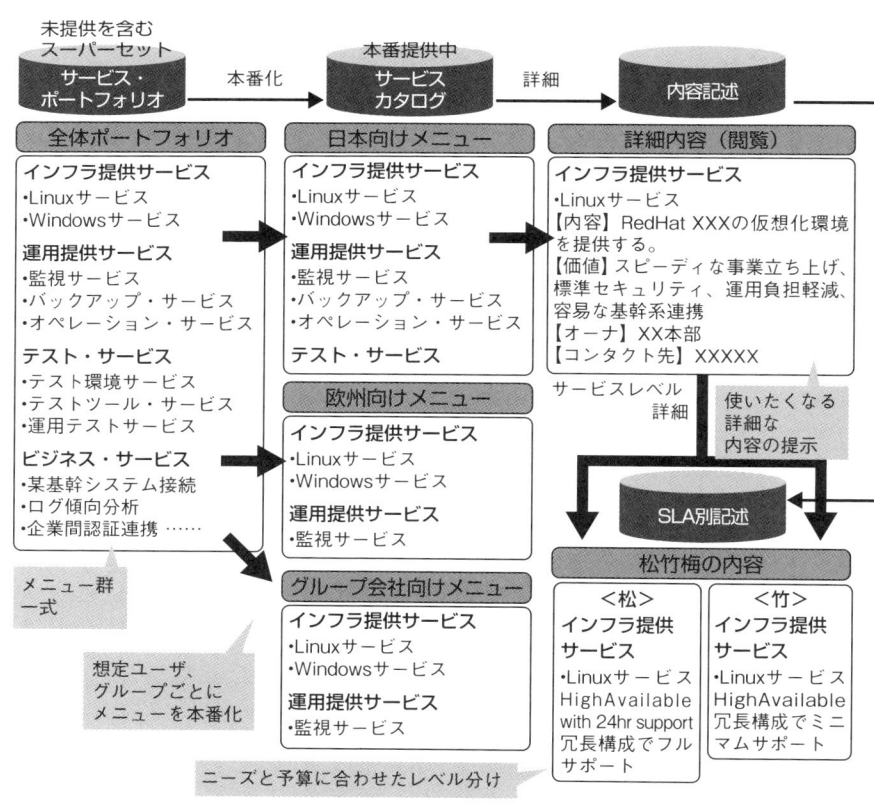

図10.1 サービス・ポートフォリオとサービスカタログの構成例

●目的意識を持ってサービスカタログを作ろう

　サービスカタログを作成すると何が良いのでしょうか？　サービスカタログはITメニューです。メニューのないレストランを想像してみましょう。一人一人、欲しいものを個別に注文することができますが、値段は高めになるし、下ごしらえがなく都度、準備してから調理するので、その分の時間もかかります。味も保証されません。さらに初めて客になった人には、どういうものを注文してよいのかも分からないでしょう。

　メニューがあることで、内容、値段、特徴などが理解できるのです。ITサービス選択の際のコミュニケーションツールといえるでしょう。

　次にサービスカタログの導入理由について考えてみましょう。近年の事例から導入の契機となっているイベント、あるいは導入の目的を整理すると表10.1のようになります。

表10.1　サービスカタログ導入事例

事例タイトル	サービスカタログ導入の背景	サービスカタログの狙い
社内統合インフラのさらなるコスト節減	IT基盤の仮想化が終わり、次のステップとして、個別対応してきたインフラ、ミドルウェア、運用の構築について標準化、サービス化、自動化を進める。標準化をサービスカタログのメニューの形でユーザ部門に見せる	要件を個別に聞くのではなく、サービスカタログにある標準メニューを使ってもらうことで構築や運用の「大量生産」「自動化」「提供スピード短縮」「品質の均一化」「プライスダウン」を目指す
製造業のグローバルおよびグループ企業のIT統合	グローバルやグループにおける全体最適、新興国の子会社の早期立ち上げ、グローバルITガバナンス向上などを目的としてIT統合を進める。サービスカタログは共通仕様の分かりやすいコミュニケーションツールとして位置付けられる	基盤やアプリケーションの統合、クラウド化に伴い、サービスカタログにより仕様を標準化し、重複投資やばらつきによるコスト増を抑える。いわゆるIT技術者向けの「仕様書」ではなく、ユーザ視点でまとめられた「カタログ」であることが重要
クラウドプロバイダ事業への進出	新しい事業を立ち上げる。物販や店舗で展開してきた既存事業をインターネット上でサービス化し、従量制課金にて提供開始する。サービスカタログは売り物のメニュー一覧	クラウドサービスではサービスメニューが外向けに公開されるのが常識となっているため、サービスカタログを準備するのが自然な流れ。他社と差別化するためのポートフォリオ戦略、サービスの価値をどのように見せていくかの戦略が重要

導入初期段階におけるポイントを1つ挙げるとすれば、目的意識を持ってポートフォリオ化やサービス化を志向すべきであるということです。どのような手段でその目的が達成されるのかを熟考する、そして、ITサービスの「戦略」「価値」＝作戦を立てるところに時間をかけるべきということです（表10.2）。結果として導き出される「サービス要件」は各社各様に異なる可能性があります。とりあえずカタログの形で見える化できればよいのではないか、という取り組みでは、カタログが普及しないリスクがあることを肝に銘じましょう。

表10.2　導入目的と作戦の例

サービスカタログ導入目的	作戦の例（サービス要件）
目的はコストカット	・安いメニューが魅力的に映るよう価格差やプレミアを付ける ・高コストのサービスオプションは例外処理化する
目的は小規模グループ会社や新興国企業のITサービス品質向上	・リモート支援の充実、IT要員の共有を前面に見せる ・ITサービスをパッケージ化し、選びやすいようにする

Point!
▶メニューによって、顧客から見た場合、ITに頼む仕事の内容が見える化され、値段やニーズに合わせて選択できる。
▶提供者側から見て、提供する内容が標準化され、品質と値段のバランスを自主的にコントロールできる。

10.2 サービス・ポートフォリオ、サービスカタログの作成手順

　一般的には次のような手順が、標準的な作成手順となるでしょう。このケースでは、標準化を併せて行うことを想定しています。

1. サービスカタログ作成の目的や背景の確認
2. サービスカタログ化により効果が見込まれる範囲の設定

3. 現行サービス内容の棚卸と課題の整理（完全な新サービスの場合は不要）
4. サービス戦略、サービス価値、サービス要件の議論と想定
5. 外部類似サンプルサービスカタログと現行サービス内容の比較
6. サービス・ポートフォリオ作成
7. サービスカタログの構造
8. サービスカタログのコンテンツ作成
9. レビューと改訂
10. 実装計画
11. 運営計画

●作成工程におけるポイント

　サービスカタログ作成プロジェクトが過去うまくいかなかった経験を持つ企業もあるでしょう。これまでの失敗ケースから、次のような点に注意すると成功率が高まります。

- チームの人材選択。調整能力、交渉力のあるリーダーと、標準化に慣れたメンバー、サービス・カルチャをよく理解したメンバーが主導権を取ること。技術的に詳しいメンバーが適任とは限らない。
- 目的を達成するための作戦。前節を参照されたい。
- 運営。宣伝や要件定義設計の進め方の改革。次節において解説する。

Point!

▶チームの人材選択、目的達成のための作戦、運営などに注意すると、サービスカタログ作成の成功率が高まる。

10.3　運営のポイント

　さて、できあがったサービス・ポートフォリオ、サービスカタログを運用に乗せていく段取りを考えないといけません。中身を公開し、普及させ、品質に目を配り、陳腐化しないよう保守していきます。
　ITILのサービスデザイン書籍はサービスカタログの企画については詳しいのです

が、推進体制についてあまり言及がないので、この章ではサービスカタログを導入した場合に新たに任命すべき役割や推奨アクティビティについて触れておきたいと思います。

●体制

最低でも次のような役割を任命しておけば（兼任でよい）、運営中に問題が生じてもなんとか対処できるでしょう（そのようなセットです）。

○サービス・ポートフォリオ・マネージャ

全体のポートフォリオ戦略や整合性を管理する役割。企画担当など、全体を見渡せるポジションにいる方が望ましいでしょう。

○カタログ管理マネージャ

カタログのコンテンツ管理。DBオーナに近い役割です。誰もが自由に内容を更新できると整合性が取れなくなるため、ルールを設けて管理します。

○サービス・オーナ（サービスごと）

各サービスメニューの最終責任者。機能の追加・改善に関する決定やサービスの品質問題を扱います。

○リレーション・マネージャ

顧客とプロバイダの間のより良い関係を維持する役割です。プロバイダ側で顧客利益を代表します。満足度トラッキングや、サービスのクレーム対応なども実施します。品質管理担当に近い立場です。

○ITサービス・ソリューション・アーキテクト

これまで顧客ごとに個別にITの要件定義設計を実施してきているケースは、従来型のITアーキテクトに代わり、サービスカタログを通じて、顧客に合ったサービスソリューションを組み合わせて提案するソリューション・アーキテクトが活躍するようになります。これにより、仕事の進め方が変わります。サービスの組み合わせ、カスタマイズ

などを行います。ブローカー的な役割を担うケースもあるでしょう。

●スキル

　上述したいずれの役割においても当然ですが、ITサービスマネジメントに慣れた、もしくは理解した人材が望まれます。

●サービスカタログ推進（新しいアクティビティ）

○マーケティング活動

　サービスカタログのコンテンツについて、顧客に使ってもらえるようプロアクティブに宣伝しなければなりません。定期的な説明会、相談会、Webやメールなど、各種媒体による案内など、会社のカルチャに合った方法で、その存在を広めていく努力が必要です。知らせないと知られないものです。

○コンテンツの保守

　言うまでもなく、作成した内容が求められているものとすれ違っていたり、時代の流れで陳腐化していったりするので、半年〜1年など、定期的にカタログのコンテンツを見直し、改善していくことが望ましいでしょう。

○カタログのツール

　サービスカタログならこのツール、といった標準形は今のところ存在しません。カタログコンテンツの管理ツールとしては、表計算ソフトウェアや、ワークフローツールに付随するサービスカタログ管理機能、マーケティング系の商材管理ツール（価格シミュレーションやルールエンジンによるポリシー適用などインテリジェントなものまで）、またこれらと組み合わせたWebポータルなど、様々です。利用目的や保守の頻度、メニュー間のリレーション管理の複雑性などの要件から自社に合ったものを選択し、よくばらず徐々にレベルアップしていくのが望ましいでしょう。

> **Point!**
> ▶サービス・ポートフォリオ、サービスカタログを運用に乗せていくには、必要な役割を任命した体制を構築する、十分なスキルを持った人材を揃える、マーケティング活動やコンテンツ保守、カタログのツール選択などの新しいアクティビティを行うといった取り組みが必要である。

10.4 今後の展望

　クラウドコンピューティングの普及や、グローバリゼーションにより、さらにサービスカタログは進化します。標準化され、洗練され、機械化されていくのです。「目的意識を持ってサービスカタログを作ろう」のセクションで挙げた動向の中から、サービスカタログにインパクトのある2点について触れてみたいと思います。各企業は、このような環境変化にどのように適応していくかを自問し、サービス・ポートフォリオおよびサービスカタログをどのように活用していくかを考えるべきでしょう。

●クラウド型サービスの登場

　近年続々と登場しているのがクラウド型のITサービスです。クラウド型とは、一般に、インターネット上（もしくはイントラネット上）にコンピュータ資源が提供される形態で、サービス内容を標準化／パターン化することによってコスト削減とサービスレベルの平準化が実現されています。また、契約から環境提供に至るプロセスをシステム化して迅速にITサービスを利用可能にしている点も、特徴といえるでしょう。

　クラウドサービスプロバイダは、企業内IT部門にとって、(a) ITサービスの提供者／パートナ、(b) ユーザ部門から見た同業者／競争相手、という2つの側面があるといえます。

　まず、パートナとしてITサービスを調達する場合について見てみましょう。近年、サプライチェーン連携、SNS（ソーシャルネットワーキングサービス）、クレジットカードによる支払処理などの分野で、企業内システムとクラウドサービスを接続したハイブリッド・クラウド型のシステムが広がっています。システムの利用者からはシステムのコ

ンポーネントがどこで動いているか分かりません。このような形態のシステムの運用では、全体としてのサービスレベルをどのように定義し、管理していくかが大きな課題となります。パートナを選定する前に、まず自社内で提供するITサービスの範囲、目標とするサービスレベル、セキュリティなどの側面で基準を確立しておくべきです。サービスカタログの形でサービス内容と責任分担を明確化することによって、パートナとの連携をスムーズに行うことができるのです。

　また、企業内IT部門にとって、クラウドサービスプロバイダはパートナであると同時に競合相手ともなりえます。第9章「DevOps 〜 開発と運用のランデブー」でも述べたように、今はビジネスのスピードに合わせて、顧客へのサービス提供をより短いサイクルで行っていくことが求められています。期間短縮と共にコスト削減の要求も厳しくなっています。これまで企業内IT部門がユーザ部門の細かなニーズをくみ取ってシステム化してきた分野においても、ユーザ部門が外部のクラウドサービスプロバイダと組んで迅速に開発／提供していく動きが加速すると考えられます。

　このように、クラウドサービスが普及していくことのインパクトとして注目すべき点は、自社のサービスカタログが商用クラウド型サービスと比較される可能性があるという点です。このことは逆に捉えれば、外部のサービスカタログを参考にできるという利点があるわけです。自社サービスが外部と比較して自社なりのメリットがあるか、競争力を保っているか、自問自答していく姿勢が求められるでしょう。外部ベンダーのサービスをインテグレーターとして自社サービスカタログの一部に掲載し、シームレスに運用していく形態も普及し始めています。企業内IT部門は、これまで提供してきたサービスの内容／レベルを見直して体質改善を図ることが必要といえるでしょう。そして、外部のクラウドサービスプロバイダでは実現できない強みを訴求すると共に、ユーザ部門にとって最も価値のあるサービス・ポートフォリオをクラウドサービスプロバイダとの連携によって提案していくべきでしょう。

●ITサービスのグローバル化

　ビジネスのグローバル化に伴って、ITサービスのグローバル化も急速に進んでいます。例えば、海外の生産／販売拠点をサポートするデータセンターを設立するケースや、グローバルな24時間365日のサービスデスクを労働コストが安い国に設置するケースなどです。グローバル化されたITサービスでは、言語／時差／法規制といった各国

ごとの差異に対応してサービスカタログを整備し、グローバルにITサービスを標準化します。そうしたグローバル化によって、①国／地域ごとに個別に提供するサービスと、②世界で共通に利用するサービスを明確化できます。サービスの標準化の効果は以下のように、幅広いものが期待できます。

- **ITサービスのコストを最適化するには、世界で共通化するサービスを増やし、そのうえで各国の法規制／習慣などの事情を踏まえてサービス内容をカスタマイズしていく。また、国によっては、かなり高度なサービスレベルが要求されるケースがある。ITサービスの標準化を通じて、基本となるサービスライン（ベースライン）を明確化することによって、追加投資がどの程度必要かの判断が容易になるだろう。**
- **グローバルでのサービスではガバナンスがしばしば課題となる。国ごとに独自のサービスを展開した結果、過大なコストがかかる、あるいは国をまたがってビジネスを行う際に同じ内容のサービスが受けられなくなる可能性がある。また現地のサービスプロバイダを利用する場合にも、必要とする内容とサービスレベルを明確化しておかなかったために過不足が生じることにもなりがちである。共通のサービスカタログを用いることにより、用語やSLAが平準化され、コミュニケーションが円滑になるため、ガバナンスも効きやすくなるだろう。**

これまで、提供するサービスの内容は企業内、日本国内でのみ考えてきた方が多いのではないでしょうか。IT環境の変化に伴って、これまで提供してきたサービスの内容やレベル、他のサービスプロバイダとの競争、あるいは、グローバルでの最適化という視点で見直すことが必要になります。サービス・ポートフォリオ、サービスカタログの本当の価値が発揮できる時代が始まった、といえるでしょう。

Point!

▶ サービス・ポートフォリオ、サービスカタログを取り巻く環境の変化としては、クラウド型サービスの登場や、グローバリゼーションへの対応などが挙げられる。

▶ 商用クラウド型サービスと比較することで、体質改善や価値向上を図ることもできる。

▶ グローバリゼーション対応には、サービス標準化により、コストの最適化やガバナンスが効きやすくなるなどのメリットがあり、サービス・ポートフォリオやサービスカタログの真価が発揮される場面が多くなる。

column: BYODと運用管理

BYOD解禁の機運高まる

IT業界では今、私物のモバイルデバイスを業務使用する形態「BYOD = Bring Your Own Device」に関して活発な議論が展開されています。スマートフォンの普及により、自前のモバイルデバイスをビジネスで使いたくなる場面が多くなり、社内ITユーザからのBYOD解禁の要求が高まっています。

一般にBYOD対応しやすいとされる社内ITサービスとして、次のようなものが挙げられています。

- 現在は固有の業務用携帯端末を使用しているサービス
- 営業日報や業務ファイルを閲覧するサービス
- メールやスケジュール管理サービス
- 電子申請／承認サービス

これらのサービスをBYOD向けにも解禁する場合、運用管理の視点でどのような備えが必要になるのか、考えてみましょう。

BYOD解禁に備える

BYOD解禁例として、PC上で使われているカレンダー・アプリケーション（以下、カレンダー・アプリ）を、BYODでも使えるようにする例を考えてみます。従来は社内から使用するPCを対象として提供しているカレンダー・アプリを、BYODで社外からも使えるようにする際に、運用管理としてどのような対応が必要になるのでしょうか。

図10.2 カレンダー・アプリのBYOD対応

まず、BYOD解禁にはセキュリティ対策が必須です。社外のBYODからのアクセス、ユーザ認証、カレンダー・アプリ使用許可、BYODデータの保護と無効化など、考慮すべきセキュリティ対策が数多くあります。また、カレンダー・アプリを使用するBYODの構成管理も必要です。所有者、前提ソフトウェア、MACアドレス、シリアル番号、導入済みアプリ/Patchレベルなど、業務利用時に把握するべき情報を取得し、PCの構成管理と同様に最新化しておく必要があります。

　BYOD対策で利用できるセキュリティと構成管理に関するツール技術を次に説明します。

BYOD管理のツール技術

　BYODの管理は一般に、モバイルデバイス管理に特化した、MDM（Mobile Device Management）やMAM（Mobile Application Management）といった機能を持つ専門の管理ツールを利用します。これらの機能を使うと、例えばスマートフォンの電話番号、MACアドレス、GPS情報、メールアドレス、導入されているアプリケーション情報などを取得することができます。また、BYODから社内の無線LANや社外の回線経由でのアクセスのために、それぞれの経路にBYOD用の新たなネットワークコンポーネントが必要になることも想定されます。つまり、MDM/MAMによるBYODの構成情報の取得と、BYODからのアクセスを制御するネットワークコンポーネントによりセキュリティ対策を実装するアプローチとなります。

　そのため、既存の構成管理プロセスのチームは、MDMやMAMで取得したBYOD情報と、BYODアクセス制御用NWコンポーネントの構成情報を新たに管理する必要があります。ここでは、BYOD解禁で必要となる新たな構成要素を、構成アイテム（Configuration Item：以降CI）として追加、変更するために、構成管理プロセスが利用できるツール技術を一段掘り下げて説明します。

■BYODと構成管理

　例えば前掲した図10.2の左側は、従来からPCでカレンダー・アプリを利用しているケースです。構成管理プロセスは、カレンダー・アプリを構成するサーバやOS、ミドルウェアやアプリケーションをCIという単位でCMDB（Configuration Management Database：構成管理データベース）内に情報保管します。また、そのサービスを利用するPCも同じくCIとしてCMDBに構成情報を保持します。

　現在、最新のCMDBツールは、社内ネットワークに接続されたサーバのハードウェアやソフトウェア情報、PCのPatch情報などを自動的に収集して、あるレベルまでであればそれらの依存関係をトポロジー表示する機能を提供しています。しかし、BYODを構成管理するためには今のところ、CMDBツールとは別にMDM、MAM機能を提供するツールが必要になり、例えばカレンダー・アプリへのアクセス権を持つPCとBYODがセキュリティ設定を満たしていることを確認するために、CMDBツールとMDM/MAMツールの両方を使わなければならないのが現状です。ある↗

いは人事異動などに伴い、特定ユーザのPCとBYODからの各種アプリへのアクセス権を設定し直す場合も、両方の管理ツールを駆使してアクセス権設定に関する構成情報を調査し、再設定することになります。

■MDM/MAMとCMDBのツール連携

そこで、このような場合に、構成情報を一元管理する方法がないか、一例を示します。一般にCMDBツールは、CSVで表形式の構成データをインポートできるようになっています。また、MDM/MAMツールもBYODの構成情報をRDBMSで管理する仕様が多いので、SQLで直接参照するか、ツール提供のエクスポート機能などによって、CSV形式でBYODの情報を出力することができるようになっています。つまり、MDM/MAM上で取り込んだBYOD構成情報を、CMDBツールに流しこむことが技術的に可能となっています（図10.3）。

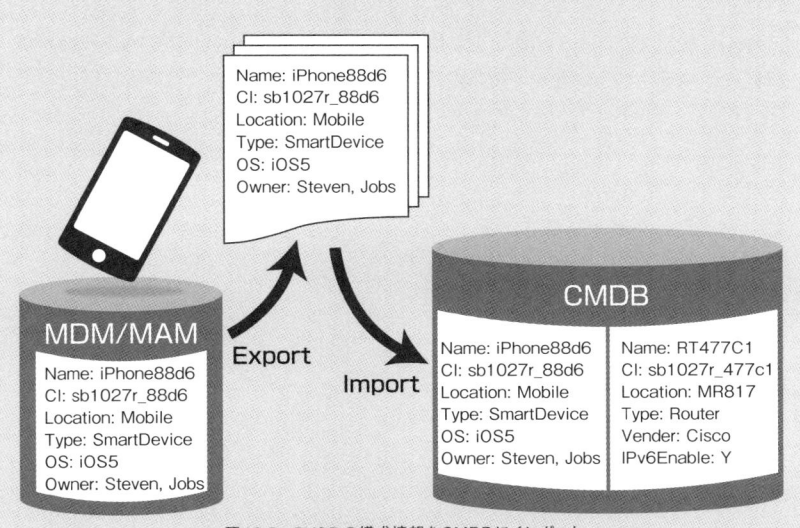

図10.3　BYODの構成情報をCMDBにインポート

このように、CSVのような標準的なインタフェースを利用して、異なるツール間で構成情報を集約することができます。これによって、例えばシリアル番号を一意のキーとして、CMDBツール上でBYOD情報も一元的に構成管理が可能となります（図10.4）。さらにカレンダー・アプリのような利用アプリケーションとの「関係」をCMDBで紐付ければ、コンポーネント変更時の影響把握が包括的にできるようになります。

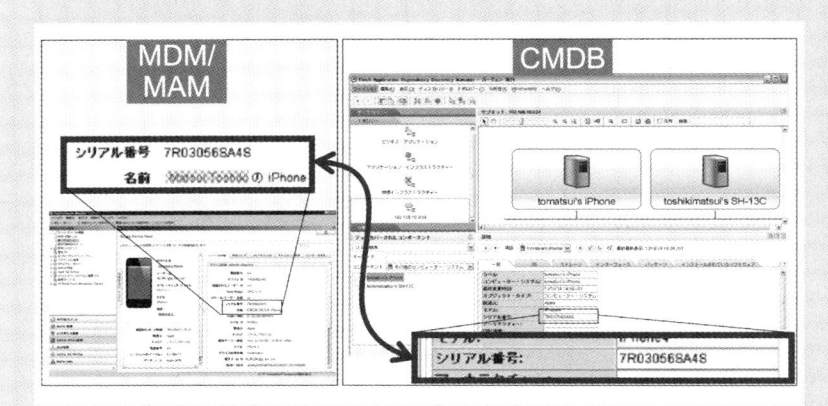

図10.4　CMDBによるBYOD構成情報の一元管理

　BYOD解禁を検討しているIT部門は、MDM/MAMツールとCMDBツールの採用および連携方法を検討し、解禁後いち早くセキュリティ対策と包括的な構成管理ができるよう準備しておくことが推奨されます。

■用語集

◎CMDB

Configuration Management DataBaseの略で、構成管理データベースのこと。構成レコードのライフサイクルを通した保管に使用するデータベース。構成管理システムでは1つ以上の構成管理データベースを維持し、各データベースには構成アイテムの属性および他の構成アイテムとの関係を保存する。

◎CMM

Capability Maturity Modelの略で、能力成熟度モデルとも呼ばれる。ソフトウェアの能力成熟度モデル（CMMおよびSW-CMMとしても知られている）は、プロセスの成熟度の向上を支援するベストプラクティスの識別に使用されるモデルである。CMMは、カーネギーメロン大学ソフトウェア工学研究所（SEI：Software Engineering Institute）で開発された。SW-CMMは改善され、2000年にCMMI（Capability Maturity Model Integration：能力成熟度モデル統合）となった。SEIでは現在、SW-CMMモデル、関連する評価手法、トレーニング資料を維持管理していない。

◎CMMI

米国のカーネギーメロン大学ソフトウェア工学研究所（SEI）で開発されたプロセス改善のアプローチ。CMMIは、効果的なプロセスに不可欠な要素を組織に提供する。CMMIはプロジェクト、事業部、または組織全体にわたるプロセス改善の指導に使用できる。CMMIは、従来分かれている組織機能の統合、プロセス改善の最終目標と優先度の設定、良質なプロセスに関する手引きの提供、および現在のプロセスを評価するための基準点の提供に役立つ。詳細は、www.sei.cmu.edu/cmmi/を参照。

◎COBIT

Control Objectives for Information Related Technology。IT内部統制の成熟度を評価するフレームワーク。PO（計画と組織）、AI（調達とインプリメント）、DS（サービス提供）、ME（モニタリング）の4つのカテゴリーで構成され、運用だけでないIT部門全体のマネージメント（統制）を評価するものである。

◎ISO 20000

ITサービスマネジメントの品質管理プロセスを評価するための国際標準規格。ITILベースのプロセス規格として英国内で定められたBS 15000（英国規格）が基になりISO（International Organization for Standardization）で国際標準規格化された。

◎KPI

Key Performance Indicatorの略で、重要業績評価指標とも呼ばれている。ITサービス、プロセス、計画、プロジェクト、またはその他の活動の管理を支援するために使用される測定基準。重要成功要因の達成の測定に使用される。様々な測定基準を使用できるが、最も重要なものだけが重要業績評価指標として定義され、プロセス、ITサービス、または活動を積極的に管理および報告するために使用される。効率性、有効性、費用対効果の全てを確実に管理するためには、重要業績評価指標を選択するべきである。

◎OLA

SLAを達成するために、サービス提供組織内で取り決めた作業レベルの品質指標。

◎PDCA

日本では、効果的な品質改善活動を実践した組織に贈られるデミング賞で名が知られるエドワード・デミング氏らが提唱した改善プロセス。Plan（計画）、Do（実行）、Check（確認）、Action（改善）のスパイライルで継続的な改善活動を実現するモデル。

◎SLA

Service Level Agreement。顧客企業（組織）のビジネスに対して、提供するITサービスの効果が最大になることを目指し、顧客とITサービス提供者の間で合意される契約。ITサービスの稼働率、ヘルプデスクの応答率など、個別にKPI（Key Performance Indicator）を設定して合意することが一般的。単一のSLAが、複数のITサービス、または複数の顧客を対象にする場合もある。

◎SLM

Service Level Managementの略で、サービスレベル管理とも呼ばれる。達成可能なSLAの交渉と、そのサービスレベルが満たされているようにすることを責務とするプロセス。SLMは、全てのITサービスマネジメント・プロセス、オペレーショナルレベル・アグリーメント、および外部委託契約が、合意済みサービスレベル目標値に適切であるようにすることを責務とする。サービスレベル管理は、サービスレベルのモニタリングと報告を行い、顧客とのサービス・レビューを定期的に開催し、必要とされる改善を識別する。

◎SWOT分析

SWOT分析とは、組織のビジョンや戦略を企画立案する際に利用する現状を分析する手法の一つであり、様々な要素を「Strengths」(強み)、「Weaknesses」(弱み)、「Opportunitys」(機会)、「Threats」(脅威)の4つに分類し、マトリクス表にまとめ問題点を整理することで解決策を導くという手法である。

◎バリュー・チェーン

value chain。顧客にとって価値のある製品またはサービスを作り出す、連鎖した複数のプロセス。この連鎖内の各ステップは、前のステップに重ねて実施され、製品またはサービス全体に貢献する。

◎バリュー・ネットワーク

value network。複数のグループまたは組織間の複雑な関係。ナレッジ、情報、商品、サービスの交換から価値が創出される。

◎ポートフォリオ

サービス・プロバイダが管理する全てのサービスを集めたもの。サービス・ポートフォリオは、全てのサービスのライフサイクル全体を管理するために使用される。サービス・ポートフォリオには、サービス・パイプライン(提案または開発中)、サービスカタログ(稼働中または展開可能)、廃止済みサービスという3つのカテゴリがある。

【参考文献】

- 【1】『サービスサイエンス ―新時代を拓くイノベーション経営を目指して』ISBN9784860431440、北陸先端科学技術大学院大学、2007年
- 【2】『サービスサイエンス入門 ―ICT技術が牽引するビジネスイノベーション』ISBN9784274067044、上林憲行、オーム社、2007年
- 【3】『サービス工学入門』ISBN9784130421300、内藤耕、東京大学出版会、2009年
- 【4】『事例から学ぶサービスサイエンス ―サービス価値計測手法10の実例』ISBN9784764903647、木下栄蔵、近代科学社、2009年
- 【5】『本格研究』ISBN9784130633536、吉川弘之、東京大学出版会、2009年
- 【6】『サービスサイエンスの展開 ―その基礎、課題から将来展望まで』ISBN9784820119210、ベルンド・スタウス他、生産性出版、2009年
- 【7】「ITIL V2コア書籍」TSO発行、itSMF Japan販売
- 【8】「ITIL V3コア書籍」TSO発行、itSMF Japan販売
- 【9】『実務で役立つ プロジェクト・レビュー』ISBN4798110310、菊島靖弘、翔泳社、2006年
- 【10】『これからのITマネジメント戦略 ―情報システム子会社は生き残れるか』ISBN475712015X、山下徹、NTT出版、1999年
- 【11】『クラウド化する世界』ISBN9784798116211、ニコラス・G・カー、翔泳社、2008年
- 【12】『7つの習慣 ―成功には原則があった！』ISBN4906638015、スティーブン・R・コヴィー、キングベアー出版、1996年
- 【13】『マネジメント［エッセンシャル版］基本と原則』ISBN4478410232、ピーター・F・ドラッカー、ダイヤモンド社、2001年

[数字]
7つの習慣 137

[A]
AS8015 004
ASL 004

[B]
Balanced Scorecard .... ⇒BSC
BCM 084
BCP 091, 102
BIA 091
BMP 030
BS 17799 004
BS 5750 012
BSC 010
BYOD 203

[C]
CI 185, 204
CIA 064, 083
CISA 056
CMDB 038, 204, 207
CMM 002, 207
CMMI 017, 207
COBIT 004, 019, 056, 207
Co-creation 040
CoE 041
Configuration Item 185, 204
Configuration Management Dtabase... 204
CSF 010, 171
CSI 117, 170

[D]
DevOps 067, 176, 182, 192

[E]
EA 065
eSCM-SP 004, 17

[F]
Fault Tree Analysis 107
FFA 099, 106
FISC 040, 073
FTA 107

[G]
GITIMM 018, 021
Governance 040
GRC 039

[H]
HIPP 040

[I]
ISO 026
ISO 20000 .... 004, 150, 208
ITIL 004, 013, 016, 018, 019,
020, 030, 130, 140, 192
〜の変更種別 179
ITIL Lite 021
ITS-CMM 004
ITガバナンス 019, 043
ITサービス・ソリューション・アーキテクト 198
ITサービス継続性 084, 089, 100
ITサービスマネジメント 003, 043, 058
〜導入の目的 103
リスク・コントロール・ベースの〜 053

[K]
KPI 006, 160, 171, 208

[M]
MAM 204
MDM 204
MSP 004

[O]
OLA 062, 208
OMM 042
OPBOK 147

[P]
PAM 042, 126
PBA 017
PBC 017
PDCAサイクル 011, 038, 208
PRINCE2 004
PRM 042
PRM for COBIT 042

[Q]
QCS3つの観点 171
QCの7つ道具 013

[R]
RFC 162, 179
RFP 113

[S]
SLA 021, 053, 059, 078, 208
　〜の指標や目標値 061
　〜の見直し 063
　〜のメリット 060
SLM 021, 062, 064, 208
SOX法 077
SSME 049
SWOT分析 125, 208

[T]
TIPA for ITIL 125
TQM 004
TSO 021
TV会議システム 101

[V]
VA 012
Value Analysis 012
Value Engineering 012
VE 012
VPC 040

[W]
Webオペレーション 176, 181

【あ】
アウトソーサ 112
アウトソーシグ 147
アジャイル方式 178
アセスメント 124, 138, 142
アセスメント・フレームワーク 124
アプリケーションオーナー 065, 086
安定稼働 066

【い】
移管管理 066, 071, 075
移管管理プロセス 093, 100
　〜でのレビュー制度 094
　〜を構成するツール群 094
移管評価チェックシート 069, 094
移行フェーズ 182
委託先 112
インシデント 163
インシデント管理 099, 103, 192
インシデント管理システム 105
インタフェース 020

【う】
運用移管 066
運用受け入れ 180

運用コスト 086
運用設計ガイド 094
運用設計チェックシート 069, 094
運用品質 103
運用部門 071
運用レビュー 070

【え】
エビデンス 063
エンタープライズアーキテクチャ ....⇒EA

【お】
応急措置 091
欧米 024, 038
オペレーショナル・コントロール 014
オペレーション 014

【か】
開始チェックリスト 160
改善提案書 127
開発方式 178
科学的管理法 010
仮想アプライアンス 192
カタログ管理マネージャ 198
稼働管理 062
稼働率 160
ガバナンス 040, 139
ガラパゴス化 016
監査 138
感染爆発（パンデミック） 084, 085

【き】
技術サービスカタログ 193
キャパシティ 081
キャパシティ管理 098, 192
協創 040
業務カタログ 162, 170
業務引継チェックリスト 160
業務フロー 160

【く】
クラウド 147, 200
グローバル 026, 031, 037, 201

【け】
経営管理システム 010, 014
計画とコントロール 014
継続的改善活動 170
継続的サービス改善 019, 117
研修 128, 165
現場教育 165

212

【こ】

- 工数 161
- 構成アイテム 185, 204
- 構成監査 170
- 構成管理 192
- 構成管理データベース 204
- コーポレート・ガバナンス 138, 143
- 顧客価値 021, 022
- 顧客満足度 151
- 個人情報保護法 077
- コスト 021, 086
  - 〜の削減 151
  - 〜の最適化 022
- コミュニケーション 039
- コンティンジェンシープラン ... 099, 111
- コントロール 013, 014
  - パフォーマンスの〜 013
  - 品質の〜 013
- コントロール系レビュー 110
- コンプライアンス 040, 056, 139

【さ】

- サービス 046, 049
- サービス・プロバイダ 017, 020, 037
- サービス・ポートフォリオ・マネージャ ... 198
- サービス・ライフサイクル 182
- サービスエレメント 123, 124
- サービスオーナ 198
- サービスカタログ 162, 170, 193
  - 〜推進 199
  - 〜導入事例 195
- サービス工学 049
- サービスサイエンス 049
- サービス提供時間 079
- サービスデスク系（DevOps） 191
- サービストランジション 066, 092, 093, 104, 182
- サービスマネジメント 051
- サービスマネジメントDB 162
- サービスマネジメント標準 157
- サービスライフサイクル 019
- サービスリーダ制度 156
- サービスレベル 059, 061, 078, 091
- サービスレベルアグリーメント 053
- サービスレベル管理 062, 064, 192
- サービスレベル合意書 160
- サービスレポート 062
- サイバー・テロ 085
- サプライヤ管理 062, 112

【し】

- 事業影響度分析 091
- 事業継続計画 091
- 事業の効率性 139
- システム・プロファイル 064, 092
- システム強度 072, 077
- 重要成功要因 010, 171
- 障害 161, 168
- 情報動線 105
- 情報の流れ 132
- 新QCの7つ道具 013
- シンクライアント 100
- 人材開発プログラム 136, 144

【す】

- ストラテジック・フレームワーキング ... 028, 043

【せ】

- 性能 080, 081
- 性能管理 062
- 性能リスク評価会 098, 099
- 正のスパイラル 053, 060
- 説明責任 019, 054, 060, 115
- セル 038
- 戦略的アウトソーシング 040

【そ】

- 操作証跡 084
- 組織の再編成 121, 145

【た】

- 棚卸 170

【ち】

- チェックリスト 159

【つ】

- ツインセンター方式 096

【て】

- ディザスター・リカバリー 085, 091
- 停止許容時間 084
- デプロイ 180
- デミング 041, 103
- デミング・サイクル 011
- デリバリータイム 081
- テンプレート 159

【と】

- 動機付け 123
- ドラッカー 116, 119
- トランジションマネジメント 043
- トランスフォーメーションマネジメント 043

213

【な】
内部監査 166

【に】
ニーズ 042
認証 026

【は】
バッチ処理の実行時間 080
発注者 065
パフォーマンス 021, 033
　〜の向上 040
パフォーマンス・レポート 062
バリュー・チェーン 012, 209
バリュー・ネットワーク ... 020, 037, 038, 209
パンデミック 085

【ひ】
ピーター・F・ドラッカー 116
非機能要求グレード 078
非機能要件 069, 071, 077
ビジネス・サービスカタログ 193
ビジネスアウトソーシング 043
ビジネス継続性管理 084
標準化度合い 161
標準的なデプロイ 180
標準的な変更 180, 184
品質 012, 021
　〜向上 022, 103, 151
品質管理 013
品質マネジメント 012
品質ロス工数 161

【ふ】
フレームワーク 003, 004, 008, 016
　〜との付き合い方 023, 029
　〜の構成要素 009
　〜の導入 028
　〜の利点 006
フレームワーク・フォレスト 003, 004
プロアクティブ 040, 041
プロセス 013
　〜構築 132
プロセス・アセスメント・モデル 126
プロセスアプローチ 013, 019
プロセス管理 135
　〜に必要な活動と情報 135
プロセス責任者 156, 159
プロセス評価シート 127
プロセス標準 158
プロセスモデリング 042

プロテクション・プロファイル 054, 056

【へ】
ベスト・マネジメント・プラクティス 030
ベストエフォート 080
変更管理 104, 108
変更管理データベース 109
変更管理プロセス 161, 179, 182, 183
変更作業 159, 161
変更成功率 161
変更要求 162, 179

【ほ】
法令順守 056
ポートフォリオ 038, 209

【ま】
マトリクス 038
マネジメント・コントロール・システム ... 010, 014
マネジメントスタイルの違い 025
マネジメントレビュー 167
守るべきもの 054

【み】
見える化 038

【も】
目標管理 160
モニタリング 062
問題管理 062, 103, 104, 192

【ゆ】
有事対策 084
有事テスト 095

【ら】
ライフサイクル 013, 019, 038, 178
ライフサイクルアプローチ 013

【り】
リスク 040, 075, 108
　〜を最小化する 108
リリース管理プロセス 182, 185
リレーション・マネージャ 198

【る】
ルール順守度 161

【れ】
レスポンスタイム 080

appendix

【わ】
ワークアラウンド 091

【執筆者】

●第1〜3章
近野 章二（こんの しょうじ）—株式会社 日立製作所

　研究開発本部 横浜研究所 主任研究員。1996年日立製作所に入社。入社当初はソフトウェア開発管理における生産性向上の研究に従事。2001年より長年、ITガバナンス分野におけるITアセスメントの研究を担当。最近は、グローバル市場向けITサービス提供に関するグループ内業務標準の策定、および組織機能変革へのサービス思考適用の研究に従事。その傍ら、COBIT4（ISACA東京支部）、ITIL 2011 edition（itSMF Japan）の翻訳プロジェクトに参画。

　関った書籍執筆は、『社長でもわかるIT』（2004年11月、日本能率協会マネジメントセンター）、『サービス志向への変革』（2013年1月、社会評論社）がある。

●第4〜6章
小林 賢也（こばやし まさや）—東京海上日動システムズ株式会社

　1989年4月、東京海上システム開発株式会社（現東京海上日動システムズ）に入社。海外拠点の保険アプリケーション開発を担当した後、基盤システム構築に15年程携わる。その後、同社経営企画部を経て2006年から同社ITサービス管理部長に就き、東京海上グループのITサービスマネジメントを統括する。

　2011年6月、同社ITサービス本部長の職に就き、約300人の組織長として基盤システムの構築、保守、運用、ITサービスマネジメントを統括し、現在に至る。

　また、itSMF Japan副理事長としてITIL及びITSMのプロモーションを行うと共に、筑波大学の非常勤講師として大学院生を対象にITSMの講義も行っている。

●第7章
小渕 淳二（おぶち じゅんじ）—KVH株式会社

　KVH株式会社 システム＆テクノロジー本部 インターナルシステム部 シニア スペシャリスト。Business Process Re-engineeringやComplianceなどガバナンス強化を主要業務とし、ITILをベースにしたサービスマネジメント導入では推進役として従事している。また、KVHの電気通信主任技術者として、電気通信事業法のコンプライアンスに関しても責任を持っている。

　ITIL V2 ManagerおよびITIL V3 Expert、TIPA Lead Assessor for ITIL、Sourcing Governance Foundation資格（Certified Outsourcing Specialist - Foundation Principles）を保有。

　本書籍で取り上げた事例は、第5回itSMF Japan Newsletter Contribution Awardで最優秀賞を獲得し、さらに世界54ヶ国のitSMFが選抜した候補による2012 itSMF International Whitepaper Submission competitionにおいて第1位を獲得した。

●第8章

松尾 和世司（まつお かずよし）——パナソニック インフォメーションシステムズ株式会社

　2007年、松下電工インフォメーションシステムズ株式会社（現 パナソニック インフォメーションシステムズ株式会社）入社。グループ会社向け生産管理システムの開発および保守・運用担当を経て、2011年より同社インフラ構築・運用部門のQA担当に着任。

　ITサービスマネジメントシステムを組織内に展開することで、同部門のサービス品質改善活動を推進している。

●第9～10章

糸居 淑子（いとい よしこ）——日本アイ・ビー・エム株式会社

　エグゼクティブITアーキテクト。ソフトウエア開発、営業部門を経て2000年より現在にいたるまでサービス事業にて、日米大手金融機関、製造、流通のお客様のITサービスマネジメントのコンサルティング及び設計に従事。ITIL Expert、システム監査技術者、CISA、The Open Group Distinguished IT Architectを保有。

永田 誠（ながた まこと）——日本アイ・ビー・エム株式会社

　ITアーキテクト。運用管理製品の技術支援、ソフトウェア・アーキテクトを経て、現在はサービス部門にて基盤およびITサービスマネジメントのソリューション提案および設計に従事。ITIL関連書籍翻訳レビュー、寄稿などITサービスマネジメントの普及にも携わっている。中小企業診断士、ITIL Service ManagerおよびITIL Expert資格を保有。

岩村 郁雄（いわむら いくお）——日本アイ・ビー・エム・システムズ・エンジニアリング株式会社

　ITSMエバンジェリスト。運用管理システムの設計、構築、保守を数多く手がけている。また、ITIL Service Manager/Expertの認定資格を取得し、サービス・ライフサイクル全般の各種管理プロセス確立、改善、高度化に関する案件支援、情報発信などの活動を展開している。itSMF JapanにおけるITIL関連書籍の翻訳レビューと寄稿、講演活動を通じ、書籍の翻訳品質の向上と、日本でのITIL V3の普及の促進に貢献している。

翔泳社ecoProjectのご案内

株式会社 翔泳社では地球にやさしい本づくりを目指します。
制作工程において以下の基準を定め、このうち4項目以上を満たしたものをエコロジー製品と位置づけ、シンボルマークをつけています。

資材	基準	期待される効果	本書採用
装丁用紙	無塩素漂白パルプ使用紙 あるいは 再生循環資源を利用した紙	有毒な有機塩素化合物発生の軽減（無塩素漂白パルプ） 資源の再生循環促進（再生循環資源紙）	○
本文用紙	材料の一部に無塩素漂白パルプ あるいは 古紙を利用	有毒な有機塩素化合物発生の軽減（無塩素漂白パルプ） ごみ減量・資源の有効活用（再生紙）	○
製版	CTP（フィルムを介さずデータから直接プレートを作製する方法）	枯渇資源（原油）の保護、産業廃棄物排出量の減少	○
印刷インキ*	植物油を含んだインキ	枯渇資源（原油）の保護、生産可能な農業資源の有効利用	○
製本メルト	難細裂化ホットメルト	細裂化しないために再生紙生産時に不純物としての回収が容易	
装丁加工	植物性樹脂フィルムを使用した加工 あるいは フィルム無使用加工	枯渇資源（原油）の保護、生産可能な農業資源の有効利用	

＊：パール、メタリック、蛍光インキを除く

装丁・本文デザイン：結城享（SelfScript）
　　　　　　DTP：有限会社ケイズプロダクション

ITサービスマネジメント 事例に学ぶ実践の秘訣

2013年 9月12日　　初版第1刷発行

著　者　　特定非営利活動法人 itSMF Japan
発行人　　佐々木 幹夫
発行所　　株式会社 翔泳社（http://www.shoeisha.co.jp）
印刷・製本　　株式会社ワコープラネット

©2013 itSMF Japan

＊本書は著作権法上の保護を受けています。本書の一部または全部について（ソフトウェアおよびプログラムを含む）、株式会社翔泳社から文書による許諾を得ずに、いかなる方法においても無断で複写、複製することは禁じられています。
＊落丁・乱丁はお取り替えいたします。03-5362-3705までご連絡ください。
＊本書へのお問い合わせについては、iiページに記載の内容をお読みください。

ISBN978-4-7981-3256-3　　　　　　　　　　　　　　Printed in Japan